Michael Gradias

DxO PhotoLab 9

Wichtige Hinweise

Verlag: BILDNER Verlag GmbH
Bahnhofstraße 8
94032 Passau
http://www.bildner-verlag.de
info@bildner-verlag.de

Print-ISBN: 978-3-8328-0725-2

Lektorat: Ulrich Dorn

Satz: Michael Gradias (www.gradias.de)

Coverfoto: © Hanoi Photography – stock.adobe.com

Druck: CPI Clausen & Bosse GmbH, Birkstr. 10, 25917 Leck

Herausgeber: Christian Bildner

Inhaltsverzeichnis

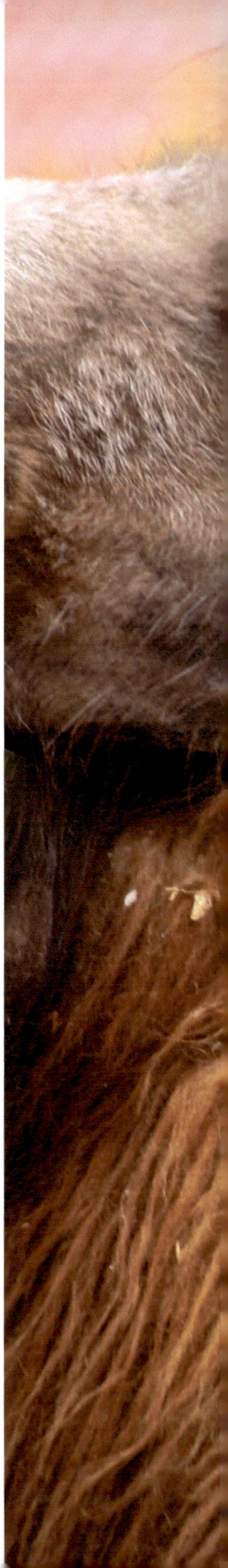

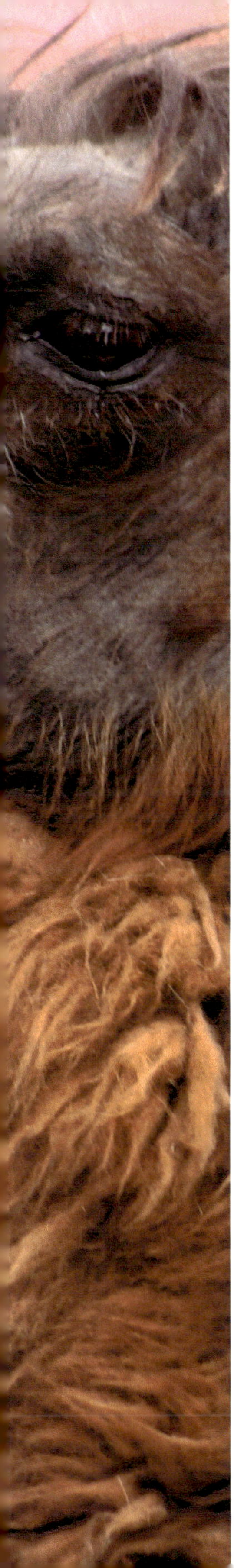

LESSING

DxO PhotoLab vorgestellt

DxO PhotoLab hat sich im Laufe der letzten Jahre zu einem beliebten und immer stärker verbreiteten Programm entwickelt. Die französische Firma DxO Labs – die das Programm entwickelt hat – wurde besonders bekannt durch die Webseite *dxomark.com*, die unzählige Tests beispielsweise zu Kameras, Objektiven und Smartphones anbietet. Das Vorgängerprogramm von DxO PhotoLab – DxO Optics Pro – wurde erstmals 2004 auf den Markt gebracht. 2017 übernahm DxO die Nik Collection von Google und integrierte die ursprünglich von Nik Software entwickelte U-Point-Technologie in PhotoLab. Ende 2025 wurde die neue Version 9 präsentiert. Die besonderen Stärken von DxO PhotoLab liegen im Entwickeln von RAW-Bildern vieler gängiger Kamerahersteller.

1.1 DxO PhotoLab – ein kurzer Überblick

DxO PhotoLab lässt sich für unterschiedliche Aufgabenstellungen nutzen. So können Sie zum Beispiel Bilder »auf die Schnelle« mit einem Preset entwickeln oder sie aufwendig manuell bearbeiten.

Nicht destruktiv

DxO PhotoLab arbeitet nicht destruktiv. Das bedeutet, dass die Änderungen das Foto nicht endgültig verändern. Sie können alle Werte nachträglich korrigieren.

Ihre Bilder lassen sich in der sogenannten *Fotothek* verwalten, in der beispielsweise der Bildbestand strukturiert werden kann. Darüber hinaus können Sie die Bilder auf Projekte verteilen, wie Sie es etwa von den Alben in Programmen à la Lightroom kennen. Dabei haben Sie die Möglichkeit, mehrere Projekte zu erstellen, was nützlich sein kann, wenn Sie beispielsweise Bilder nach unterschiedlichen Themen sortieren wollen. DxO PhotoLab vermerkt hier lediglich einen Link vom Originalbild zum Bild im Katalog – auf der Festplatte bleibt das Foto im ursprünglichen Ordner erhalten.

Das RAW-Format

RAW-Bilder enthalten die Rohdaten des Fotos. Es werden – anders als bei JPEG-Bildern – kameraintern keinerlei Bildoptimierungen vorgenommen. Diese erledigen Sie später vollständig in DxO PhotoLab.

DxO PhotoLab ist zudem ein leistungsfähiger RAW-Konverter, den Sie einsetzen können, um Fotos zu entwickeln, die Sie im Rohdatenformat aufgenommen haben. DxO PhotoLab unterstützt die RAW-Dateien der wichtigsten Kameramarken – in der aktuellen Version sogar Fujifilm-Modelle. Sie haben außerdem die Möglichkeit, Bilder anderer Dateiformate – wie etwa JPEG oder TIFF – zu bearbeiten.

Das fertig bearbeitete Ergebnis kann unter anderem zu bestimmten anderen Anwendungen exportiert werden, wie beispielsweise zu einem Modul der Nik Collection – einer Software, die 2017 von DxO übernommen wurde. Auch zu Lightroom oder Flickr ist ein Export möglich.

Zum Abschluss können Sie die bearbeiteten Bilder für eine Weiterverarbeitung in gängige Dateiformate wie TIFF oder JPEG konvertieren.

Das ist die Installationsdatei von DxO PhotoLab.

1.2 DxO PhotoLab installieren

Laden Sie sich DxO PhotoLab am besten von der Webseite *https://www.dxo.com/de/* herunter. Das Herunterladen der gut 800 MB großen Programmdatei – die Sie nebenstehend sehen – dauert einen Moment. Klicken Sie zum Starten der Installation doppelt auf das Programmsymbol.

1. Nach dem Bestätigen des Lizenzvertrags ② rufen Sie die *Weiter*-Schaltfläche ① auf, um zu den nächsten Arbeitsschritten des Assistenten zu gelangen.

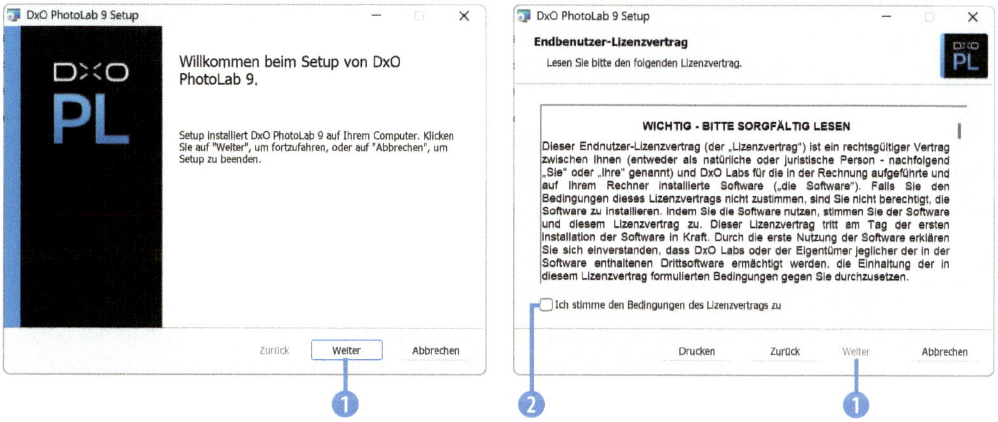

Bei der Installation werden Sie von einem Assistenten unterstützt.

2. Standardmäßig wird das Programm zusätzlich als Plug-in-Modul für Lightroom installiert ③. Wenn Sie Lightroom nicht verwenden, können Sie diese Option deaktivieren, um Speicherplatz zu sparen.
3. Der Installationsvorgang dauert einen Moment. Währenddessen sehen Sie einen Fortschrittsbalken ④.

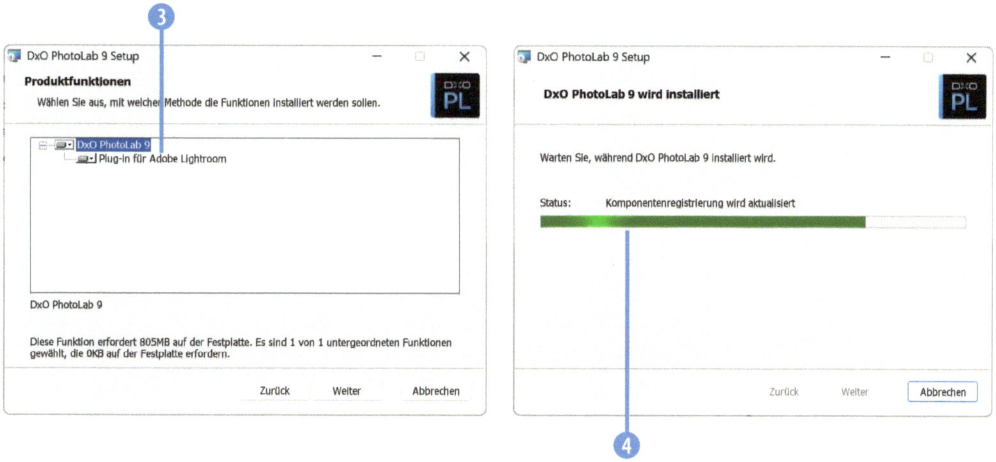

Sie können zusätzlich ein Plug-in für Lightroom installieren.

4. Nutzen Sie zum Abschließen der Installation die *Fertig stellen*-Schaltfläche ⑥. Ist das Kontrollkästchen *Programm starten* ⑤ aktiviert, wird anschließend DxO PhotoLab gestartet.

Schließen Sie die Installation ab.

DxO PhotoLab starten

Dies ist das Programmsymbol.

Sofern Sie DxO PhotoLab nicht bereits im Rahmen des Installationsprogramms gestartet haben, holen Sie dies jetzt nach über das nebenstehend abgebildete Programmsymbol ①, das standardmäßig auf dem Desktop abgelegt wird.

Anschließend sehen Sie den folgenden – noch leeren – Arbeitsbereich. Standardmäßig wird ein Begrüßungsbildschirm – genannt Hub – eingeblendet. Hier erhalten Sie unterschiedliche Hinweise zu verschiedenen Erweiterungen von PhotoLab 9. Nutzen Sie beispielsweise die Pfeilschaltflächen ① zur Navigation. In diesem Listenfeld ② können Sie auswählen, ob und mit welchem Zeitabstand das Fenster jeweils angezeigt werden soll. Bei Bedarf können Sie das Fenster nachträglich mit der Menüfunktion *Hilfe*/*DxO Hub* einblenden.

Beim Programmstart wird diese Ansicht angezeigt.

1.3 Die Bedienoberfläche kennenlernen

Der Arbeitsbereich besteht aus verschiedenen Bereichen und unterschiedlichen Bedienelementen, die im Folgenden näher beschrieben werden.

Bildverwaltung mit der Fotothek

Die *Fotothek* ➊ dient zur Verwaltung der Bilder. Der Bereich wird standardmäßig zuerst aufgerufen. Im Quellbrowser sehen Sie alle Ordner der markierten Festplatte. Klicken Sie dort auf einen Ordner ➋, dessen Bilder angezeigt werden sollen. Der Quellbrowser ist hierarchisch aufgebaut – so, wie Sie es vom Windows-Ordnerfenster kennen. Mit den Dreiecken vor den Einträgen klappen Sie einen Eintrag auf oder zu.

Sobald Sie im Bildbrowser ein Bild ➎ zur Anzeige im Bildfenster ➍ anklicken, werden Sie aufgefordert, die DxO-Module für optische Korrekturen zu laden. In der Liste finden Sie alle Kamera-Objektiv-Kombinationen, die DxO PhotoLab für die Bilder des Ordners in der Datenbank gefunden hat.

Markieren Sie in der Liste alle Module ➌, die aus dem Internet geladen werden sollen. Aktivieren Sie das Kontrollkästchen *Dieses Fenster automatisch zeigen* ➏ für einen automatischen Download. Klicken Sie zum Starten des Downloads auf die *Weiter*-Schaltfläche ➐.

DxO-Module

Die DxO-Module enthalten Informationen, die benötigt werden, um die für die bei der Aufnahme verwendete Kamera-Objektiv-Kombination geeigneten Korrekturen von Objektivfehlern automatisch durchführen zu können.

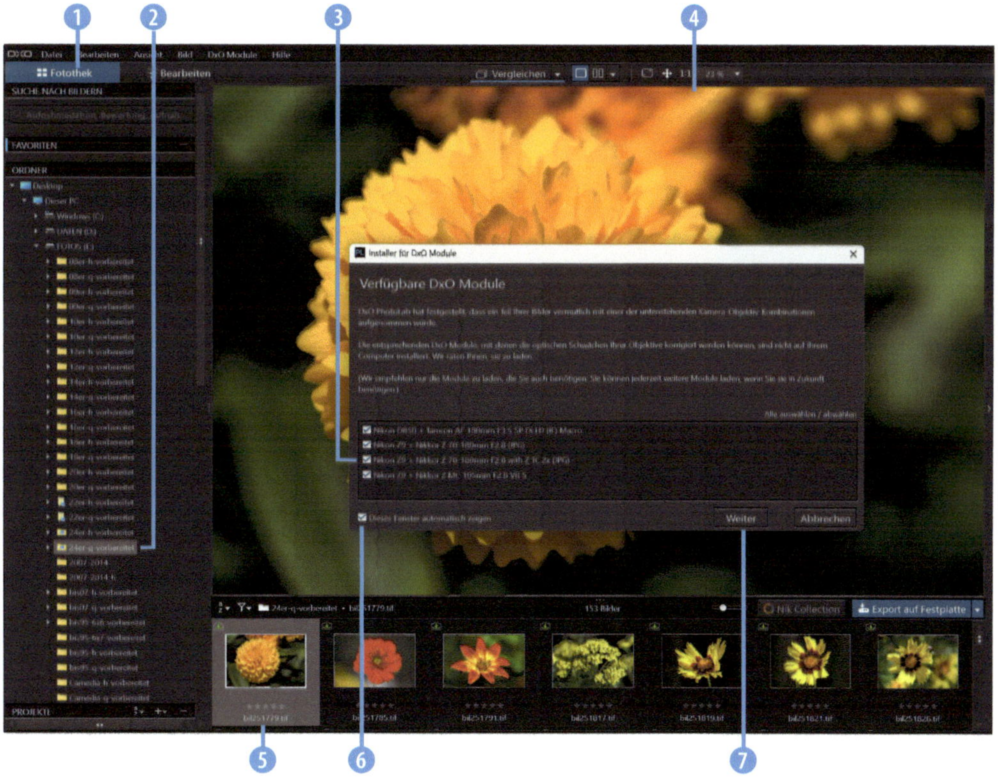

Laden Sie die DxO-Module.

Je nachdem, wie viele Module Sie markiert haben, dauert das Herunterladen der DxO-Module eine Weile. Sie sehen währenddessen einen Fortschrittsbalken 8. Bestätigen Sie zum Abschluss die Installation 9.

Das Laden der DxO-Module dauert einen Moment.

Speicherort

Die Module werden als gesonderte Dateien mit der Dateiendung **.caf* im Programmordner *Benutzer/AppData/DxO/DxO PhotoLab 9/Modules* gespeichert.

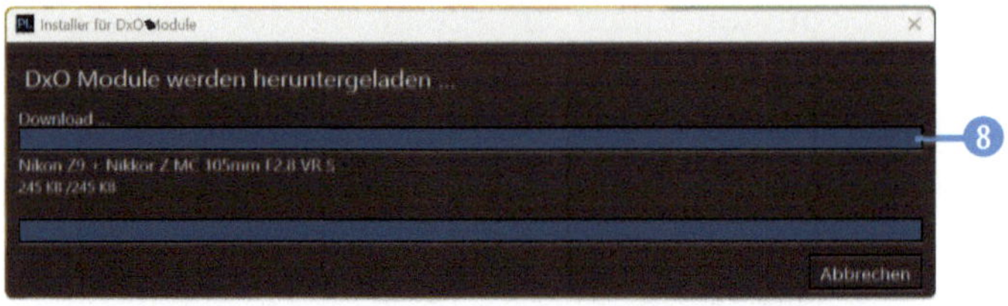

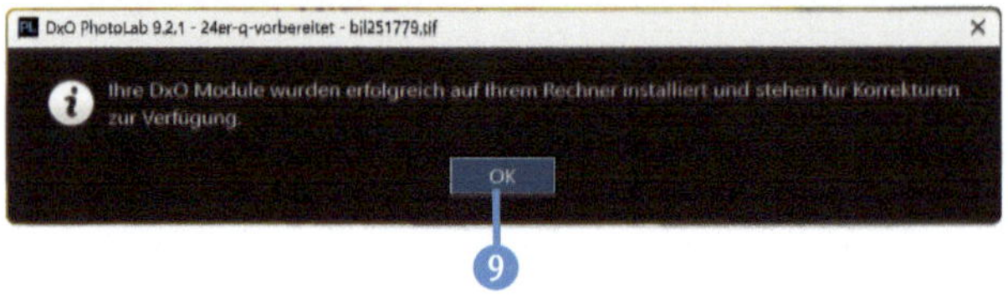

Um die installierten Module anzusehen, können Sie die Menüfunktion *DxO-Module*/*Installierte DxO-Module* 10 aufrufen. Die Module werden dann in einem gesonderten Dialogfeld aufgelistet. Die *ID*-Nummer 11 entspricht übrigens dem Dateinamen. Mit der Schaltfläche *Neue DxO Module installieren* lassen sich zusätzliche Module installieren.

Die installierten Module werden in einem eigenen Dialogfeld angezeigt.

Nutzen Sie die *Entfernen*-Schaltfläche ⑬, wenn Sie Module löschen wollen. Es können aber nur Module gelöscht werden, die nicht in Benutzung sind. Welche Module verwendet wurden, entnehmen Sie der *entfernbar*-Spalte.

Nach dem Aufruf von *Neue DxO Module installieren* ⑫ können Sie die verwendete Kamera ⑭ und das montierte Objektiv ⑮ in der sehr langen Liste auswählen. Rufen Sie abschließend die *Weiter*-Schaltfläche ⑯ auf.

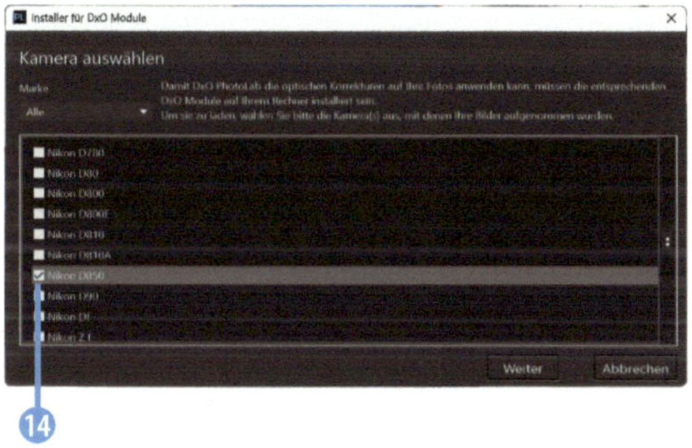

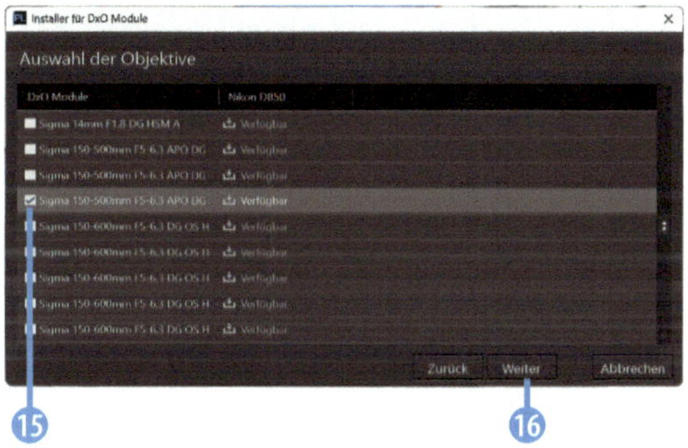

Wählen Sie die Kamera und das Objektiv aus.

DxO-Module und Symbole

Nach dem Öffnen eines Ordners werden alle Bilder auf verfügbare DxO-Module untersucht. Anhand verschiedener Symbole erkennen Sie die weitere Vorgehensweise. Werden verfügbare Module in der Datenbank gefunden, sehen Sie dieses ② Symbol, und das Dialogfeld zum Laden der DxO-Module ① wird automatisch geöffnet.

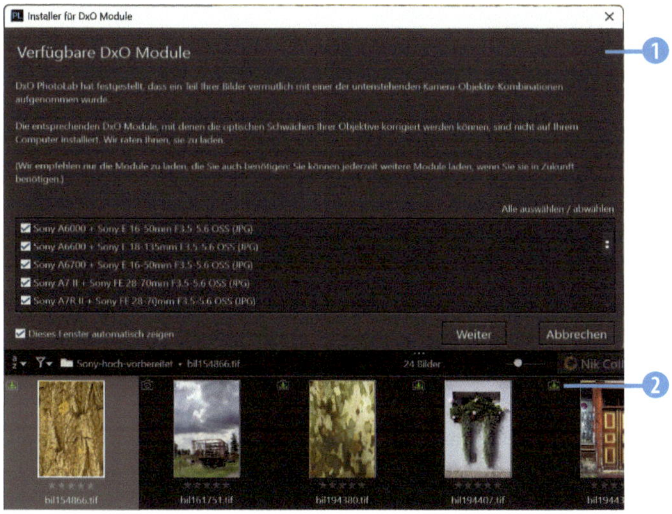

Diese Module können heruntergeladen werden.

Wenn Sie nach dem Laden dieses ⑥ Symbol sehen, kann DxO PhotoLab das Objektiv nicht korrekt zuordnen. Klicken Sie auf das Symbol, um ein Dialogfeld zu öffnen, in dem alle infrage kommenden Objektive aufgelistet sind. Wählen Sie das richtige Objektiv ③ aus und bestätigen Sie die Angabe mit der *OK*-Schaltfläche ⑤. Danach sehen Sie im Symbol einen Haken ⑦.

Ist das Kontrollkästchen *Diese Auswahl auf alle Bilder mit der selben Mehrdeutigkeit im aktuellen Ordner oder Projekt anwenden* ④ aktiviert, wird allen Bildern in diesem Ordner, die ebenfalls diese Unstimmigkeit zeigen, das gleiche Objektiv zugewiesen.

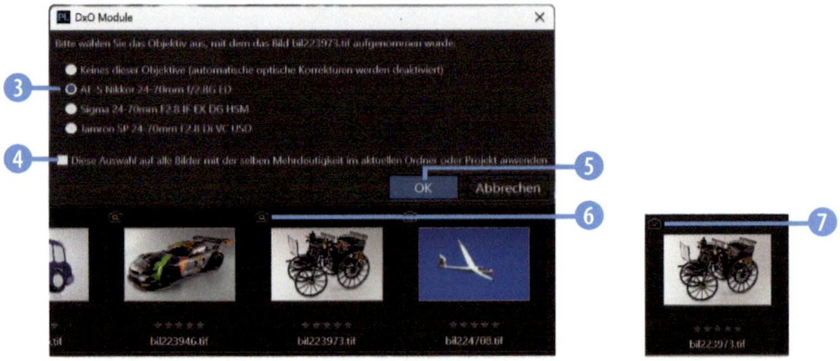

Legen Sie das verwendete Objektiv fest.

Wird dieses ⑧ Symbol angezeigt, konnte kein passendes Modul in der Datenbank gefunden werden. Sehen Sie gar kein Symbol ⑨, wurde das passende Modul automatisch zugewiesen.

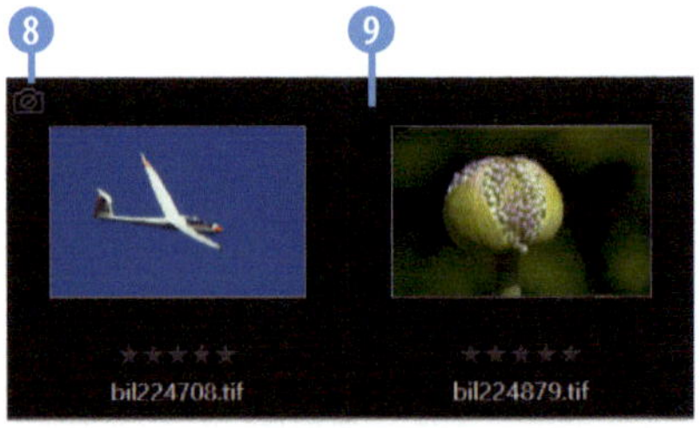

Im linken Bild ist kein Modul verfügbar, im rechten Bild wurde das passende Modul bereits zugewiesen.

Kein Modul

Gibt es für ein Bild kein Modul, ist zwar keine automatische Korrektur möglich, Sie können das Bild aber manuell korrigieren.

Wichtige Ansichtsoptionen

Über dem Bildfenster finden Sie einige Ansichtsoptionen. Solange Sie die *Vergleichen*-Schaltfläche ① drücken, sehen Sie das Bild ohne angewendete Korrekturen. Alternativ können Sie auch die Tastenkombination Strg+D nutzen. Im Menü ② kann festgelegt werden, ob das Referenzbild ohne oder mit geometrischen Korrekturen angezeigt werden soll. Die Einzelansicht ③

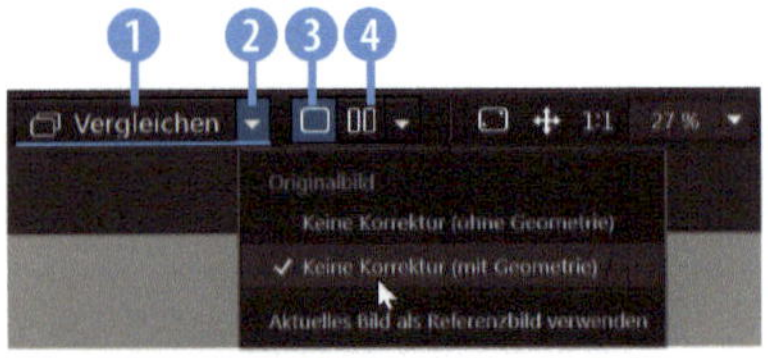

Legen Sie fest, wie die »Vergleichen«-Anzeige erfolgen soll.

ist die Standardvorgabe. Rufen Sie diese 4 Option auf, um die Vorher-nachher-Ansicht unter- oder nebeneinander 7 anzuzeigen. Ob die Bilder unter- oder nebeneinander angezeigt werden, bestimmen Sie in einem Untermenü 8. Beim ersten Bild handelt es sich um das Ausgangsbild 5, beim zweiten um die bearbeitete Variante 6.

Skalieren

Sie können den Arbeitsbereich skalieren, indem Sie die Kanten mit gedrückter linker Maustaste verziehen.

Hier sehen Sie die Vorher-nachher-Ansicht untereinander.

Wählen Sie die Art der Ausrichtung aus.

Split-Ansichten

Mit den beiden *Split-Ansicht*-Optionen wird das Bild für die beiden Ansichten geteilt.

Diese Schaltfläche dient dem Aufrufen der Vollbildansicht.

Mit der nächsten Schaltfläche 9 wechseln Sie zur Vollbildansicht 10. Unten sehen Sie eine Leiste, die Sie beispielsweise nutzen können, um Tags 12 oder eine Bewertung 13 zuzuweisen. Mit dem Pfeil 11 klappen Sie die Leiste zu.

Über das erste Symbol rechts 14 blenden Sie einen Hinweis ein, der Ihnen sagt, welche Tastenkürzel Sie im Vollbildmodus nutzen können. Mit der Schaltfläche rechts daneben blenden Sie die Exif-Daten ein.

Dies ist der Vollbildmodus.

Beispielbilder

Die meisten Beispielbilder, die im Buch in den verschiedenen Workshops verwendet werden, können Sie von meiner Webseite www.gradias.de oder der Verlagshomepage www.bildner-verlag.de zur privaten Nutzung herunterladen.

Ansichtsgröße von Bildern ändern

Klicken Sie auf diese 1 Schaltfläche, um die Ansichtsgröße des Bildes so anzupassen, dass es den Arbeitsbereich komplett füllt.

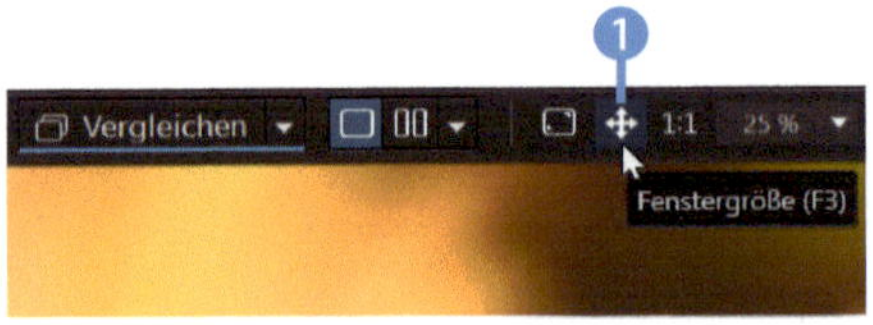

Mit dieser Option passen Sie das Bild in das Bildfenster ein.

Kap1_01.jpg

Nutzen Sie diese 2 Schaltfläche, um eine Ansichtsgröße von 100 % einzustellen.

Klicken Sie in das Bild, um mit gedrückter linker Maustaste den gewünschten Bildausschnitt festzulegen.

Hier wurde die 100 %-Ansicht eingestellt.

Ansichtsgröße

Die Ansichtsgröße 100 % ist beispielsweise sehr wichtig, um die Auswirkungen des Bildschärfens oder Entrauschens beurteilen zu können.

In diesem ④ Listenfeld finden Sie einige Vorgaben für unterschiedliche Ansichtsgrößen. Wollen Sie eine Darstellungsgröße einstellen, die nicht bereits vorgegeben ist, können Sie den Wert in das Eingabefeld ③ eintippen.

Stellen Sie eine bestimmte Darstellungsgröße ein.

Nützliche Presets anwenden

DxO PhotoLab liefert diverse Presets mit. Presets können Sie einsetzen, um Bilder mit nur einem Mausklick zu optimieren oder zu verfremden. Nutzen Sie die Schaltfläche *Preset anwenden* ①, um ein Dialogfeld zu öffnen, in dem die Presets thematisch sortiert untergebracht sind.

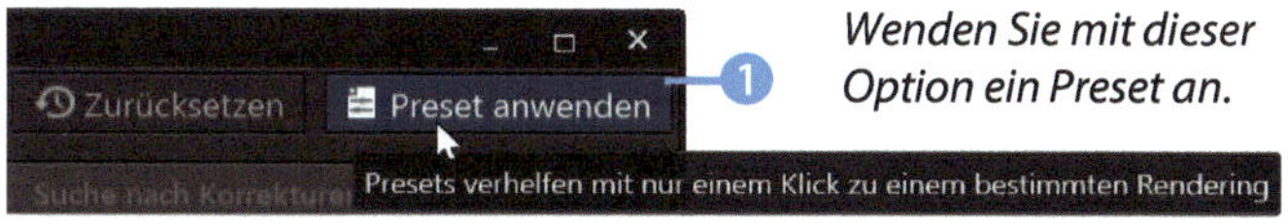

Wenden Sie mit dieser Option ein Preset an.

Die Presets werden im Dialogfeld anhand von Miniaturbildern veranschaulicht. So können Sie die Auswirkungen gut beurteilen. Im oberen Bereich 2 finden Sie einige grundlegende Presets. Um eine der anderen Preset-Kategorien zu öffnen, klicken Sie auf das Dreieck 3 vor dem Eintrag. So können Sie für ein HDR-Bild zum Beispiel das Preset *2 – HDR – Künstlerisch* 4 anwenden. Um das Bild wieder in den Ausgangszustand zurückzusetzen, nutzen Sie die *Zurücksetzen*-Schaltfläche 5.

Wählen Sie ein Preset aus.

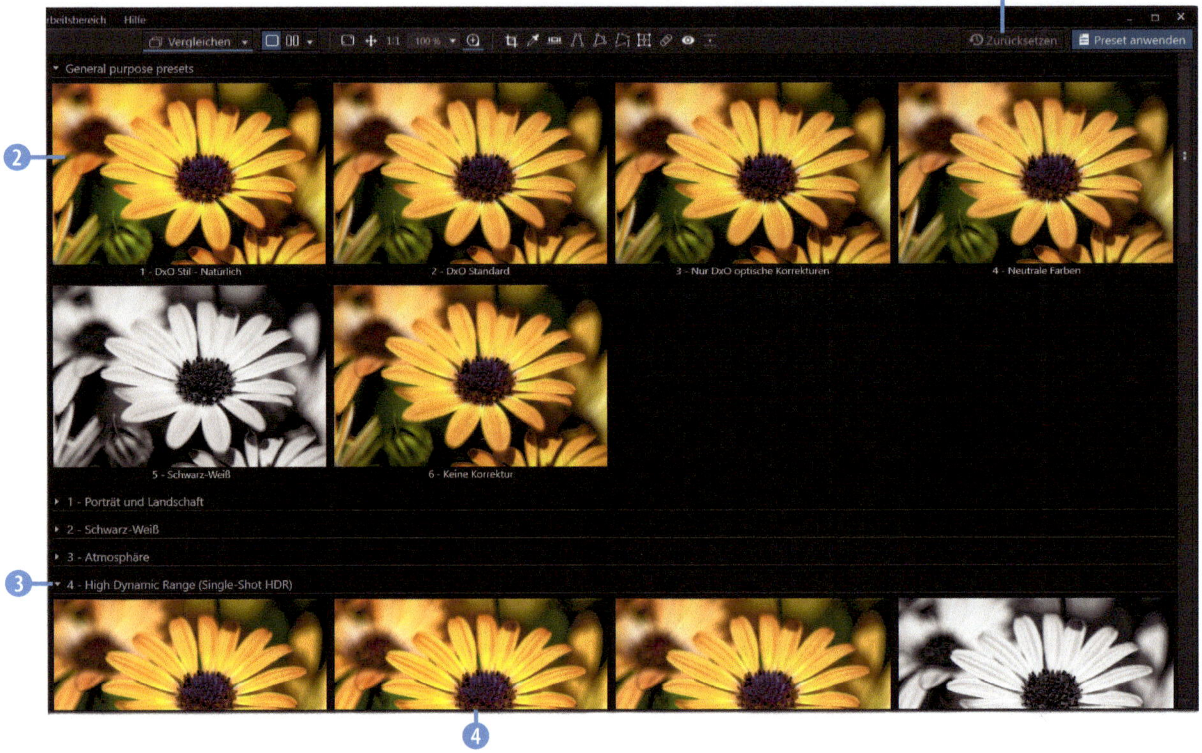

Miniaturbilder im Bildbrowser

Im unteren Bereich sehen Sie den Bildbrowser, in dem Sie die Miniaturbilder aus dem aktuell ausgewählten Ordner sehen.

Im unteren Bereich wird der Bildbrowser angezeigt.

Sie können den Bildbrowser skalieren, indem Sie den oberen Steg mit gedrückter linker Maustaste verziehen ①. Das aktuell ausgewählte Bild erkennen Sie an der grauen Hervorhebung ②.

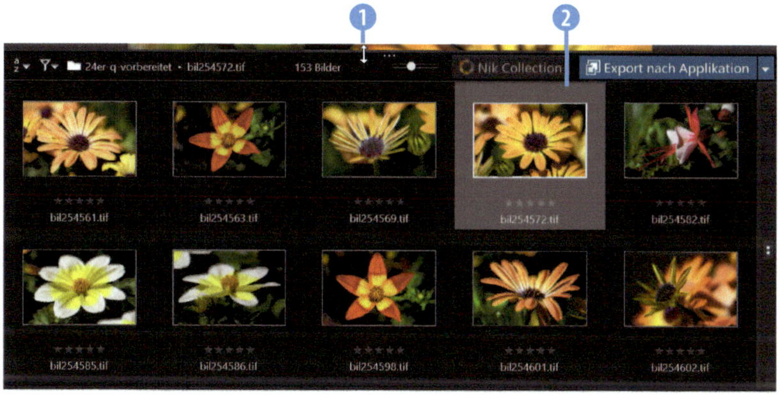

Der Bildbrowser kann skaliert werden.

Wenn Sie den Mauszeiger einen Moment lang über ein Miniaturbild ③ halten, zeigt Ihnen ein Schildchen viele Informationen zu diesem Bild. Das Bild muss dabei nicht markiert sein. So finden Sie im mittleren Bereich ④ die Belichtungsdaten. Im unteren Bereich sehen Sie das eingesetzte DxO-Modul ⑤, das zur Entwicklung zum Einsatz kam.

Auf dem Schildchen werden diverse Informationen zum Bild angezeigt.

Nutzen Sie die erste Schaltfläche ⑥, um festzulegen, wonach die Bilder des ausgewählten Ordners sortiert werden sollen. Sie finden in der langen Liste sehr viele Optionen. So können Sie beispielsweise nach der verwendeten Kamera ⑧ sortieren.

Mit dieser ⑦ Schaltfläche öffnen Sie ein Menü, in dem Sie festlegen, welche Bilder angezeigt werden sollen. So könnten Sie sich beispielsweise nur für die bearbeiteten Bilder ⑨ entscheiden. Standardmäßig werden alle Fotos angezeigt.

Legen Sie die Sortierung fest und bestimmen Sie die anzuzeigenden Bilder.

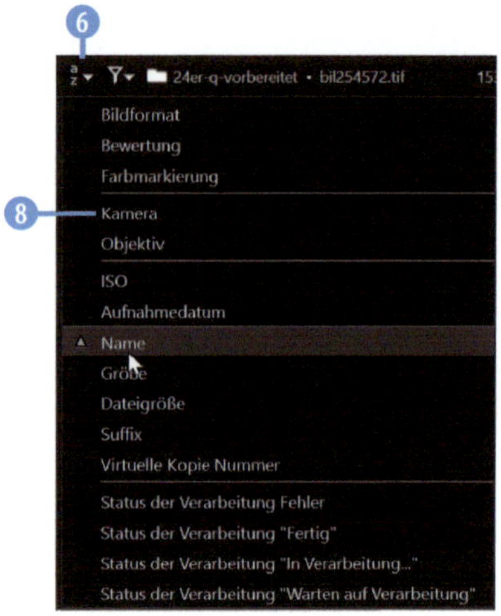

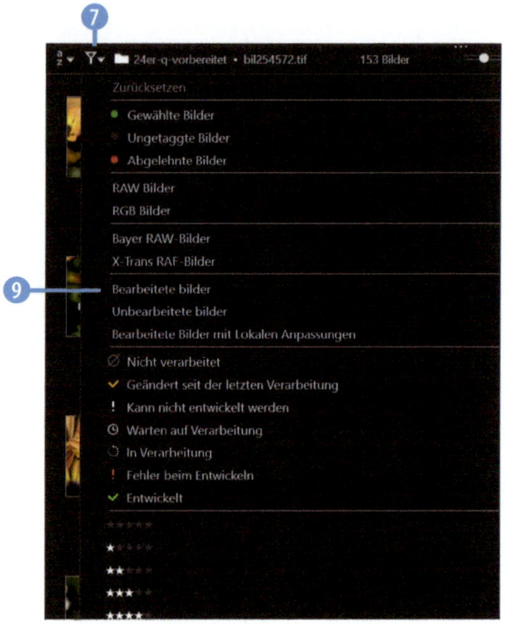

Es folgt die Anzeige des aktuell geöffneten Ordners ⑩. Wie viele Bilder sich in dem Ordner befinden und wie viele ausgewählt ⑪ sind, können Sie hier ⑫ ablesen.

Hier wurden mehrere Bilder ausgewählt.

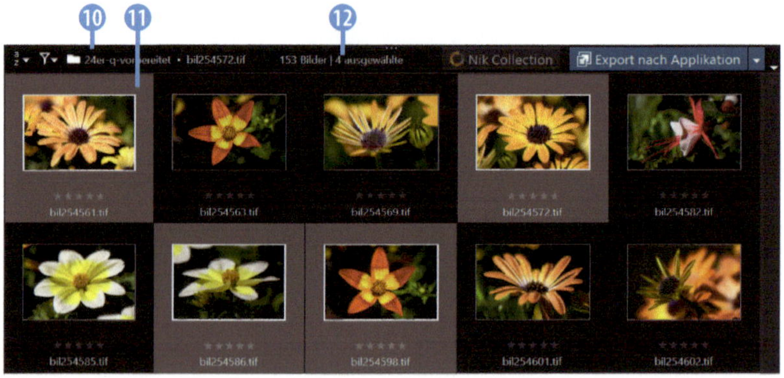

Weitere Optionen

Mit dem Schieberegler legen Sie die Größe der Miniaturbilder fest. Wenn Sie sich einen Überblick über den Bildbestand verschaffen möchten, können Sie den Regler für die kleinste Miniaturbildgröße ganz nach links ziehen ①. Wollen Sie dagegen Details besser erkennen können, ist die maximale Miniaturbildgröße ② die richtige Wahl.

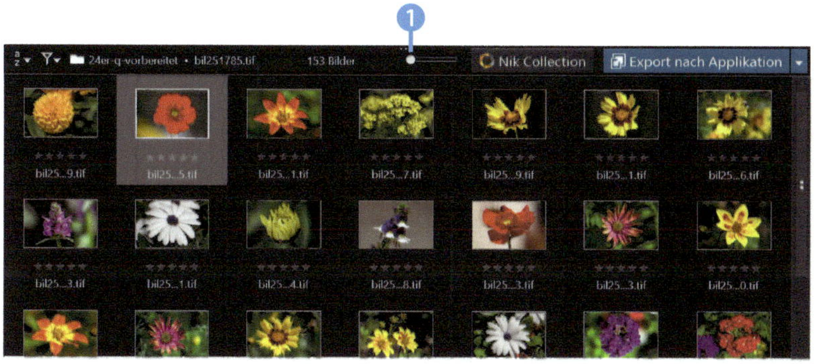

Dies ist die minimale Miniaturbildgröße.

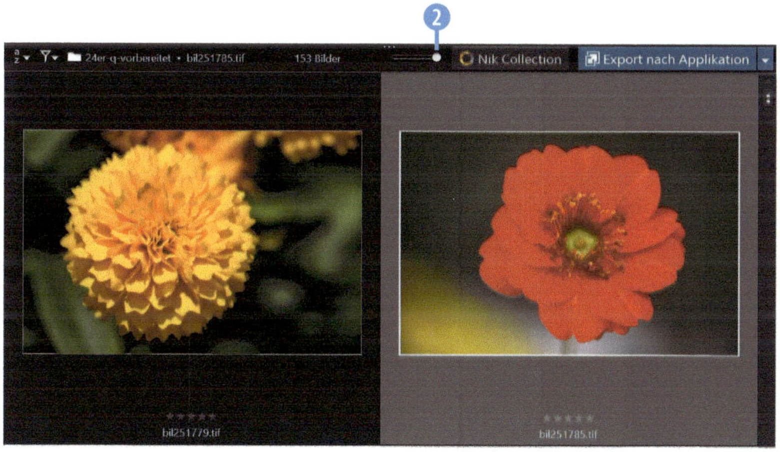

Hier sehen Sie die maximale Miniaturbildgröße.

Nikon Collection

Ist die *Nik Collection*-Schaltfläche deaktiviert, obwohl Sie sie installiert haben, ist eine Neuinstallation der Toolsammlung erforderlich.

Die beiden Schaltflächen am rechten Rand der Kopfzeile des Bildbrowsers dienen dazu, fertig bearbeitete Bilder zu exportieren.

Möchten Sie mit der *Nik Collection* weiterarbeiten, können Sie diese Schaltfläche ③ nutzen. In einem gesonderten Dialogfeld wird dann das Nik-Modul ausgewählt ⑤. In dieser ④ Liste finden Sie weitere Exportoptionen.

Dies sind die Exportoptionen.

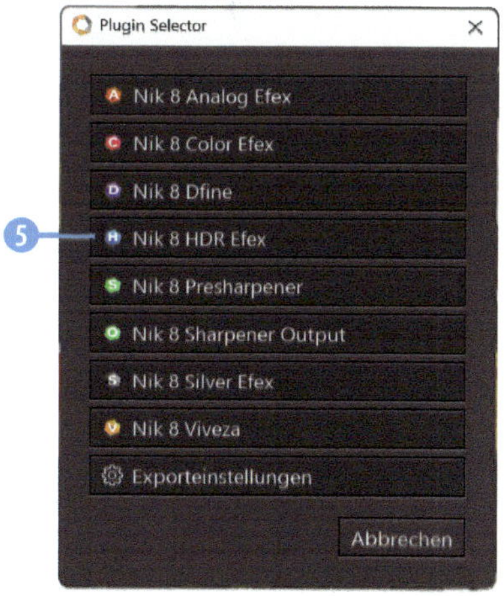

Wählen Sie ein Nik-Modul aus.

Neue Projekte anlegen

DxO PhotoLab zeigt standardmäßig nur die Bilder an, die sich im markierten Ordner befinden. Wenn Sie Bildersammlungen aus verschiedenen Ordnern zusammenstellen wollen, können Sie die sogenannten Projekte einsetzen.

> **Projekte**
>
> Projekte sind für das Strukturieren des Bildbestands nützlich. So können Sie beispielsweise Bilder zu einem bestimmten Thema aus unterschiedlichen Ordnern in einem Projekt zusammenfassen.

Die Projekte werden in der Fußzeile des Quellbrowsers angezeigt. Rufen Sie das Plussymbol-Menü ❶ auf. Nutzen Sie im Untermenü die Option *Neues Projekt anlegen* ❷, um ein neues Projekt zu erstellen. Sie können diese Option auch mit der Tastenkombination Strg+N aufrufen.

Geben Sie im Dialogfeld, das dann geöffnet wird, einen Namen für das Projekt ein ❹. Sie können nachträglich auch doppelt auf die Bezeichnung ❸ klicken, um einen Namen einzutippen. Alternativ können Sie mit der rechten Maustaste auf das Projekt klicken und aus dem Kontextmenü die Option *Projekt umbenennen* aufrufen. Hier finden Sie außerdem eine Möglichkeit, um das Projekt wieder zu löschen. Zudem kann eine Projektgruppe angelegt werden. So ist ein verschachtelter Aufbau von Projekten möglich.

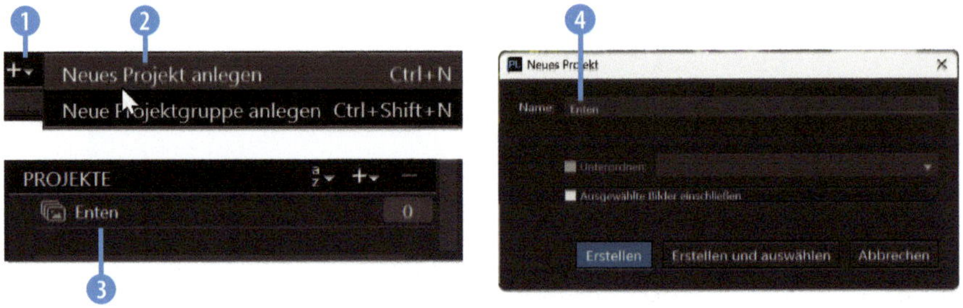

Erstellen Sie ein neues Projekt.

Wechseln Sie zu dem Ordner, in dem sich die Bilder befinden, die Sie in das neue Projekt aufnehmen wollen. Markieren ❻ Sie die betreffenden Bilder und ziehen Sie sie per Drag and Drop auf den Projekteintrag ❼. Wie viele Bilder sich insgesamt im Projekt befinden, erkennen Sie anschließend an dieser ❺ Zahl.

Auf dem Schildchen wird die Anzahl der neu aufgenommenen Bilder angezeigt.

Nehmen Sie Bilder in das neue Projekt auf.

Nehmen Sie auf diese Art und Weise Bilder aus verschiedenen Ordnern in das Projekt auf. Sollen nur noch die Bilder des Projekts angezeigt ⑨ werden, klicken Sie auf das Projekt ⑧.

Hier werden die Bilder des markierten Projekts angezeigt.

Tonwerte im Histogramm beurteilen

Zur Beurteilung der Tonwerte dient die *Histogramm*-Palette auf der rechten Seite des Arbeitsbereichs, mit der die Verteilung der Tonwerte in den einzelnen Farbkanälen und dem Gesamtbild angezeigt wird. Das Histogramm lässt sich gut zur Beurteilung einer Fehlbelichtung nutzen.

In der Kopfzeile ① können Sie wählen, ob alle Farbkanäle, ein einzelner Farbkanal oder der Luminanz-(Helligkeits-)Kanal angezeigt werden soll. Die Verteilung der Tonwerte wird grafisch dargestellt ②. Wenn Sie den Mauszeiger in das Bild halten, wird der Tonwert, der sich unter dem Mauszeiger befindet ④, mit dem dazugehörigen RGB-Wert ③ angezeigt.

> **Histogramm**
>
> Mit dem Histogramm wird die Verteilung der Tonwerte geprüft. Rechts und links sollten keine größeren leeren Bereiche zu sehen sein, wenn das Foto korrekt belichtet wurde. Links werden die Häufigkeiten der dunklen Tonwerte angezeigt, rechts die der hellen. Je höher der »Tonwertberg« ist, umso öfter kommt dieser Tonwert vor. Die verschiedenen Farben markieren die Verteilung in den einzelnen Farbkanälen.

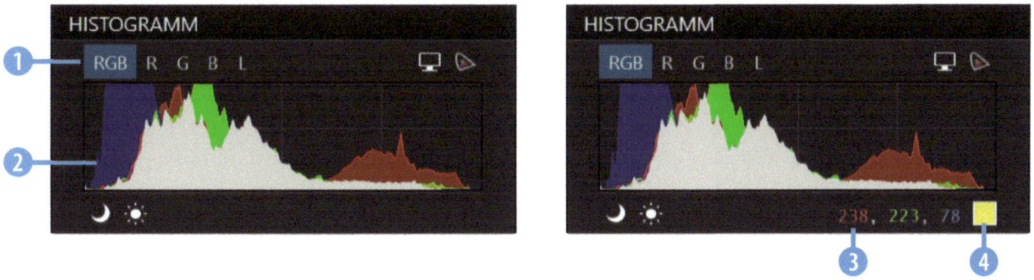

Hier sehen Sie die »Histogramm«-Palette.

Metadaten und Stichwörter

Im *Metadaten*-Register finden Sie diverse Exif-Daten. So können Sie hier beispielsweise die Belichtungsdaten ablesen. Sind

Vorkommnisse

Anhand der Werte hinter den Einträgen in der *Stichwortliste* erkennen Sie die Anzahl der Vorkommnisse.

Positionsdaten vorhanden, finden sich diese auf einem Schildchen, das erscheint, wenn Sie den Mauszeiger kurz über diese ❶ Schaltfläche halten. Wurden Stichwörter vergeben, sehen Sie diese im *Stichwörter*-Bereich ❷. In der *Stichwortliste* sind alle Stichwörter aufgelistet, die es im Bildbestand gibt. Zugewiesene Stichwörter sind mit einem Haken ❸ markiert.

Dies sind zwei weitere Paletten.

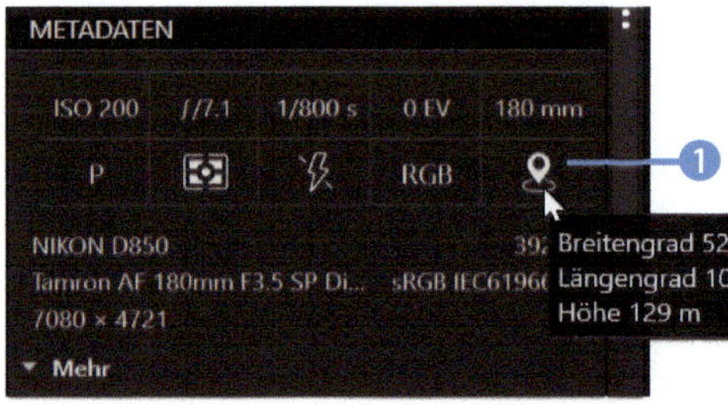

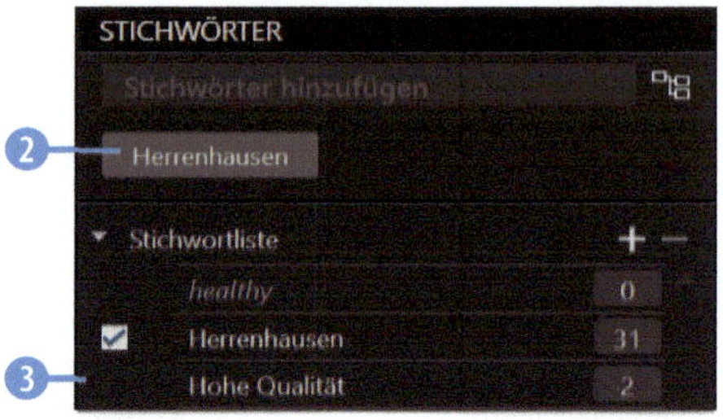

Wechseln zum Bearbeiten-Modul

Wenn Sie im Bildbrowser doppelt auf ein Miniaturbild ❷ klicken, wechseln Sie zum *Bearbeiten*-Modul, das Sie auch über diese ❶ Schaltfläche erreichen. Das *Bearbeiten*-Modul dient dem Entwickeln von RAW-Bildern oder der Bearbeitung von Fotos anderer Formate.

Hier wurde das Bild in das »Bearbeiten«-Modul geladen.

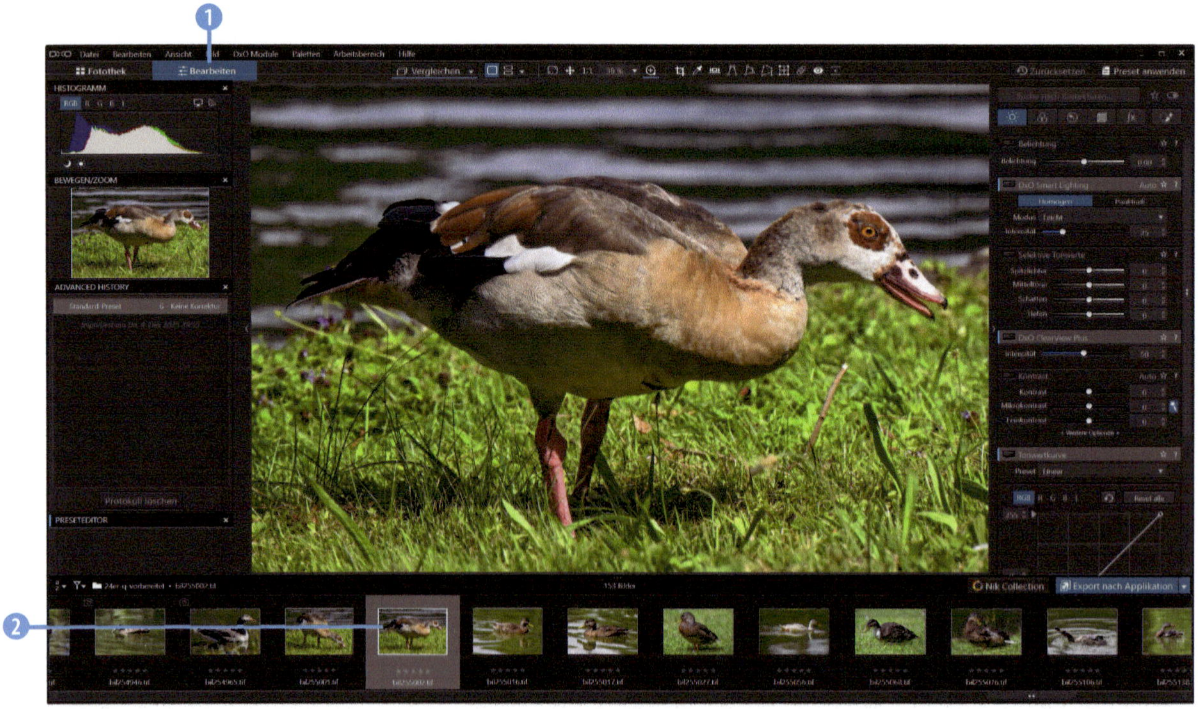

Das Foto wird automatisch so in den Arbeitsbereich eingepasst, dass es vollständig zu sehen ist. Links neben dem Bildfenster finden Sie unterschiedliche Paletten, die verschiedene Informationen bieten – die *Histogramm*-Palette haben Sie bereits kennengelernt.

Schlüsselfunktionen

Standardmäßig ist die Funktion *Hilfe/Schlüsselfunktionen anzeigen* aktiviert. Damit werden besonders wichtige Funktionen der Bearbeitung hervorgehoben, wie im Bild auf der gegenüberliegenden Seite beispielsweise die Funktionen *DxO Smart Lighting* und *DxO ClearView Plus*.

Navigieren im Bild

In der Palette *Bewegen/Zoom* ① sehen Sie eine Vorschau des ausgewählten Fotos. Wenn das Bild nicht vollständig im Bildfenster zu sehen ist, zeigt der Markierungsrahmen – den Sie mit gedrückter linker Maustaste verschieben können ② – den sichtbaren Bildausschnitt an.

Dies ist die Palette »Bewegen/Zoom«.

Liste der Arbeitsschritte

In der Palette *Advanced History* werden alle Arbeitsschritte aufgelistet ①, die seit dem Laden des Bildes vorgenommen wurden. Sie können die Palette nutzen, um zu einem früheren Arbeitsstadium zurückzukehren.

Nehmen Sie Arbeitsschritte zurück.

Vorstellung der Bearbeitungspaletten

Rechts neben dem Bildfenster finden Sie eine große Anzahl an Paletten, deren Funktionen Sie nutzen können, um Bilder zu bearbeiten. Standardmäßig sehen Sie dort die wesentlichen Werkzeuge ⑤ – das sind Werkzeuge ⑥, die sehr häufig benötigt werden.

Dies sind die wesentlichen Werkzeuge.

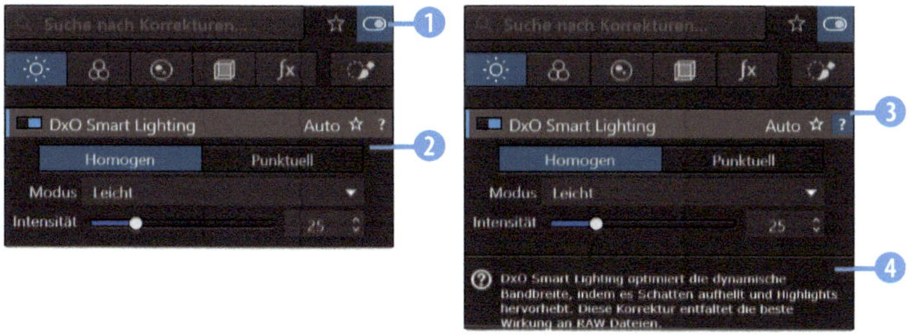

Hier sehen Sie die aktiven Werkzeuge.

Mit dieser ① Schaltfläche (Bild auf der vorherigen Seite) werden nur die Werkzeuge ② angezeigt, die beim aktuellen Bild verwendet wurden. Klicken Sie auf diese ③ Schaltfläche, um eine kurze Erläuterung zu den Werkzeugen einzublenden ④.

Verschiedene Korrekturpaletten

Beim Arbeiten mit den Werkzeugpaletten stehen Ihnen verschiedene Hilfestellungen zur Verfügung. Wenn Sie ein bestimmtes Werkzeug suchen, nutzen Sie das Suchfeld ①. Sobald Sie mit dem Eintippen beginnen, werden alle Vorkommnisse angezeigt, die die Buchstabenkombination enthalten. Sofern Sie bestimmte Werkzeuge häufig einsetzen, können Sie eine Favoritensammlung anlegen. Um diese Zusammenstellung anzuzeigen, klicken Sie auf diese ② Schaltfläche. Wollen Sie ein Werkzeug in die Favoritensammlung aufnehmen, klicken Sie auf dieses Symbol ③, das Sie in der Kopfzeile eines jeden Werkzeugs finden.

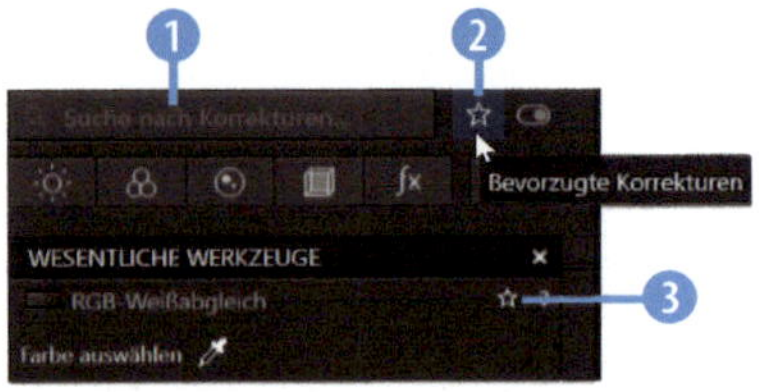

Nehmen Sie Werkzeuge in die Favoriten auf.

Damit Sie einen einigermaßen guten Überblick über die vielen verfügbaren Werkzeuge erhalten, wurden diese verschiedenen Themengebieten zugeteilt.

Die Werkzeuge sind auf mehrere Themenbereiche aufgeteilt.

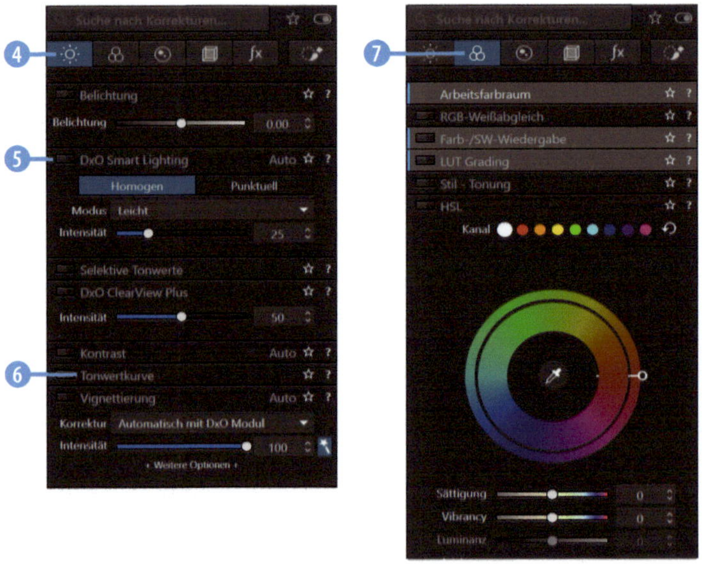

- In der *Belichtung*-Rubrik ❹ finden Sie verschiedene Werkzeuge, um die Tonwerte des Bildes anzupassen. Mit diesem ❺ Schalter können Sie das Werkzeug aktivieren oder deaktivieren. Standardmäßig sind alle Werkzeuge aufgeklappt. Klicken Sie auf die Bezeichnung ❻, um ein Werkzeug zuzuklappen. So können Sie Platz sparen.
- In der *Farbe*-Rubrik ❼ sind Werkzeuge untergebracht, um die Farbtöne im Bild anzupassen.
- Die *Details*-Rubrik ❽ enthält Werkzeuge, um Bilder zu schärfen oder Objektivfehler zu beseitigen. Außerdem können Sie mit dem *ReTouch*-Werkzeug ❾ beispielsweise Fussel aus dem Bild entfernen.
- Mit den Werkzeugen der *Geometrie*-Rubrik ❿ können Sie unter anderem das Bild zuschneiden oder gerade ausrichten.

Dies sind die Rubriken »Details« und »Geometrie«.

- Die nächste Rubrik – *Wasserzeichen & Effekte* ⓫ – können Sie zum Anbringen von Wasserzeichen nutzen. Die letzte Rubrik *Lokale Anpassungen* ⓬ bietet Optionen zum Maskieren von Bildteilen an.

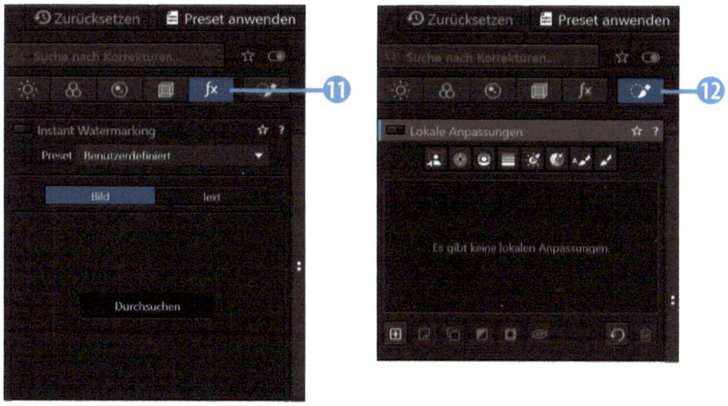

Hier sehen Sie die Rubriken »Wasserzeichen & Effekte« sowie »Lokale Anpassungen«.

Zwischen Arbeitsbereichen wechseln

Sie haben die Wahl zwischen unterschiedlichen Arbeitsbereichen. So können Sie im *Arbeitsbereich*-Menü die Option *DxO Advanced* ❶ oder *DxO Standard* aufrufen, die voreingestellt ist. Zudem lässt sich ein angepasster Arbeitsbereich speichern.

Mit der Option *DxO Advanced* ändern sich die Optionen, die angezeigt werden, wenn keine Rubrik ausgewählt wurde. Anstelle der Palette *Wesentliche Werkzeuge* sehen Sie dann diese Ansicht ❷, in der weitere Werkzeuge der unterschiedlichen Rubriken zu sehen sind.

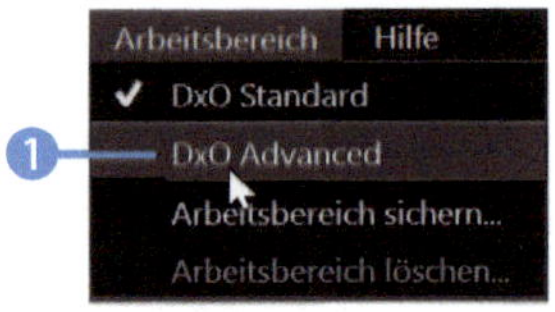

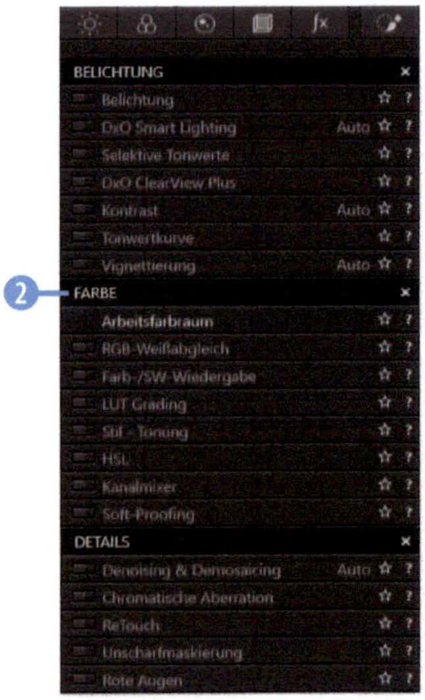

Hier wurde der Arbeitsbereich »DxO Advanced« eingestellt.

Werkzeuge entfernen

Sie können Werkzeuge auch entfernen. Ziehen Sie das betreffende Werkzeug einfach nach links in das Bildfenster.

Werkzeuge sortieren und Paletten anpassen

Sie können die Werkzeuge neu sortieren. Klicken Sie das betreffende Werkzeug an. Linien ❶ zeigen dann an, wohin Sie das Werkzeug mit gedrückter linker Maustaste ziehen können.

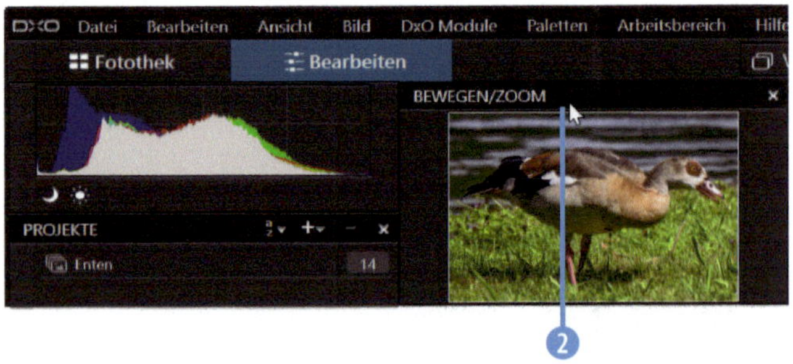

Passen Sie die Paletten an.

Die Paletten links im Arbeitsbereich können Sie in frei schwebende Fenster umwandeln. Klicken Sie dazu in den Kopfbereich ② und ziehen Sie die Palette nach rechts in das Bildfenster. Sie können es dann frei im Arbeitsbereich platzieren.

Werkzeuge und Werkzeugoptionen

Wenn Sie mit der rechten Maustaste in die Kopfzeile eines Werkzeugs klicken, können Sie im folgenden Menü auswählen, ob sämtliche Werkzeuge der Rubrik aufgeklappt werden sollen. Mit der Option *Alle minimieren* ① werden alle Werkzeuge – bis auf das markierte – zugeklappt.

Klappen Sie mit dieser Option alle Werkzeuge zu.

Die Werkzeuge bieten sehr unterschiedliche Möglichkeiten. Bei einigen Werkzeugen haben Sie nur wenige Optionen zur Verfügung, bei anderen deutlich mehr. Bei vielen Werkzeugen können Sie die Werte mit Schiebereglern ② anpassen. Alternativ können Sie den gewünschten Wert in das Eingabefeld ③ eintippen oder mithilfe der Pfeile erhöhen oder reduzieren ④.

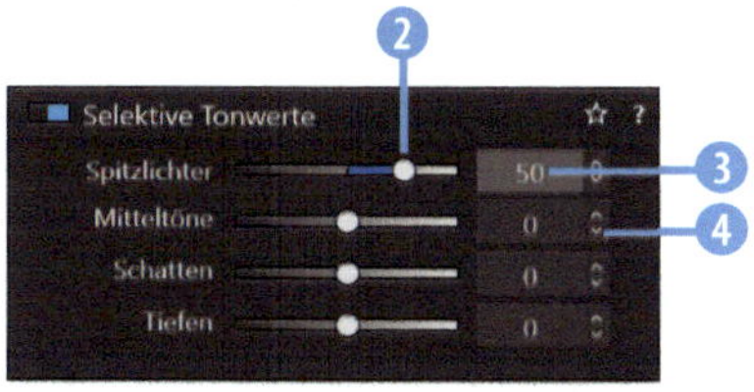

Geben Sie neue Werte ein.

Bei verschiedenen Werkzeugen werden Schaltflächen angeboten. So können Sie mit diesem ⑤ Symbol des Werkzeugs *RGB-Weißabgleich* eine Farbe aus dem Bild aufnehmen.

Manche Werkzeuge bieten Schaltflächen an.

Zurücksetzen

Wollen Sie den ursprünglichen Zustand wiederherstellen, rufen Sie eine der Funktionen aus dem *Arbeitsbereich*-Menü auf.

Werte zurücksetzen

Wenn Sie Werte auf den Ursprungswert zurücksetzen wollen, klicken Sie doppelt auf den Schieberegler.

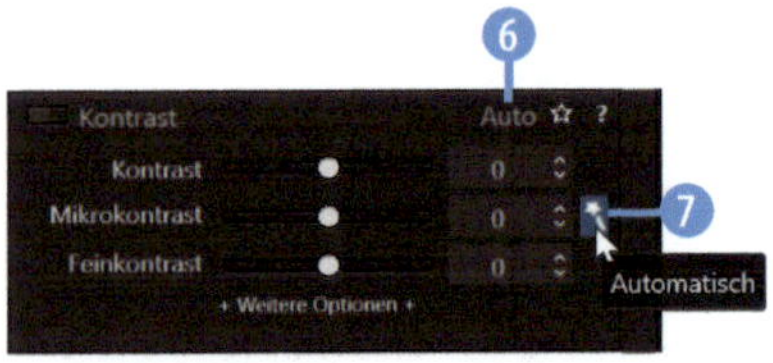

Einige Werkzeuge bieten auch eine »Auto«-Option.

Bei verschiedenen Werkzeugen sehen Sie in der Kopfzeile einen *Auto*-Eintrag 6. Das zeigt an, dass dieses Werkzeug eine Möglichkeit 7 anbietet, die passenden Einstellungen automatisch zu ermitteln.

Manche Werkzeuge – wie im folgenden Beispiel das *HSL*-Werkzeug (**H**ue/Wert, **S**aturation/Sättigung und **L**uminance/Helligkeit) – stellen aufwendige Optionen 8 bereit. Bei anderen Werkzeugen gibt es zusätzlich Listenfelder zur Auswahl einer Option 9.

Die Werkzeuge geben Ihnen ganz unterschiedliche Einstellungsmöglichkeiten an die Hand.

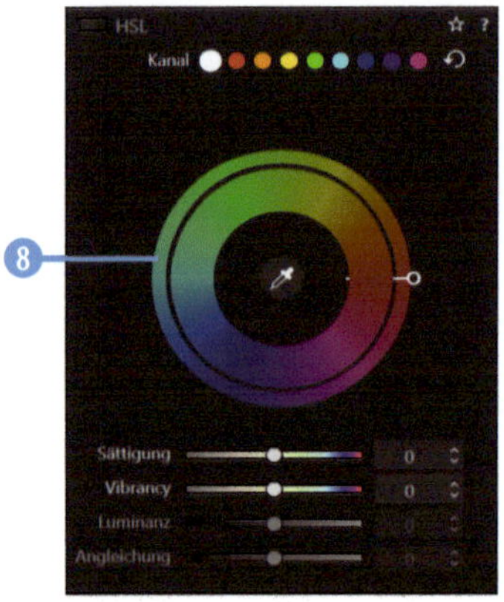

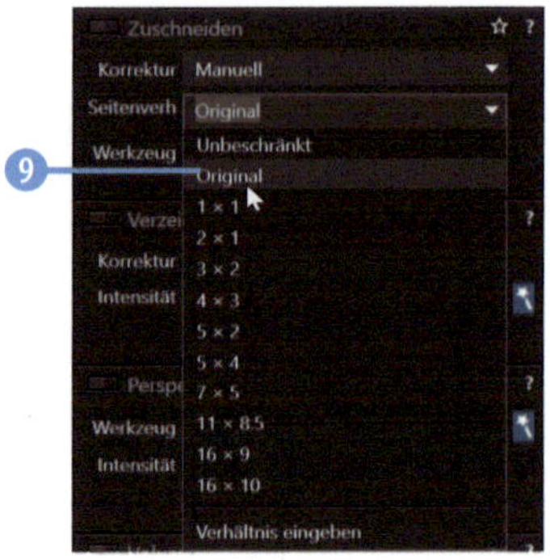

Wenn Sie beispielsweise Bildrauschen entfernen wollen, ist eine Darstellungsgröße von 100 % wichtig, um die Auswirkungen korrekt beurteilen zu können. Das Werkzeug *Denoising & Demosaicing* 12 bietet ein gesondertes Fenster 10 in dieser Darstellungsgröße an, wenn Sie das *Lupe*-Werkzeug aufrufen. Sie können das Fenster frei im Bild platzieren. Mit der Schaltfläche unten links 11 ändern Sie die Größe des Fensters. Mit dieser 14 Option blenden Sie zusätzliche Optionen ein oder aus.

Beim *Tonwertkurve*-Werkzeug wird eine Gradationskurve zum Anpassen der Tonwerte bereitgestellt 13.

Zum Entrauschen gibt es vielfältige Optionen.

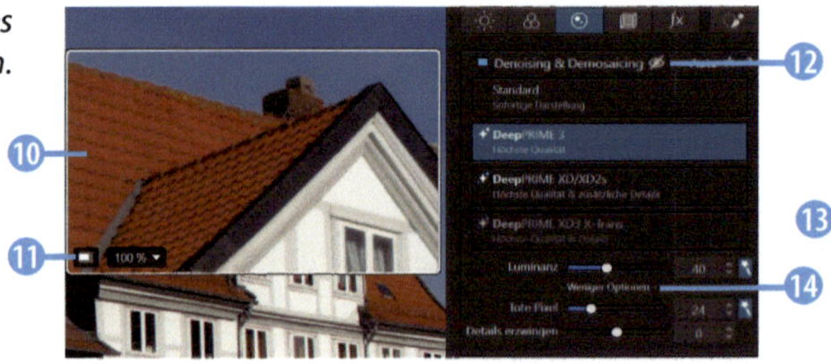

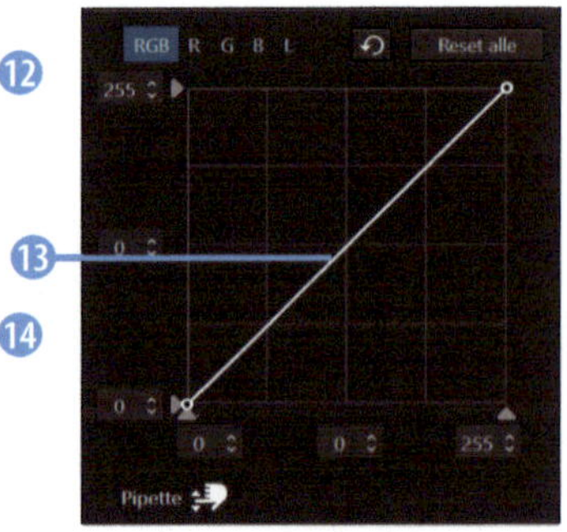

1.4 Bearbeitete Bilder exportieren

Nach der Bearbeitung muss das Ergebnis exportiert werden, wenn Sie es weiterverwenden wollen – beispielsweise für eine Veröffentlichung im Web oder für ein Druckerzeugnis.

Sie können die Funktion *Export auf Festplatte* wahlweise aus dem *Datei*-Menü ①, über das Menü rechts unter dem Bildfenster ② oder mit der Tastenkombination Strg+Alt+P aufrufen.

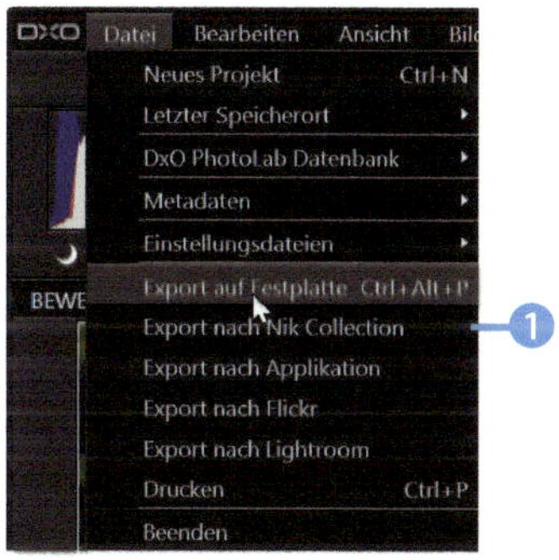

Exportieren Sie das bearbeitete Ergebnis.

»Speichern«

In DxO PhotoLab werden Ergebnisse nicht »gespeichert«, wie Sie es eventuell von anderen Bildbearbeitungsprogrammen kennen. Alle Veränderungen werden sofort im Katalog gesichert. Die ursprüngliche Bilddatei bleibt unverändert. Sie können das bearbeitete Foto aber samt Änderungen exportieren. Das ist beispielsweise nötig, wenn Sie das Ergebnis in einem anderen Programm weiterbearbeiten oder veröffentlichen wollen.

Im folgenden Dialogfeld legen Sie das Ausgabeformat ③ fest. Im rechten Bereich sehen Sie die verfügbaren Optionen.

Je nachdem, welches Dateiformat Sie ausgewählt haben, werden unterschiedliche Optionen angeboten. So können Sie beispielsweise beim TIF-Format auch die Farbtiefe wählen ④.

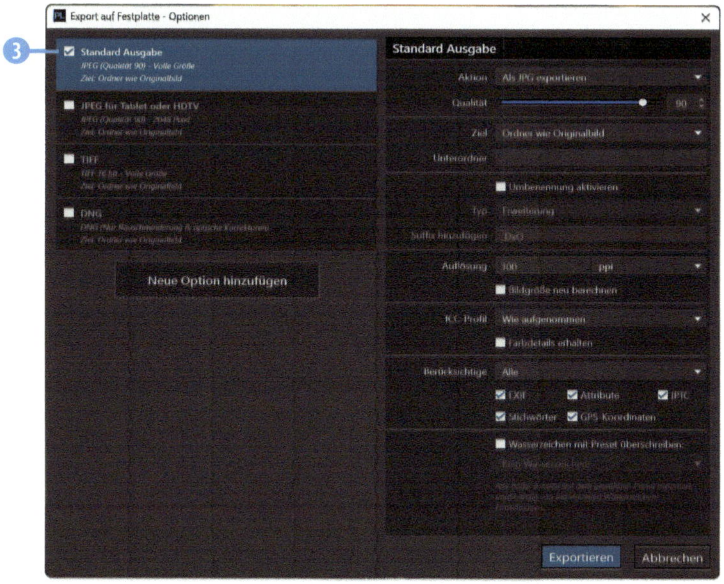

Hier sehen Sie die verfügbaren Exportoptionen.

Dies sind die Optionen des TIF-Dateiformats.

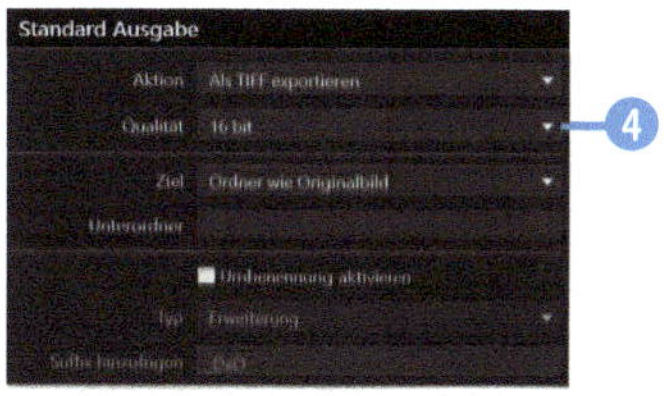

Schaltzentrale Fotothek

Die Fotothek von DxO PhotoLab ist die Schaltzentrale, wenn es um das Sichten der Fotos und die Strukturierung des Bildbestands geht. DxO PhotoLab bietet verschiedene Optionen für die Strukturierung an. Welche Möglichkeiten Sie dabei haben, erfahren Sie in diesem Kapitel.

Frei platzieren

Sie können den Quellbrowser auch in ein frei schwebendes Fenster verwandeln. Klicken Sie dazu in die Kopfzeile und ziehen Sie das Fenster mit gedrückter linker Maustaste aus dem linken Bereich heraus.

2.1 Bildverzeichnisse öffnen

Anders als Sie es vielleicht von anderen Programmen wie etwa Lightroom kennen, hat DxO PhotoLab keinen »Katalog«. Die *Fotothek* mit dem Quellbrowser ist die Schaltzentrale für die Verwaltung aller Bilder, die sich auf dem Rechner befinden.

Den hierarchischen Aufbau kennen Sie vom Windows-Ordnerfenster. Nutzen Sie die Dreiecke vor den Ordnern 1 zum Auf- oder Zuklappen.

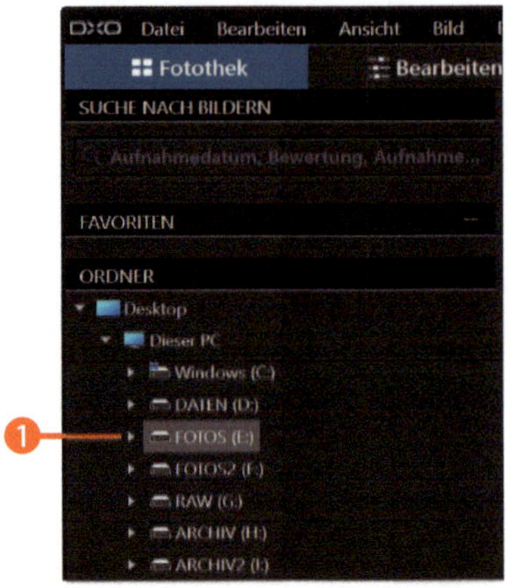

Im Quellbrowser wird die Ordnerstruktur angezeigt.

Je nachdem, wie viele Bilder sich im Ordner befinden, kann das Laden eine ganze Weile dauern. Sie sehen während des Bilderladens dieses Symbol 2 in der Kopfzeile des Bildbrowsers.

Dieses Symbol sehen Sie während des Bilderladens.

Wenn Sie große Bilddateien laden, dauert das Generieren der Miniaturbilder eine Weile 4. Wie viele Bilder sich in dem Ordner befinden, können Sie hier 3 ablesen.

Das Generieren der Miniaturbilder dauert etwas.

Wenn Sie sich zunächst der Strukturierung des Bildbestands widmen wollen, können Sie den Bildbrowser so weit vergrößern, dass er den gesamten Arbeitsbereich ausfüllt. Ziehen Sie dazu den oberen Steg 5 ganz nach oben.

Ausblenden

Im *Ansicht*-Menü finden Sie Optionen, um den Quell- und den Bildbrowser ein- oder auszublenden.

5

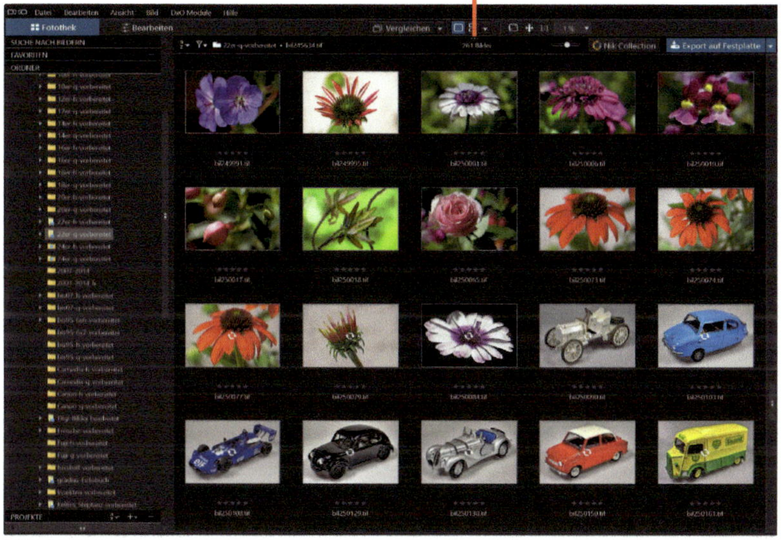

Sie können den Bildbrowser maximal vergrößern.

Bildbrowser

Auch der Bildbrowser kann als frei schwebendes Fenster dargestellt werden. Ziehen Sie ihn dazu mit gedrückter linker Maustaste aus dem unteren Bereich heraus. Alternativ dazu können Sie die Tastenkombination Strg+U nutzen.

Auch wenn alle Miniaturbilder aufgebaut wurden, dauert es – je nach Größe der Bilddateien – noch eine ganze Weile, ehe die Vorschaubilder generiert sind. Das erkennen Sie an den Symbolen in der Mitte der Miniaturbilder 6.

6

Während des Generierens sehen Sie diese Symbole.

2.2 Bildordner indizieren

DxO PhotoLab bietet eine mächtige Funktion an, um den Bildbestand schnell zu durchsuchen. Mit der Option *Ordnerindex anlegen* im Kontextmenü 1 können Sie einen Ordner oder eine

Indizierung

Jeder geöffnete Ordner wird automatisch indiziert. So ist das manuelle Indizieren nur bei großen Bildbeständen in unterschiedlichen Ordnern nötig.

Festplatte indizieren. Nach der Bestätigung dauert es abhängig davon, wie groß der Ordner oder die Festplatte ist, sehr lange, bis die Indizierung abgeschlossen ist. Sie sehen währenddessen einen Hinweis 2.

Kontextmenü

Klicken Sie den Ordner oder die Festplatte mit der rechten Maustaste an, um das Kontextmenü zu öffnen.

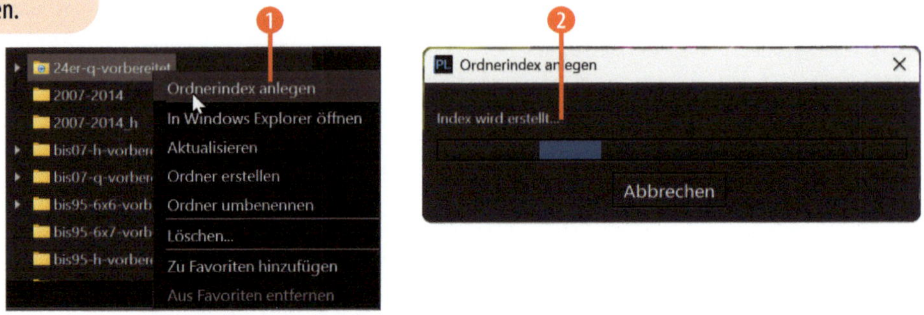

Legen Sie fest, ob ein Ordner indiziert werden soll.

Nach Bildern suchen

Sobald der Bildbestand indiziert ist, können Sie das Suchfeld für komplexe Suchen nutzen. Tippen Sie den Suchbegriff ein 1. Sie sehen dann unter anderem, wie viele Dateien 2 und Ordner 3 mit dem Suchbegriff übereinstimmen. Die Anzahl der Vorkommnisse wird rechts angezeigt 5.

Geben Sie einen Suchbegriff in das Eingabefeld ein.

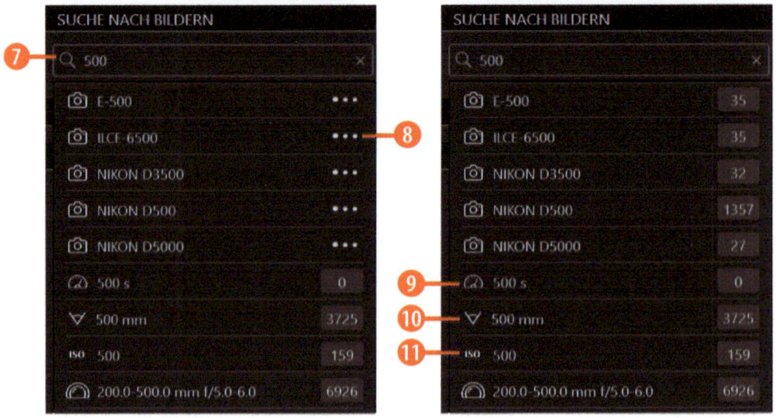

Wenn Sie Zahlen eingeben, haben Sie zusätzliche Optionen.

Klicken Sie auf einen der Einträge, um nur noch die Bilder dieses Vorkommens in den Bildbrowser zu laden. Dabei werden die Bilder aller Ordner angezeigt.

Wenn Sie später in das leere Suchfeld (4) klicken, werden die vorherigen Suchen aufgelistet (6). DxO PhotoLab »merkt sich« die Suchen. Das gilt auch, wenn Sie das Programm zwischenzeitlich geschlossen und neu gestartet haben.

Es gibt eine Besonderheit, wenn Sie Zahlen in das Suchfeld eintippen (7). Sofern Sie einen sehr großen Bildbestand haben, dauert das Zusammenstellen der Suchergebnisse allerdings einen Moment, was dieses Wartesymbol (8) belegt.

In der Liste werden unter anderem alle Ergebnisse angezeigt, bei denen der ISO-Wert (11), die verwendete Brennweite (10) oder die Belichtungszeit (9) den eingegebenen Wert enthalten. Hinzu kommen die Ergebnisse für Dateien und Ordner, die den Suchbegriff enthalten.

Suchergebnisse nutzen

Die Suchen sind sehr nützlich. Sie könnten die so gefundenen Bilder beispielsweise in ein neues Projekt aufnehmen, um sich spätere erneute Suchen zu ersparen, oder das Projekt nachträglich um weitere Bilder ergänzen.

Nach Datum suchen

Eine weitere Möglichkeit besteht darin, ein Datum (1) für die Suche zu verwenden. Dabei gilt es aber zu beachten, dass nur die Ergebnisse eines Jahres angezeigt werden. Wenn Sie also beispielsweise 01.01.20 eintippen, werden die Ergebnisse von 2019, 2018 und so weiter nicht berücksichtigt, sondern nur die von 2020. Sie müssten dann weitere Suchkriterien eingeben, um die anderen Jahre ebenfalls zu erfassen.

Nach dem Bestätigen der Suchabfrage mit der [↵]-Taste werden alle zum eingegebenen Datum passenden Bilder (2) angezeigt. Die Anzahl der gefundenen Bilder finden Sie hier (3).

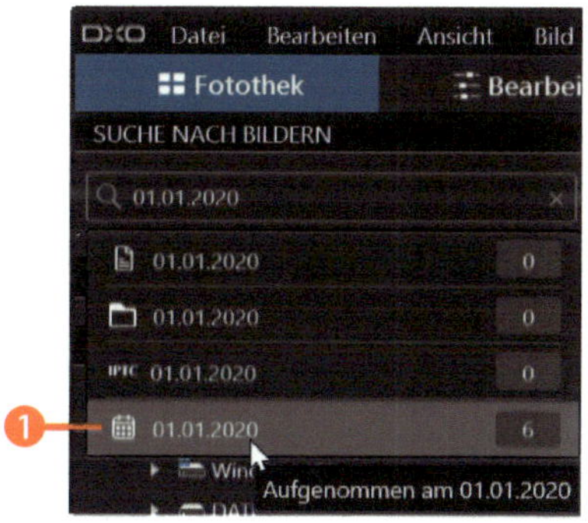

Sie können auch ein Datum zur Suche eingeben.

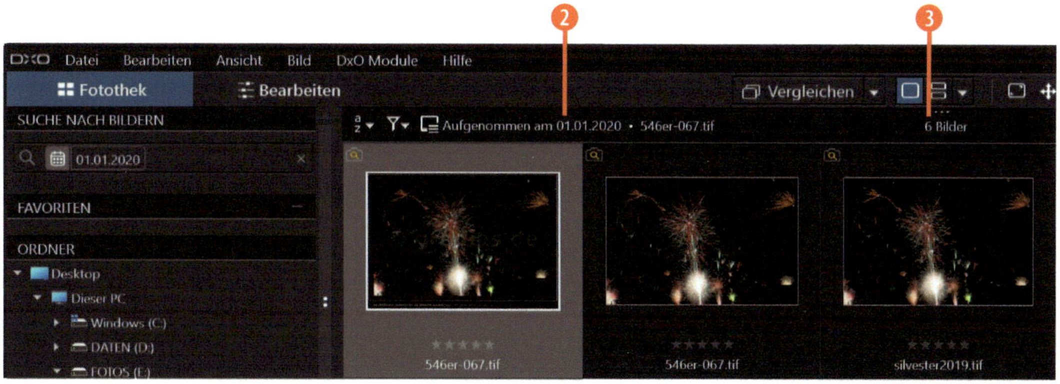

Hier werden die Fotos eines bestimmten Tags angezeigt.

Suchbegriffe kombinieren

Am Symbol im Suchfeld ① erkennen Sie, wonach gesucht wurde – im Beispiel nach der Brennweite. Wenn Sie eine Suche in einem sehr großen Bildbestand durchgeführt haben, werden standardmäßig nur die ersten 1.000 Bilder angezeigt. Klicken Sie auf diesen Link ②, wenn alle Bilder angezeigt werden sollen.

Die Bilder wurden nach der Brennweite gefiltert.

DxO PhotoLab bietet Ihnen zusätzlich die Möglichkeit, bis zu fünf Suchanfragen miteinander zu kombinieren. Das können Sie zum Beispiel nutzen, wenn Sie das Suchergebnis verfeinern wollen.

Geben Sie dazu einen weiteren Suchbegriff in das Suchfeld ein und wählen Sie das Suchkriterium ③ aus. Danach werden alle Bilder angezeigt, die beide Suchkriterien erfüllen. Im Beispiel wurden die Bilder aus dem Bildbestand herausgefiltert, die mit einer Brennweite von 500 mm und dem ISO-Wert 200 aufgenommen wurden. Um die Kriterien in einem Schildchen ⑤ komplett anzuzeigen, halten Sie den Mauszeiger über den Eintrag ④.

Hier kamen zwei Suchkriterien zum Einsatz.

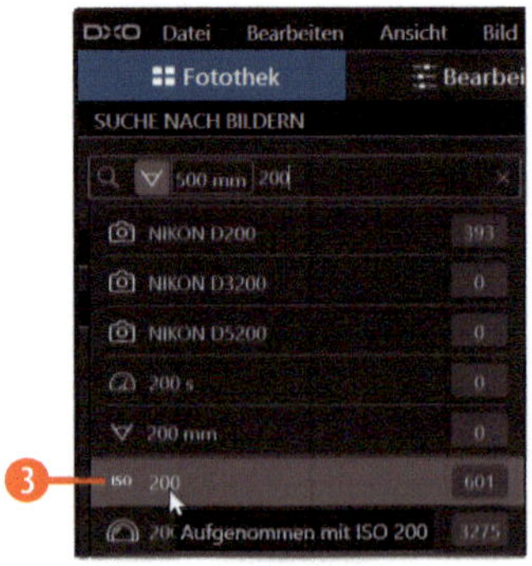

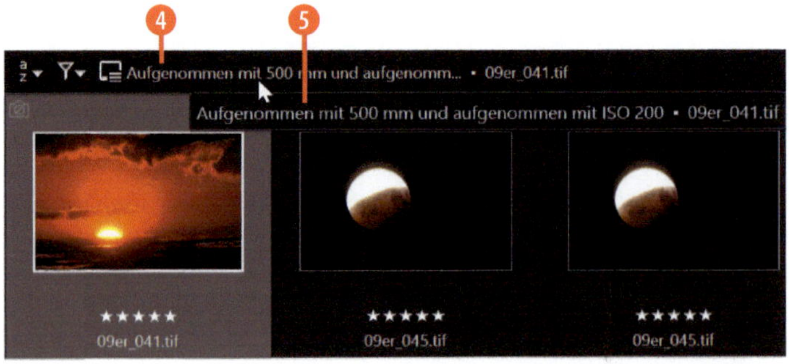

Wollen Sie ein Suchkriterium entfernen, klicken Sie hinter den Eintrag und drücken die [⇦]-Taste. Sollen sämtliche Kriterien entfernt werden, klicken Sie auf dieses 6 Symbol.

Löschen Sie mit diesem Symbol alle Suchkriterien.

2.3 Dateien und Ordner verwalten

Da DxO PhotoLab mit den auf der Festplatte vorhandenen Strukturen arbeitet, können Sie die Veränderungen wahlweise im Windows-Ordnerfenster oder in DxO PhotoLab vornehmen. Die Auswirkungen sind dieselben.

Übersichtlichkeit

Wenn auf einer Festplatte besonders viele Ordner vorhanden sind, helfen die Favoriten Ihnen dabei, so schnell wie möglich auf die am häufigsten benötigten Ordner zuzugreifen.

Wenn Sie im Quellbrowser einen Ordner mit der rechten Maustaste anklicken, können Sie über das Kontextmenü bestimmen, dass er in die Favoriten aufgenommen werden soll 1. Sie finden ihn anschließend in der *Favoriten*-Liste wieder. Mit diesem Symbol 2 können Sie ihn wieder aus der Liste entfernen oder alternativ die Option *Aus Favoriten entfernen* aus dem Kontextmenü nutzen.

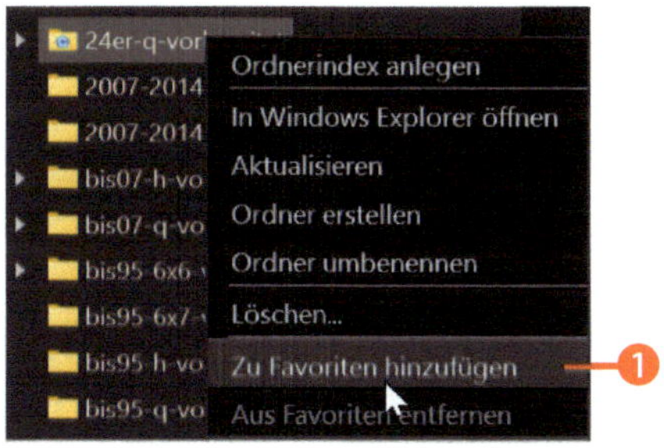

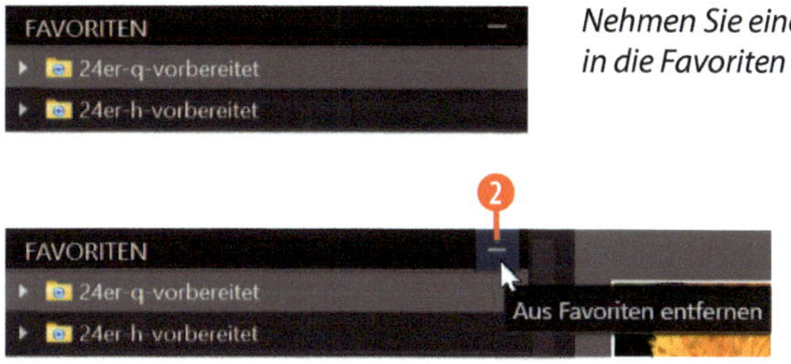

Nehmen Sie einen Ordner in die Favoriten auf.

Verwenden Sie die Funktion *Ordner erstellen* 3, um einen neuen Unterordner einzufügen. Wird eine Festplatte angeklickt, entsteht damit ein neuer Hauptordner.

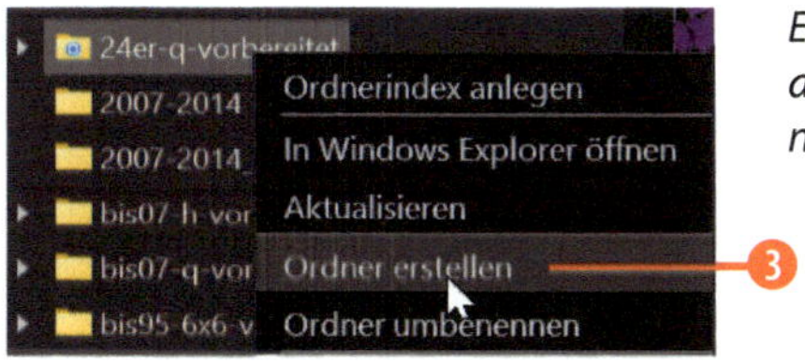

Erstellen Sie mit dieser Funktion aus dem Kontextmenü einen neuen Ordner oder Unterordner.

Ordner löschen

Sie können neue Ordner oder Unterordner zwar in DxO PhotoLab erstellen – das Löschen von Ordnern müssen Sie aber mithilfe des Windows-Ordnerfensters erledigen.

Nutzen Sie die Funktion *Bild umbenennen* aus dem Kontext- 4 oder dem *Bearbeiten*-Menü 5 zum Umbenennen von Bildern. Alternativ können Sie dazu auch das Tastenkürzel F2 verwenden. Wenn Sie Bilder löschen wollen, kann die Tastenkombination ⇧+Entf gedrückt werden. Sie erreichen die *Entfernen*-Funktion außerdem über das *Bild*- oder das Kontextmenü.

Benennen Sie mit dieser Funktion Bilder um.

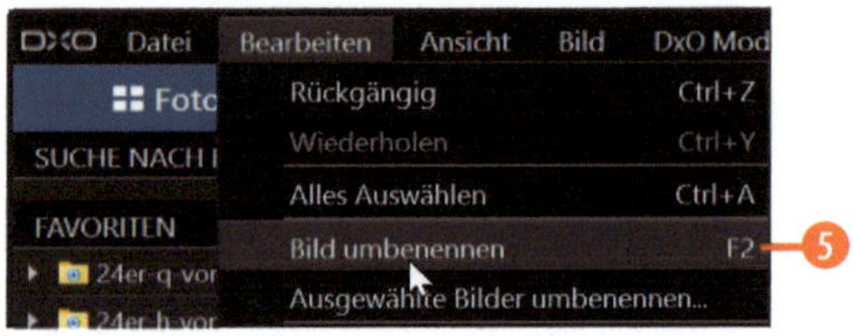

Die markierten Bilder werden erst gelöscht, wenn Sie eine Sicherheitsabfrage 6 bestätigt haben.

Umbenennen

Um ein Bild oder Ordner umzubenennen, können Sie auch doppelt auf die Bezeichnung klicken, um in den Editiermodus zu wechseln.

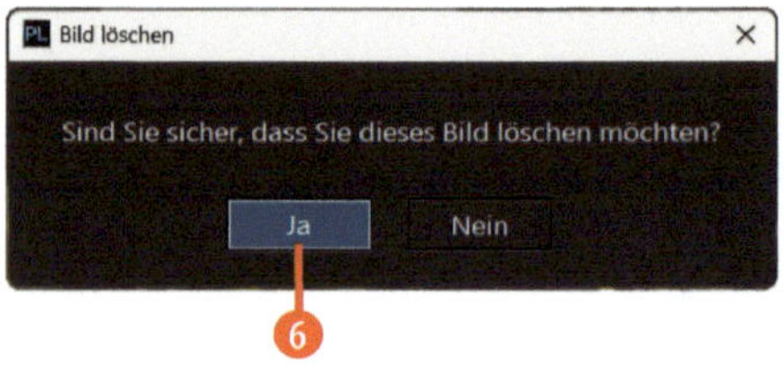

Bestätigen Sie diese Sicherheitsabfrage.

Wollen Sie Bilder in einen anderen Ordner verschieben, können Sie dies per Drag and Drop erledigen. Markieren Sie die betreffenden Bilder 8 und ziehen Sie sie mit gedrückter linker Maustaste auf den neuen Ordner 7.

Verschieben Sie Bilder per Drag and Drop.

2.4 Mit Projekten arbeiten

Da DxO PhotoLab ordnerbasiert arbeitet, sind die sogenannten Projekte sehr nützlich. Mit Projekten können Sie Bilder aus unterschiedlichen Ordnern zusammenfassen.

Markieren Sie mit gedrückter Strg-Taste nacheinander die Bilder ①, die Sie in das Projekt aufnehmen wollen. Wählen Sie aus dem Kontext- oder dem *Bild*-Menü die Funktion *Projekt aus aktueller Auswahl erstellen* ② aus, damit ein neues Projekt entsteht.

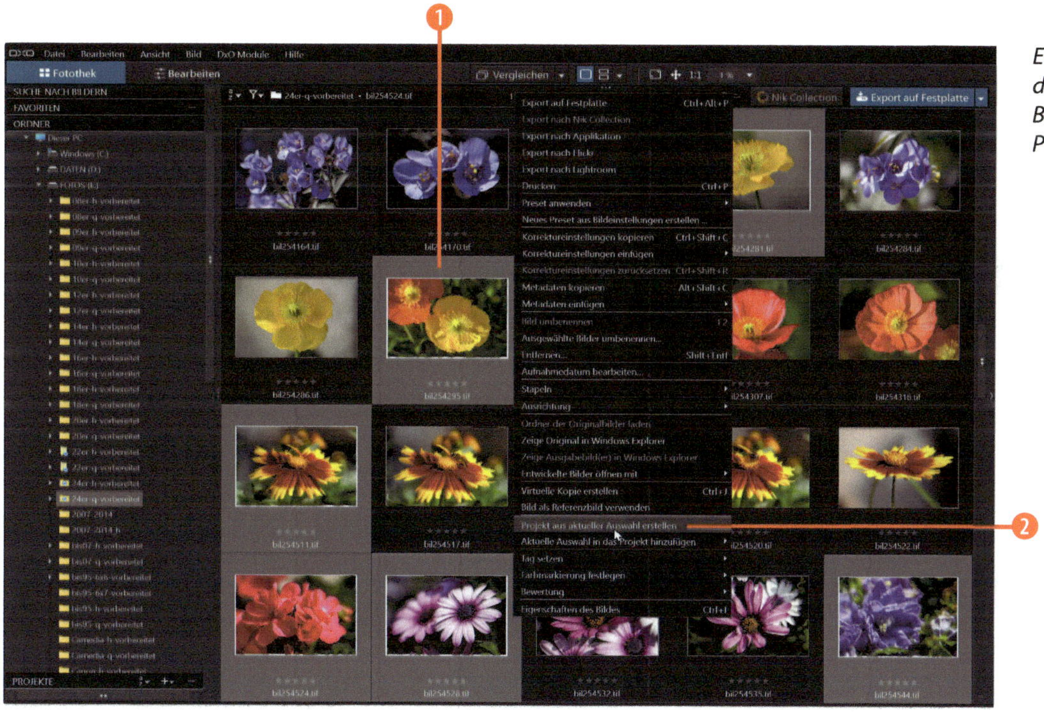

Erzeugen Sie aus den markierten Bildern ein neues Projekt.

Das neue Projekt wird in die *Projekte*-Palette unter dem Quellbrowser aufgenommen. Benennen Sie das Projekt ③ und schließen Sie die Eingabe mit der ↵-Taste ab. Die Projekte ④ werden alphabetisch sortiert. Rechts sehen Sie auf einem Schildchen ⑤, wie viele Bilder sich im Projekt befinden.

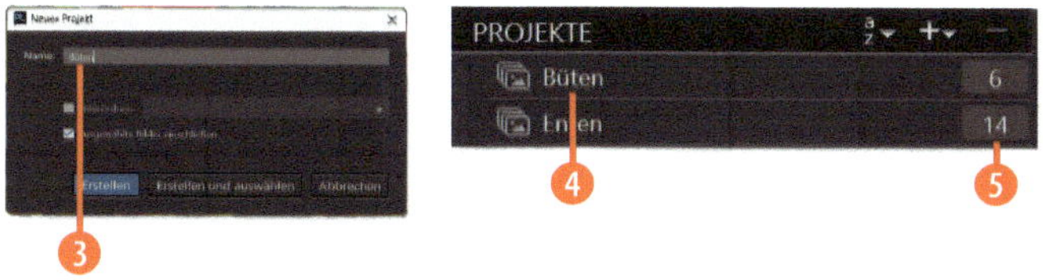

Geben Sie dem neuen Projekt einen Namen.

Wenn Sie mehrere Projekte erstellt haben, können Sie diese (6) Schaltfläche nutzen, um festzulegen, wie die Projekte sortiert werden sollen. Standardmäßig werden sie nach ihrem Namen (7) sortiert.

Sortieren Sie die Projekte.

Optionen für Projekte

> **Mehrere Projekte**
> Das Praktische an den Projekten ist auch, dass ein Bild in mehreren Projekten enthalten sein kann. So kann der Bildbestand gut strukturiert werden.

Haben Sie ein neues Projekt erstellt, können Sie dieses jederzeit erweitern. Wechseln Sie zu einem anderen Ordner, in dem sich Fotos befinden, die ebenfalls in das neue Projekt aufgenommen werden sollen.

Markieren Sie die neu aufzunehmenden Bilder (1) und wählen Sie aus dem Untermenü der Funktion *Aktuelle Auswahl in das Projekt hinzufügen* das betreffende Projekt aus. Sie erreichen die Funktion entweder über das Kontext- (2) oder über das *Bild*-Menü.

Alternativ können Sie die markierten Bilder per Drag and Drop auf den betreffenden Projekteintrag in der *Projekte*-Palette ziehen.

Fügen Sie weitere Bilder in ein bestehendes Projekt ein.

Wenn Sie dann mit einem Klick auf das Projekt zu den zusammengetragenen Bildern wechseln, finden Sie dort die Bilder aus allen Ordnern wieder – egal in welchem Ordner sie gespeichert sind. Wenn Sie ein Bild mit der rechten Maustaste anklicken, können Sie im Kontextmenü die Option *Ordner des Originalbildes laden* 3 aufrufen, um zu dem Ordner zu wechseln, aus dem das betreffende Foto stammt.

Wechseln Sie zum Ordner des Originalbildes.

Wollen Sie Bilder aus einem Projekt entfernen, können Sie beispielsweise die Tastenkombination ⇧+Entf drücken. Bestätigen Sie anschließend die Sicherheitsabfrage 4.

Anders als in einem Ordner wird das Bild dann nicht von der Festplatte gelöscht, sondern nur aus dem Projekt entfernt. Im ursprünglichen Ordner ist das Bild weiterhin enthalten.

Erneutes Einfügen

Haben Sie ein Bild aus einem Projekt entfernt, können Sie es über den bereits bekannten Weg jederzeit erneut in das Projekt aufnehmen.

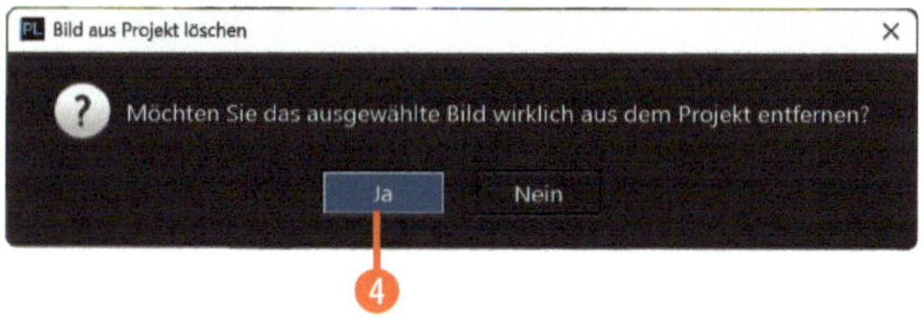

Entfernen Sie Bilder aus einem Projekt.

Wenn Sie ein Projekt löschen wollen, können Sie dieses 5 Symbol in der *Projekte*-Palette verwenden. Anschließend müssen Sie die Sicherheitsabfrage 6 bestätigen. Sie löschen damit nur das Projekt – die Bilder sind nach wie vor vorhanden.

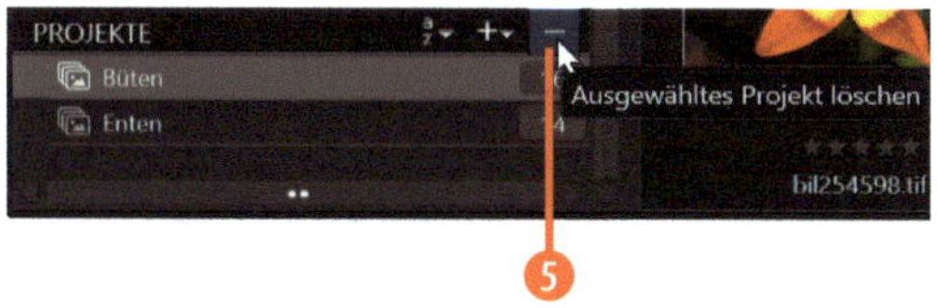

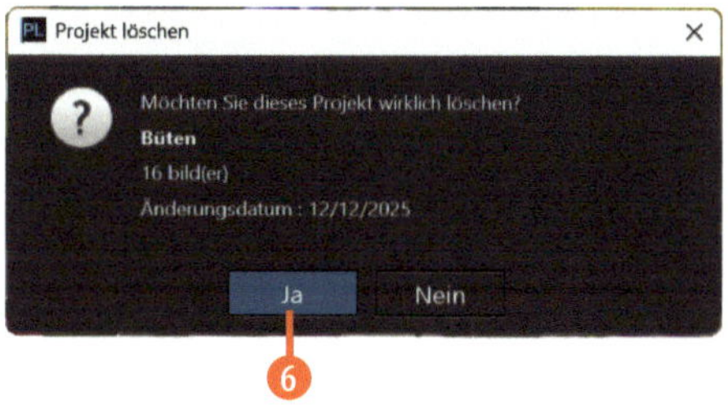

Mit dieser Option löschen Sie ein Projekt.

> **Virtuelle Kopien**
>
> Wenn Sie virtuelle Kopien erstellen, ist weiterhin nur ein Foto auf der Festplatte gespeichert. DxO PhotoLab vermerkt katalogintern lediglich die unterschiedlichen Einstellungen der verschiedenen Kopien.

2.5 Vorteilhafte virtuelle Kopien

Möchten Sie verschiedene Einstellungen an einem Bild ausprobieren, bietet es sich an, die sogenannten virtuellen Kopien zu nutzen. DxO PhotoLab erstellt dabei programmintern eine Kopie. Nutzen Sie die Funktion *Virtuelle Kopie erstellen* ❶ aus dem Kontext- oder dem *Bild*-Menü. Sie können auch die Tastenkombination Strg+J drücken.

Erstellen Sie mit dieser Funktion eine virtuelle Kopie.

Nach dem Erstellen der Kopie sehen Sie in der rechten unteren Ecke des Miniaturbildes ein *M* für das Ausgangsbild (**M**aster) ❷ und eine Zahl für die Kopie ❸. Sie haben auch die Möglichkeit, weitere virtuelle Kopien zu erzeugen. Die Kopien werden dabei fortlaufend nummeriert ❹.

Hier wurden virtuelle Kopien erstellt.

Bestätigen Sie die Sicherheitsabfrage beim Löschen einer Kopie ❺.

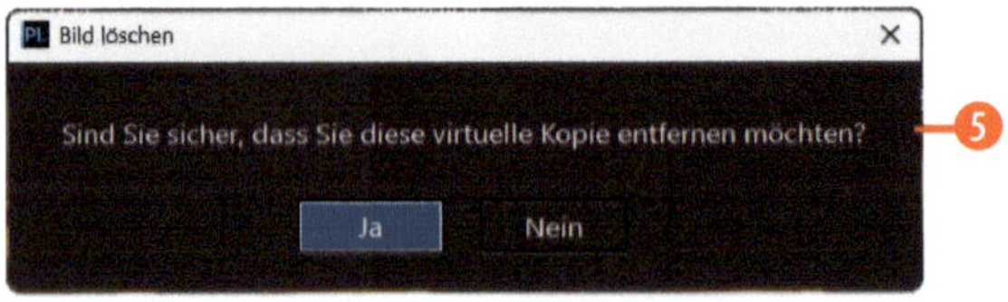

Beim Löschen muss diese Sicherheitsabfrage bestätigt werden.

2.6 Sicherungskopie der Datenbank

DxO PhotoLab speichert alle Veränderungen, die Sie vornehmen, in einer programminternen Datenbank. Nutzen Sie die Funktion *Datei/DxO PhotoLab Datenbank/Sicherungskopie erstellen* 1, wenn Sie eine Sicherungskopie der Datenbank benötigen.

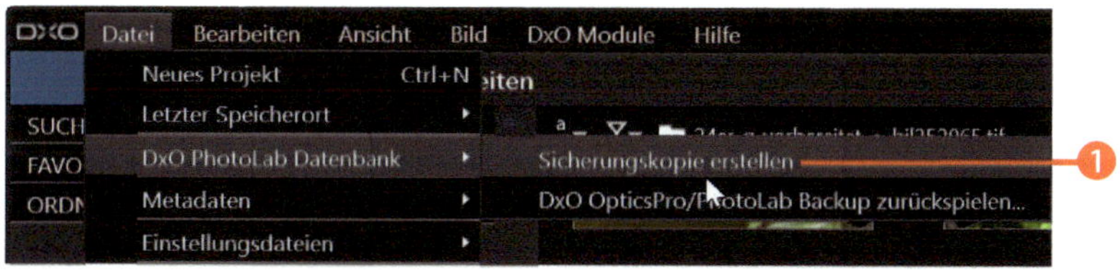

Sichern Sie mit dieser Funktion die Datenbank.

Wählen Sie im folgenden Dialogfeld den Speicherort aus und vergeben Sie einen Namen 2. Anschließend muss das erfolgreiche Erstellen der Datenbanksicherungskopie bestätigt werden 3.

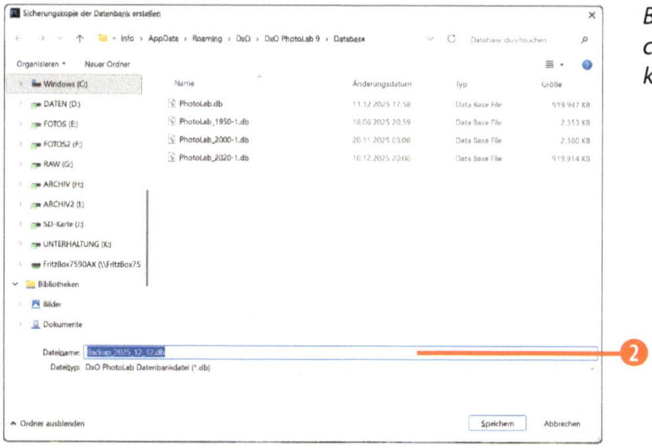

Bestimmen Sie den Speicherort für die Sicherungskopie.

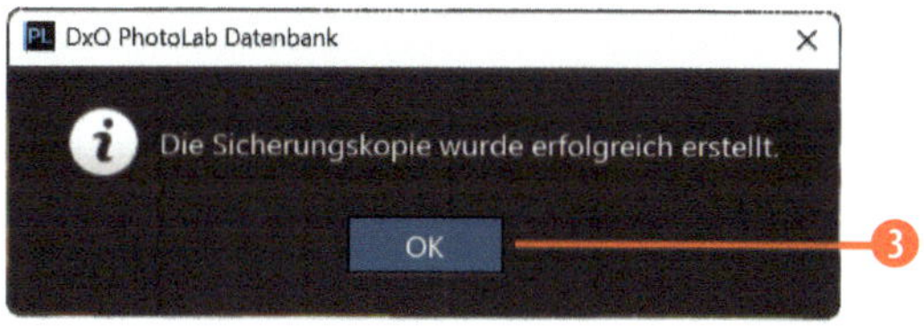

Sollten Sie später Fehler in der Datenbank entdecken, können Sie die zuvor gespeicherte Sicherungskopie wiederherstellen. Nutzen Sie dazu die Funktion *Datei/DxO PhotoLab Datenbank/DxO OpticsPro/PhotoLab Backup zurückspielen* 4.

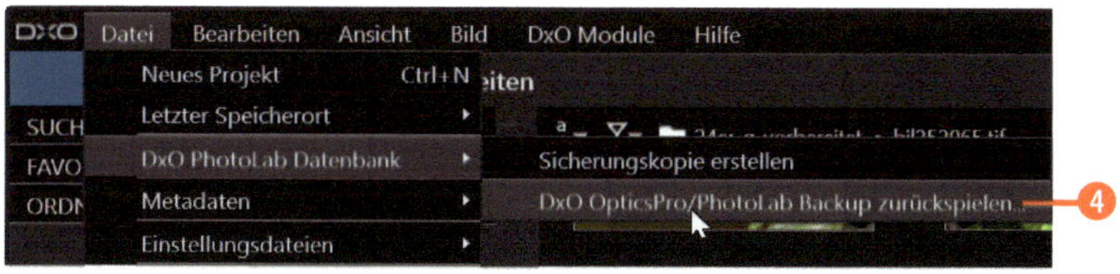

Stellen Sie mit dieser Funktion die Datenbank wieder her.

2.7 Bildbestand strukturieren

Bei kleineren Bildbeständen ist die Strukturierung der Bilder noch relativ unbedeutend. Je stärker aber der »digitale Bilderberg« im Laufe der Zeit wächst, umso wichtiger ist es, alle Strukturierungsmittel anzuwenden, die bereitgestellt werden.

Nur so ist gewährleistet, dass Sie ganz bestimmte Bilder schnell wiederfinden. Wie Sie dabei vorgehen, ist relativ egal, wichtig ist nur, dass Sie sinnvoll und konsequent strukturieren. Ein späteres Ändern der Strukturierung ist sehr zeitaufwendig – vor allem bei einem umfangreichen Bildbestand.

Wie Sie die Markierungen und die Bewertung einsetzen, bleibt ganz Ihnen überlassen. Feste Regeln gibt es hierbei nicht. Lediglich bei der Sternebewertung handhabt man es üblicherweise so, dass schlechtere Bilder weniger Sterne erhalten als bessere.

Tags verwenden

Wenn Sie den Mauszeiger über ein Miniaturbild halten, erscheinen rechts neben dem Bild zwei Markierungspunkte. Klicken Sie auf den oberen Markierungspunkt ❶, um das Bild mit dem Tag *Wählen* zu markieren.

Sie können auch die Tastenkombination Strg+7 einsetzen. Nach dem Markieren sehen Sie einen grünen Punkt ❷, wenn der Mauszeiger über das Bild gehalten wird.

Tags löschen

Um das Tag eines Bildes zu löschen, klicken Sie einfach erneut auf den Markierungspunkt oder drücken die Tastenkombination Strg+8.

Stellen Sie ein »Gewählt«-Tag ein.

Setzen Sie das *Wählen*-Tag beispielsweise, um beim ersten Sichten diejenigen Bilder zu markieren, die Sie später entwickeln wollen.

Mit dem unteren Markierungspunkt können Sie ein *Ablehnen*-Tag ❸ anwenden. Sie erreichen die Option auch mit der Tastenkombination Strg+9. Übrigens müssen die Bilder, denen Sie

Tags zuweisen wollen, nicht ausgewählt 4 sein. Abgelehnte Bilder werden mit einem roten Markierungspunkt 5 versehen.

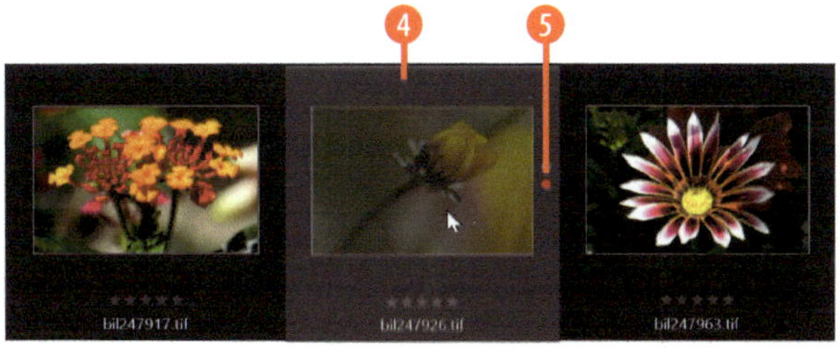

Hier sehen Sie das »Ablehnen«-Tag.

Farbmarkierungen nutzen

Eine weitere Strukturierungsmöglichkeit steht Ihnen mit Farbmarkierungen zur Verfügung. Sie können diese entweder aus dem *Bild*- oder aus dem Kontextmenü aufrufen. Sie haben insgesamt sieben verschiedene Farbmarkierungen 1 zur Auswahl.

Nach dem Zuweisen erkennen Sie die betreffende Auswahl an der farbigen Unterlegung des Dateinamens 2. Um die Farbmarkierung wieder zu entfernen, rufen Sie die *Keine*-Option auf oder drücken die Tastenkombination Strg+Alt+0.

Tags löschen

Wollen Sie mehrere Bilder mit dem gleichen Tag versehen, ist es hilfreicher, die betreffenden Bilder zu markieren und die Funktion ***Tag setzen*** aus dem Kontext- oder dem *Bild*-Menü zu wählen.

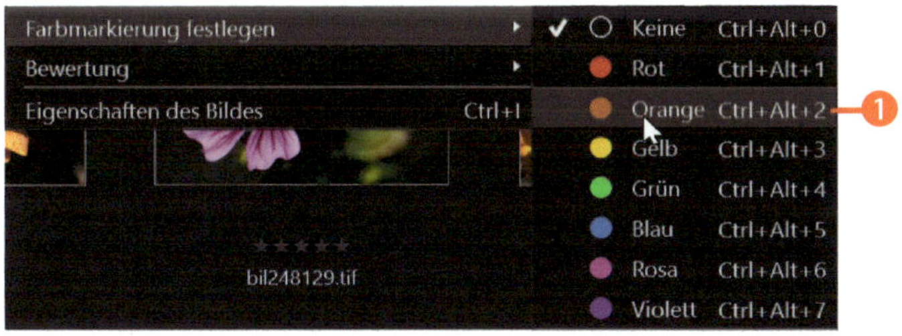

Weisen Sie Farbmarkierungen zu.

Bewertungen vergeben

Über dem Dateinamen sehen Sie fünf Sterne, die Sie für eine Bewertung nutzen können. Klicken Sie auf einen der Sterne 1, um das Bild zu bewerten 2.

Vergeben Sie eine Sternebewertung.

Auch bei der Sternebewertung haben Sie die Möglichkeit, auf Funktionen im Kontext- oder im *Bild*-Menü zurückzugreifen. Sie sehen in diesem Menü, dass Sie dazu auch die Tastenkombinationen Strg+0 bis Strg+5 ❸ zum Bewerten nutzen können.

Die Bewertung kann ebenfalls über das Kontextmenü vorgenommen werden.

Fotos für mehr Übersicht stapeln

Wenn Sie einen großen Bildbestand verwalten, bietet es sich an, eine weitere Strukturierungshilfe einzusetzen: Sie können beispielsweise Einzelfotos einer Serie zu einem Bilderstapel zusammenfassen.

Markieren Sie dazu die betreffenden Bilder ❶. Rufen Sie dann entweder aus dem *Bild*- oder dem Kontextmenü die Funktion *Stapeln*/*Stapel erstellen* ❷ auf.

Sie können Bilder stapeln.

Nach dem Stapeln sehen Sie oben rechts im Miniaturbild ein Schildchen ❸, in dem die Anzahl der Bilder im Stapel angezeigt wird. Tippen Sie darauf, um den Stapel zu öffnen. Sie sehen dann alle Bilder des Stapels. Ein weiterer Klick auf eines der Schildchen 4 schließt den Stapel wieder.

Klappen Sie Stapel auf oder zu.

Wenn Sie ein Bild innerhalb des Stapels mit der rechten Maustaste anklicken, finden Sie im Kontextmenü weitere Optionen 5, die Sie nachfolgend sehen. So können Sie das aktuelle Bild beispielsweise aus dem Stapel entfernen.

Nach dem Markieren des Stapels und weiterer Bilder nutzen Sie die Funktion ***In Stapel gruppieren***, um sie dem Stapel hinzuzufügen. Die folgende Option entfernt den Stapel wieder. Mit den nächsten drei Optionen ändern Sie die Position des markierten Bildes innerhalb des Stapels.

Für Stapel gibt es unterschiedliche Optionen.

Verwenden Sie die Funktion ***Nach Aufnahmedatum stapeln***, wenn Sie einen neuen Stapel anhand der markierten Bilder erstellen wollen, der das Aufnahmedatum berücksichtigt. So lassen sich Bilder zusammenfassen, die innerhalb einer bestimmten Zeitspanne entstanden sind. Nach dem Aufruf wird das nebenstehend gezeigte Dialogfeld geöffnet. Hier legen Sie die Zeitspanne fest 7. Unten 6 sehen Sie die automatisch erstellten Stapel sowie die ungestapelten Bilder, die nicht in die Zeitspanne hineinpassen.

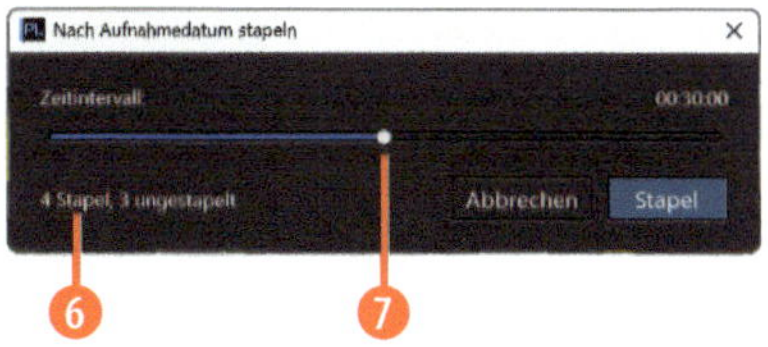

Legen Sie die Zeitspanne fest.

Bild als Referenzbild wählen

Mit der Funktion *Bild als Referenzbild verwenden* ❷ bestimmen Sie ein Foto, das in der Vergleichsansicht des Bearbeitungsmodus genutzt wird. Sie erkennen es am *R* in der unteren linken Ecke ❶. Das Referenzbild gilt nur für die aktuelle Sitzung.

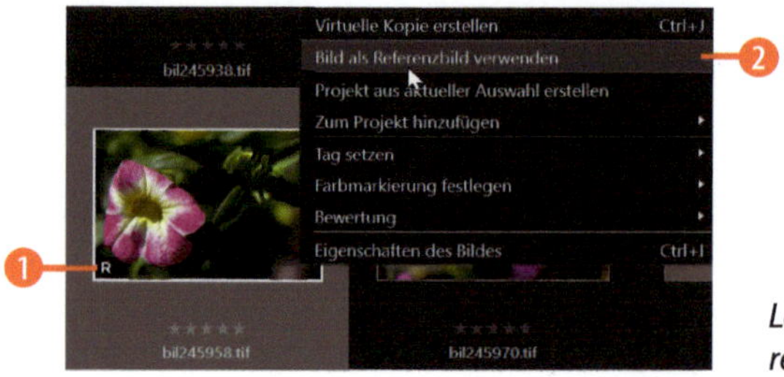

Legen Sie ein Referenzbild fest.

Vergleiche

Sie können ein Referenzbild beispielsweise einsetzen, wenn Sie den Bildcharakter auf ein anderes Foto übertragen wollen. Sie können übrigens jederzeit eine neues Referenzbild auswählen.

2.8 Voreinstellungen der Fotothek anpassen

Mit der Funktion *Bearbeiten*/*Programmeinstellungen* oder der Tastenkombination Strg+⇧+P können Sie unter anderem einige Voreinstellungen für die *Fotothek* anpassen. Wechseln Sie dazu zur *Ansicht*-Registerkarte ❶. Legen Sie fest, welche Informationen wann angezeigt werden sollen.

Dies sind die Programmeinstellungen.

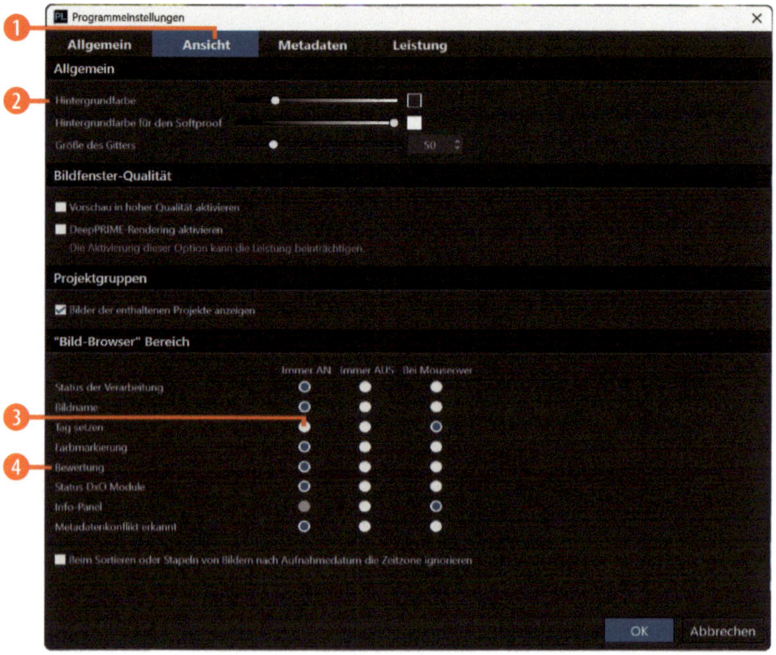

Farbe anpassen

Mit der *Hintergrundfarbe*-Option ❷ kann die Farbe verändert werden, die im *Bearbeiten*-Modul um das Bild herum angezeigt wird.

Bewertungen werden standardmäßig dauerhaft angezeigt ④, Tags dagegen nur, wenn Sie den Mauszeiger über ein Miniaturbild halten. Sollen auch diese Informationen dauerhaft angezeigt werden, markieren Sie diese ③ Option.

2.9 Bilder gezielt sortieren

DxO PhotoLab bietet jede Menge Funktionen, um den Bildbestand zu sortieren oder bestimmte Bilder aus dem Bildbestand herauszufiltern. So finden Sie in diesem ① Listenfeld diverse Sortieroptionen.

Symbole

Vor vielen Einträgen finden Sie Symbole. Es handelt sich dabei um die Symbole, die auch in den Miniaturbildern bei bestimmten Kriterien angezeigt werden.

Standardmäßig werden die Bilder nach dem Dateinamen sortiert ②. Wenn Sie von einer aufsteigenden Sortierung zu einer absteigenden wechseln wollen, klicken Sie erneut auf den *Name*-Eintrag. Das Symbol vor dem Eintrag zeigt die Sortierreihenfolge an ③.

Darüber hinaus finden Sie in der Liste unterschiedliche Exif-Daten. So können Sie die Bilder beispielsweise nach dem ISO-Wert oder der verwendeten Kamera sortieren. Auch nach Bewertungen ist eine Sortierung möglich. Dazu kommen verschiedene Optionen, um Bilder nach bestimmten Stufen der Verarbeitung zu sortieren.

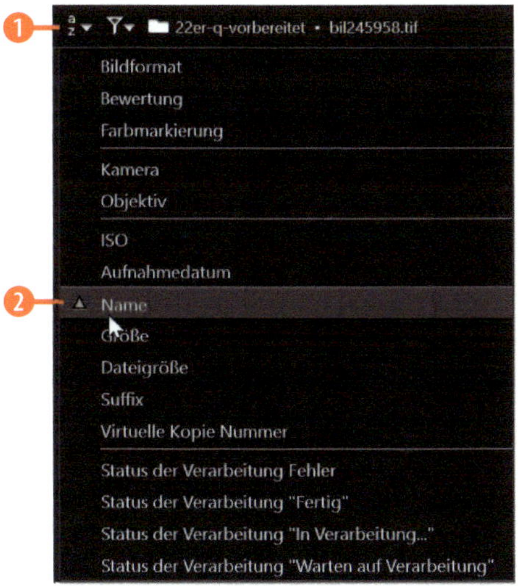

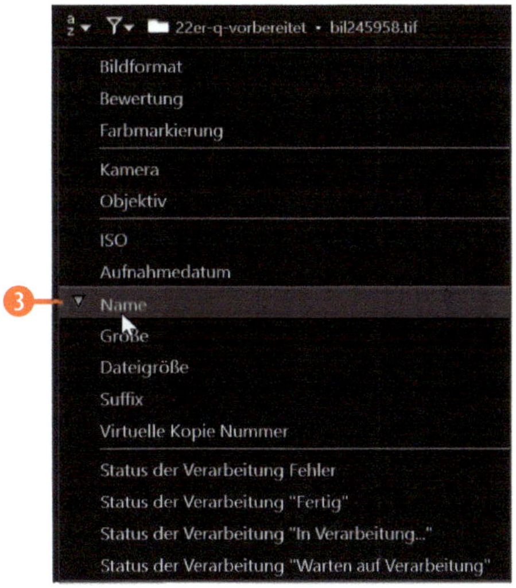

Legen Sie eine auf- oder absteigende Sortierung fest.

Wenn Sie Bilder aus dem Bildbestand herausfiltern wollen, können Sie die vielen Optionen in der Liste *Bilder filtern* ④ einsetzen. Alle mit einem Haken versehenen Kriterien werden angezeigt. Standardmäßig sehen Sie alle Bilder. Wenn Sie viel mit RAW-Bildern und Bildern anderer Dateiformate arbeiten, können Sie zum Beispiel die zweite Option 7 nutzen, um nur die RAW-Bilder anzuzeigen. Das ist beispielsweise nützlich, wenn Sie verschiedene RAW-Bilder noch entwickeln wollen.

Im mittleren Bereich finden Sie diverse Möglichkeiten, die sich auf die Verarbeitung und Entwicklung 8 der Bilder beziehen. So können Sie beispielsweise schnell Bilder herausfiltern, die noch verarbeitet werden müssen.

Im oberen Bereich der sehr langen Liste gibt es Optionen, um getaggte 6 oder mit Sternen versehene Bilder bei der Filterung zu berücksichtigen.

Wenn Sie verschiedene Optionen aktiviert haben und schnell wieder alle Bilder sehen wollen, nutzen Sie die ***Zurücksetzen***-Option 5 am Anfang der Liste.

Sie haben viele Sortieroptionen zur Verfügung.

Wollen Sie beispielsweise nur die Bilder sehen, die mit einem Tag versehen wurden, aktivieren Sie die beiden folgenden Optionen und deaktivieren die mittlere 9 Option.

Deaktivieren Sie die mittlere Option, um nur noch getaggte Bilder anzuzeigen.

Anschließend sehen Sie alle Bilder, die mit *Wählen* ⑫ oder *Ablehnen* ⑪ getaggt wurden. Dass nicht alle Bilder angezeigt werden, erkennen Sie übrigens an der blauen Hervorhebung dieser ⑩ Schaltfläche.

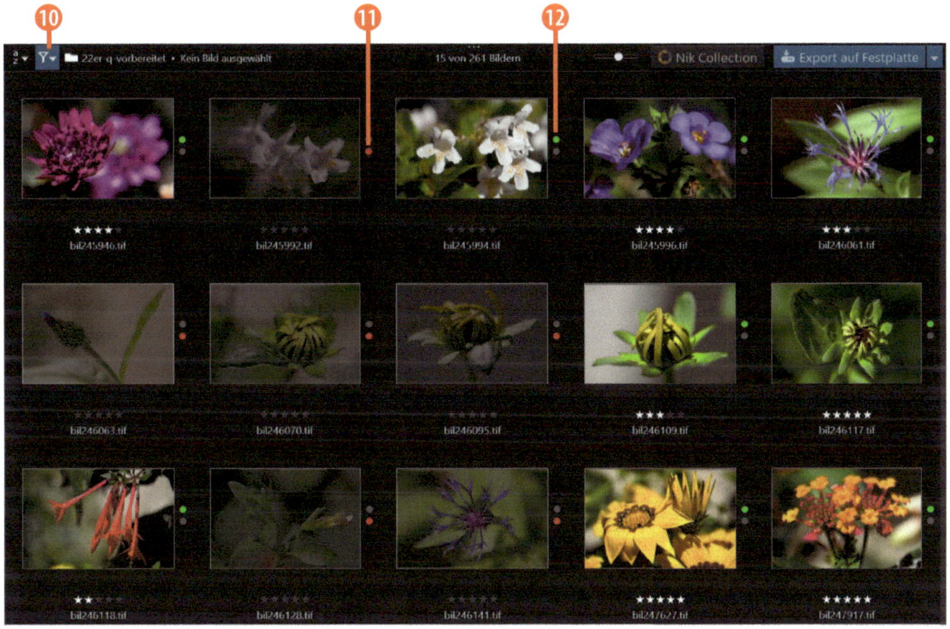

Hier werden nur die getaggten Bilder angezeigt.

Nachfolgend wurden alle Bilder mit einem oder ohne Stern ⑬ ausgeblendet – alle anderen Sternebewertungen nicht ⑭.

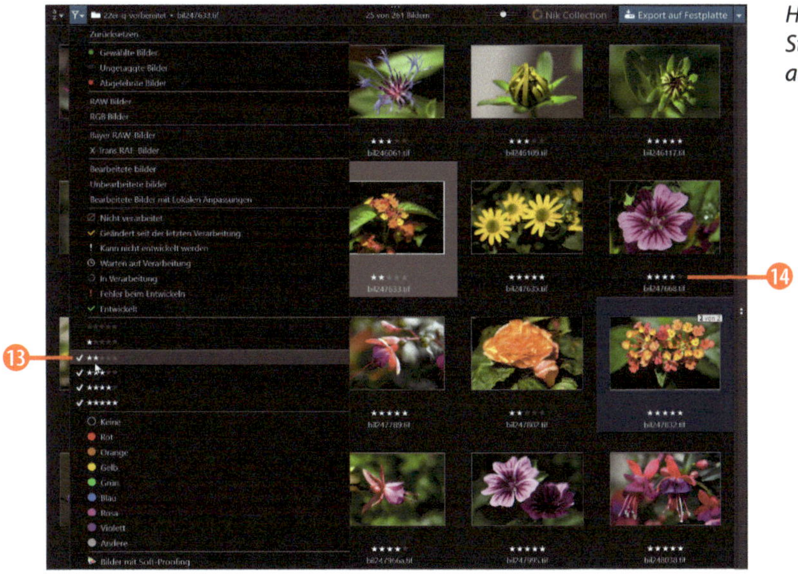

Hier wurden zwei Sterneoptionen ausgeblendet.

DEKRA
15
ADAC
Power
ADAC

Schnelle Bildbearbeitung

DxO PhotoLab ist ein »mächtiges« Werkzeug, um RAW-Bilder zu entwickeln. Es bietet aber auch verschiedene Möglichkeiten, um beispielsweise JPEG-Bilder ganz auf die Schnelle zu optimieren, ohne dass man auf nuancierte Funktionen zurückgreifen muss. Auch wenn DxO PhotoLab speziell auf Fotos im RAW-Format ausgerichtet ist, können Sie Bilder anderer Formate – wie etwa JPEG oder TIFF – mit vielen Funktionen ebenfalls bearbeiten. Sie müssen dabei nur auf die Vorteile verzichten, die speziell das RAW-Format bietet. So können Sie beispielsweise die Farbe eines Fotos ändern, ein gezieltes Neueinstellen des Weißabgleichswerts ist aber dem RAW-Format vorbehalten.

3.1 Basiskorrekturen in der Fotothek

Die Änderungen des Bildes werden standardmäßig im *Bearbeiten*-Modul vorgenommen. Eine Veränderung können Sie aber auch durchführen, wenn Sie das *Fotothek*-Modul aufgerufen haben.

Die meisten aktuellen Kameras drehen Fotos, die im Hochformat aufgenommen wurden, bei der Aufnahme standardmäßig automatisch. Wenn Sie hochformatige Bilder nicht bei der Aufnahme gedreht haben ③, können Sie das mit der *Ausrichtung*-Funktion im Kontext- ① oder *Bild*-Menü korrigieren. Im Untermenü ② finden Sie zwei Optionen zum Drehen. Nutzen Sie die Option *Um 90° nach links drehen* oder die Tastenkombination [Strg]+[L], um das Foto korrekt auszurichten ④.

Mit den Optionen des »Ausrichtung«-Menüs können Sie Bilder drehen.

Die Veränderung ist übrigens – im Gegensatz zu den anderen Funktionen von DxO PhotoLab – endgültig. Sie müssten das Bild erneut drehen, um den Ursprungszustand wiederherzustellen.

Hier wurde das Bild richtig ausgerichtet.

Drehung

Das Drehen wird nur programmintern vermerkt. Der Arbeitsschritt kann nicht zurückgenommen werden. Auf der Festplatte zeigt das Bild weiterhin die ursprüngliche Ausrichtung.

3.2 Korrekturen im Bearbeiten-Modul

Für die übrigen Bildkorrekturen ist das *Bearbeiten*-Modul zuständig. Um in diesen Modus zu wechseln, können Sie das betreffende Miniaturbild im *Fotothek*-Modus doppelt anklicken, oder Sie nutzen diese 1 Schaltfläche. Nachfolgend sehen Sie das Ausgangsbild des ersten Workshops. Es ist zwar korrekt belichtet, kann aber dennoch mit einigen wenigen Arbeitsschritten verbessert werden.

Kap3_01.jpg

Dieses Foto soll optimiert werden.

Bilder per Histogramm beurteilen

Im ersten Arbeitsschritt sollten Sie sich stets das Histogramm 1 ansehen, um etwaige Belichtungsfehler zu identifizieren. Das Histogramm bietet unterschiedliche Ansichtsmodi an.

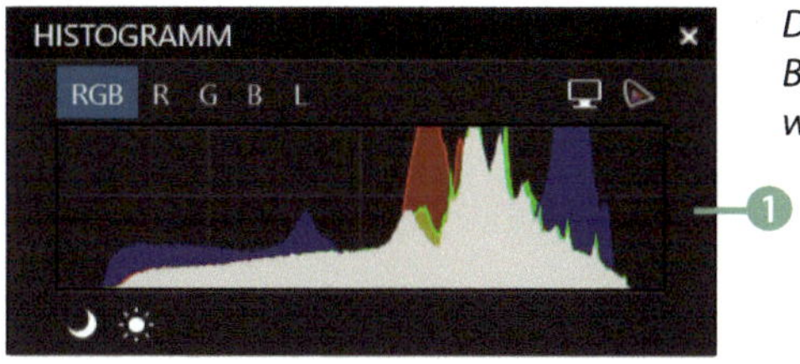

Das Histogramm kann zur Bildbeurteilung genutzt werden.

Sie können einen einzelnen Farbkanal auswählen oder die Helligkeitswerte im Luminanzkanal ② aufrufen.

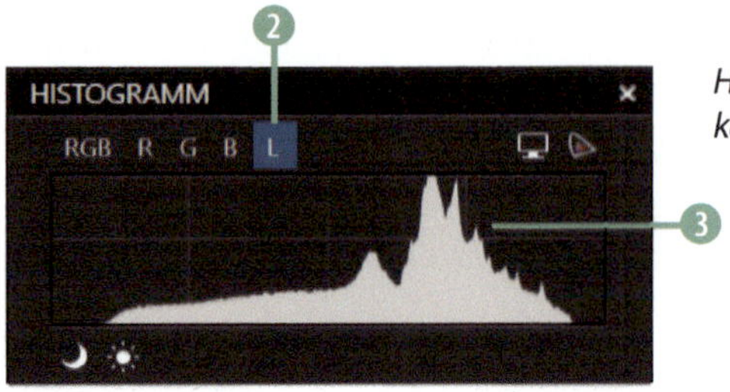

Hier wurde der Luminanzkanal eingeblendet.

Sie erkennen im Histogramm, dass rechts die meisten Tonwerte ③ zu sehen sind – das Bild erscheint daher recht hell. Das ist ein Indiz dafür, dass die Bildqualität verbessert werden kann, indem Sie die Tonwerte gleichmäßiger verteilen.

Wechseln Sie zum *Belichtung*-Werkzeug und stellen Sie den Wert –0.30 ④ ein, um das Bild etwas abzudunkeln. Unten sehen Sie das dazugehörige Histogramm ⑤.

Hier wurde die Belichtung korrigiert.

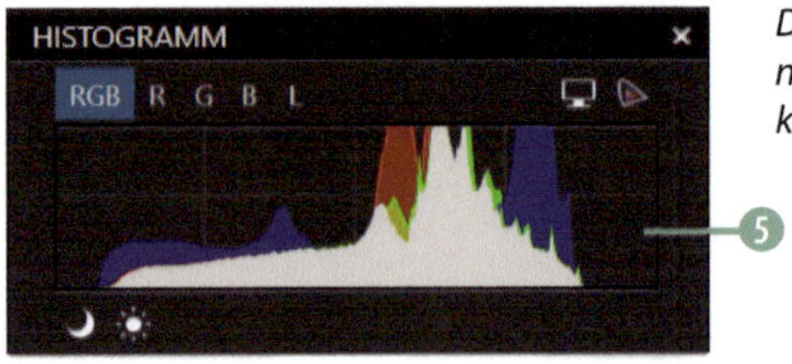

Dies ist das Histogramm nach der Belichtungskorrektur.

Öffnen Sie zur weiteren Optimierung das *Kontrast*-Werkzeug und stellen Sie einen *Kontrast*-Wert von 30 ⑥ ein. Wenn die *Auto*-Option ⑦ aktiviert ist, wird der sogenannte *Mikrokontrast* automatisch angepasst. Diese Option sorgt dafür, dass Details im Bild stärker herausgearbeitet werden, sodass der Schärfeeindruck verbessert wird.

Bei diesem Bild wurde der Kontrast verstärkt.

Zum Abschluss der Tonwertkorrektur wird das Werkzeug *Selektive Tonwerte* benötigt.

Hier wurden die mittleren Tonwerte abgedunkelt.

Sie können dieses Werkzeug dazu nutzen, um ganz gezielt die hellen oder dunklen Tonwerte anzupassen. Im Beispiel wurde der *Mitteltöne*-Wert auf –30 ⑧ eingestellt, um die mittleren Tonwerte abzudunkeln.

Im letzten Arbeitsschritt soll die Farbsättigung verbessert werden. Dafür bietet sich das *HSL*-Werkzeug an. Mit dem *Vibrancy*-Wert wird eine »intelligente« Möglichkeit angeboten, die nicht einfach nur die Farbsättigung aller Farbtöne erhöht. Stattdessen untersucht DxO PhotoLab das Bild.

So werden unter anderem Hauttöne geschützt, damit keine roten Gesichter entstehen. Gibt es einen blauen Himmel im Bild, wird dieser stärker gesättigt als die anderen Bildteile und zusätzlich ein wenig abgedunkelt, damit mehr Tiefe entsteht. Gibt es Farbtöne, die Grauwerten sehr ähnlich sind, werden diese nicht verändert, damit eine Veränderung der Farbbalance verhindert wird. Im Beispiel wurde der Wert 40 ⑨ verwendet.

Hier wurde die Sättigung optimiert. Zur Verdeutlichung wurde die »Vergleichen«-Ansicht eingestellt.

Damit ergibt sich ein ausgewogeneres Histogramm ⑩.

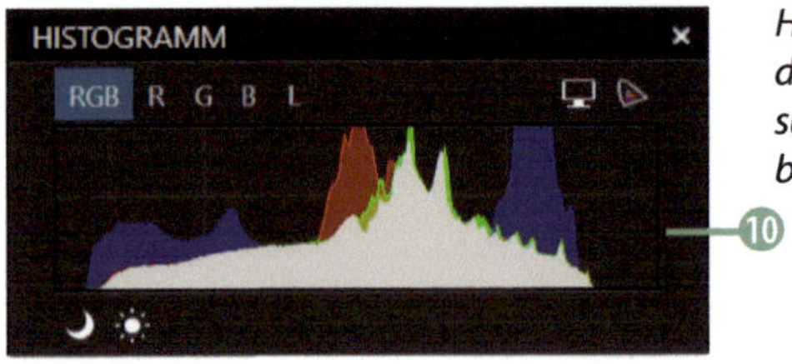

Hier sehen Sie das Histogramm des Endergebnisses. Die Anpassungen sind besonders gut im blauen Farbkanal zu sehen.

3.3 Perspektive korrigieren

Im nächsten Workshop sollen die stürzenden Linien des Ausgangsfotos ① korrigiert werden. Solche schiefen vertikalen Linien entstehen, wenn die Kamera ein wenig nach oben oder unten geneigt wird, was sich bei Architekturaufnahmen nicht vermeiden lässt, wenn ein bestimmter Teil des Gebäudes auf dem Foto abgelichtet werden soll (es sei denn, Sie setzen teure Spezialobjektive ein).

Derartige Verzerrungen können Sie mit dem *Perspektive*-Werkzeug ③ korrigieren, das neu in DxO PhotoLab enthalten ist. Früher musste es als eigenes Programmmodul erworben werden. Die Werkzeuge des Moduls werden dann in die *Bearbeiten*-Rubrik integriert. Außerdem gibt es in der Symbolleiste einige neue Werkzeuge ②.

DxO ViewPoint

Das *Perspektive*-Werkzeug ist in der aktuellen Version Bestandteil von PhotoLab. Früher war es nur im Programmmodul *DxO ViewPoint* enthalten, das gesondert erworben werden kann.

Kap3_02.jpg

Dieses Ausgangsbild soll bearbeitet werden.

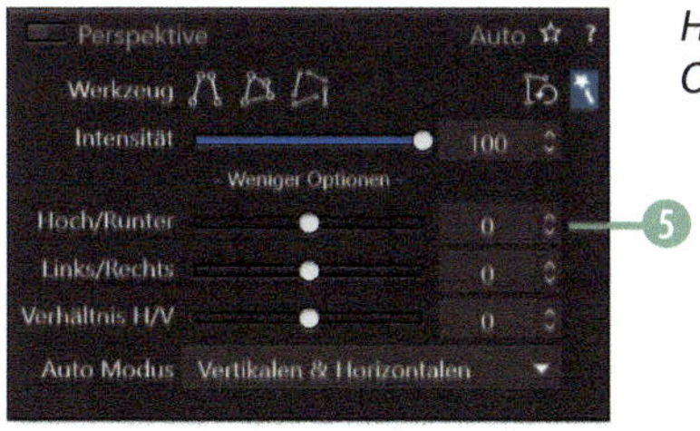

Hier wurden die zusätzlichen Optionen eingeblendet.

Mit dem Link *Weitere Optionen* ④ können Sie zusätzliche Optionen ⑤ einblenden, die Sie nutzen können, um die Korrekturen numerisch präzise einzugeben.

Wenn Sie das *Perspektive*-Werkzeug aktivieren ⑥, wird standardmäßig die *Auto*-Option ⑦ zur Korrektur verwendet. Zum Entfernen der leeren Bereiche steht das *Zuschneiden*-Werkzeug zur Verfügung. Auch hier ist der Einsatz der *Automatisch*-Option ⑧ Standard.

Hier wurde die Perspektive automatisch korrigiert, und das Bild wurde zugeschnitten.

Perspektive manuell korrigieren

Sie können die Einstellungen für die Perspektivkorrektur auch manuell vornehmen. Das kann beispielsweise nützlich sein, wenn bei der automatischen Variante ein unnatürliches Ergebnis entsteht.

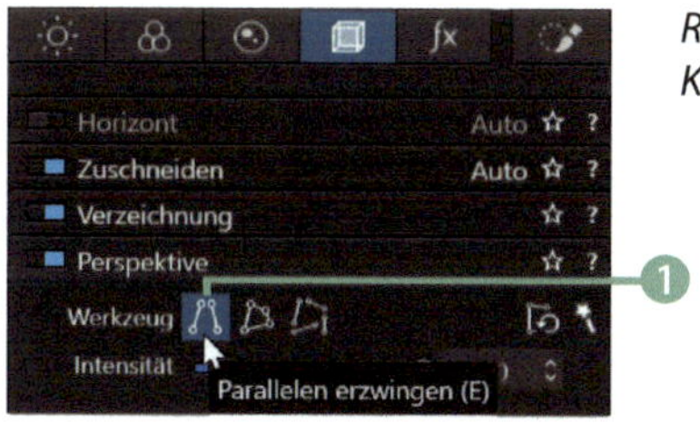

Rufen Sie für die manuelle Korrektur diese Option auf.

Nach dem Aufruf der Option ❶ sehen Sie auf zwei Linien vier Markierungspunkte, die Sie zum Anpassen der Perspektive nutzen können. Verziehen Sie die Markierungspunkte ❷ mit gedrückter linker Maustaste so, dass die Linien parallel zu den Hauskanten verlaufen.

Korrigieren Sie die Perspektive mithilfe der Markierungspunkte.

Nutzen Sie die *Vorschau*-Schaltfläche ❸, um zu prüfen, ob die gewünschte Perspektive erreicht ist.

Betrachten Sie eine Vorschau.

Sollten die Markierungslinien schwer zu erkennen sein, können Sie die Farbe mithilfe des Farbfelds 4 ändern. Sobald Sie darauf klicken, wird der Standard-Windows-Farbwähler zum Festlegen der Farben geöffnet. Wenn Sie etwaige Korrekturen der Markierungspunkte vorgenommen haben, können Sie die *Anwenden*-Schaltfläche 5 nutzen, um die Korrektur zuzuweisen.

Hier wurde die »Vorschau«-Option aktiviert.

Zum Abschluss soll das Bild manuell zugeschnitten werden. Wechseln Sie dazu zum *Zuschneiden*-Werkzeug und rufen Sie diese (8) Schaltfläche auf. Damit wechseln Sie automatisch zur *Manuell*-Option (7).

Ziehen Sie einen Rahmen (6) um den Bereich auf, der erhalten bleiben soll. Nutzen Sie zum Abschluss die *Schließen*-Schaltfläche (9), um das Zuschneiden zuzuweisen.

Schließen Sie das Zuschneiden ab.

Nach dem Korrigieren ergibt sich das nachfolgend gezeigte Zwischenergebnis (10).

Dies ist das korrigierte Bild.

Nicht destruktiv

Auch das Korrigieren der Perspektive und das Zuschneiden des Bildes sind keine destruktiven Arbeitsschritte. Wenn Sie später Korrekturen vornehmen wollen, rufen Sie einfach das betreffende Werkzeug erneut auf.

3.4 Bilder perfekt schärfen

Ein Optimierungsschritt fehlt noch – das Schärfen des Bildes. Bei der Schärfe müssen Sie eins bedenken:

Die Schärfewirkung hängt ganz wesentlich mit der Endgröße des Bildes zusammen. So sind abhängig davon, ob das Bild als kleine Variante im Internet genutzt wird oder Sie es in einem Hochglanzmagazin veröffentlichen wollen, unterschiedliche Einstellungen geboten.

Um die Auswirkungen des Schärfens gut beurteilen zu können, sollten Sie die Ansichtsgröße 100 % oder größer (1) einstellen. Scrollen Sie dann zu einem aussagekräftigen Bildausschnitt.

Aktivieren Sie das *Unscharfmaskierung*-Werkzeug. Für das Beispielbild wurden die Standardwerte übernommen ❷.

Dies ist das geschärfte Ergebnis.

3.5 Exporteinstellungen festlegen

Bei DxO PhotoLab werden Ergebnisse nicht »gespeichert«, wie Sie es vielleicht von Bildbearbeitungsprogrammen kennen. Alle Veränderungen werden sofort in der programminternen Datenbank gesichert.

Die ursprüngliche Bilddatei bleibt unverändert. Starten Sie beispielsweise das Programm neu, sind die Veränderungen im Foto nach wie vor vorhanden.

Sie können das bearbeitete Bild aber samt Änderungen exportieren. Das ist beispielsweise nötig, wenn Sie das Ergebnis in einem anderen Programm weiterbearbeiten oder veröffentlichen wollen.

Möchten Sie das bearbeitete Foto als Bilddatei speichern, können Sie wahlweise die Funktion *Datei/Export auf Festplatte* ❶ nutzen, oder Sie rufen die Option über das Menü rechts unter dem Arbeitsbereich ❷ auf. Alternativ können Sie auch die Tastenkombination Strg+Alt+P drücken.

Das Ausgabeformat

JPEG ist ein gängiges Dateiformat für Digitalfotos und für Bilder, die im Internet veröffentlicht werden. TIFF-Dateien werden dagegen benötigt, wenn Sie die Ergebnisse in Druckerzeugnissen publizieren wollen.

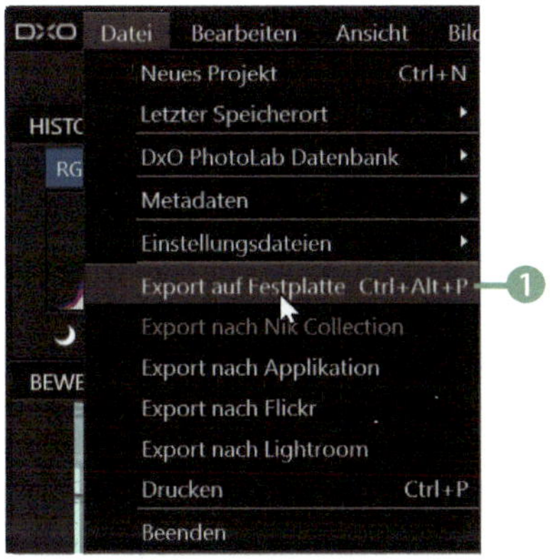

Exportieren Sie das bearbeitete Ergebnis.

Die Exporteinstellungen werden in einem gesonderten Dialogfeld bereitgestellt. Im linken Bereich finden Sie einige Vorgaben. Im Beispiel soll das TIF-Format ❸ eingesetzt werden, das für die Druckausgabe benötigt wird. Bestimmen Sie die Farbtiefe ❹.

Legen Sie mit der *Ziel*-Option fest, in welchem Ordner das exportierte Bild abgelegt werden soll, oder sichern Sie das Foto im Ausgangsordner ❺. Standardmäßig wird die Datei mit dem Zusatz *_DxO* ❻ versehen, damit keine Namensdubletten entstehen.

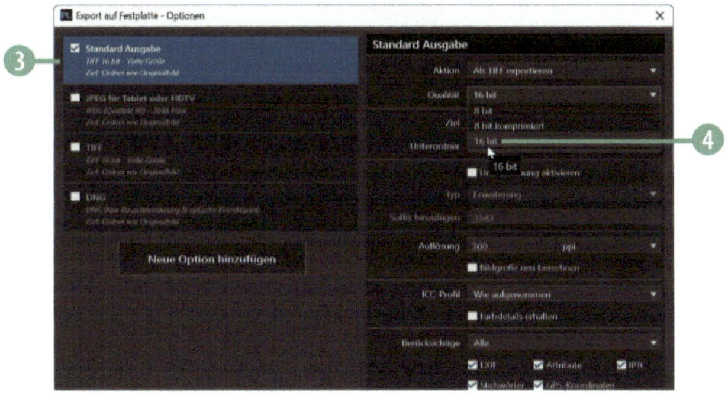

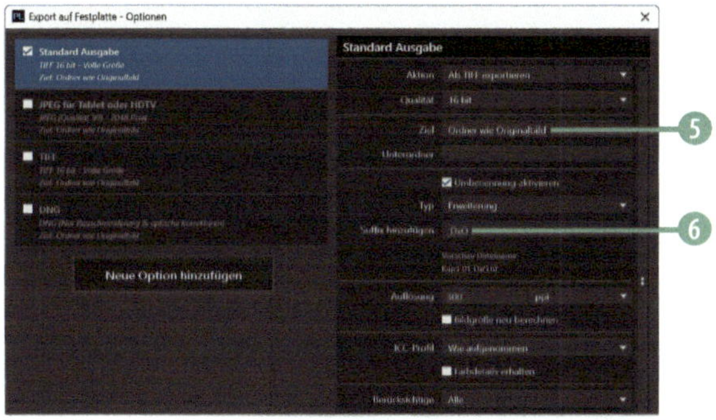

Legen Sie fest, in welchem Dateiformat das Bild exportiert werden soll.

Bei Bedarf können Sie das Bild beim Export auch verkleinern. Das kann dann nützlich sein, wenn Sie das Bild zum Beispiel für die Weiterverarbeitung im Internet in einer geringeren Größe benötigen – Sie sparen damit Speicherplatz. Aktivieren Sie dazu das Kontrollkästchen *Bildgröße neu berechnen* ❿.

Sie können anschließend die *Auflösung* ❼ und die Größe der *Längsten Seite* ❽ festlegen. Starten Sie den Export mit der *Exportieren*-Schaltfläche ❾.

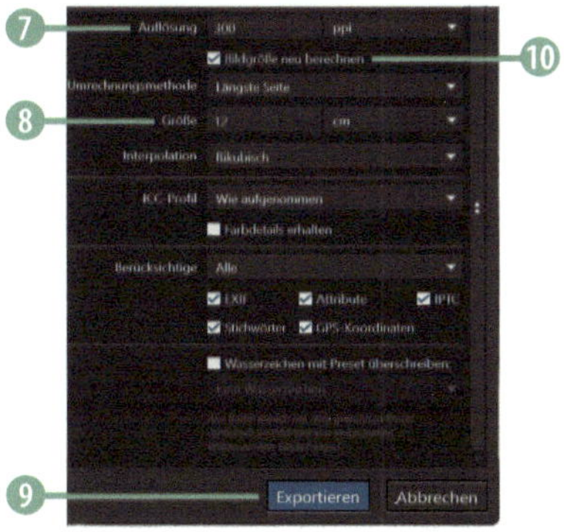

B M W

Tonwerte anpassen

DxO PhotoLab bietet verschiedene Module mit einer großen Menge an Funktionen an, um die Tonwerte des Bildes zu verändern. So können Sie zum einen falsch belichtete Bilder korrigieren und zum anderen gute Bilder noch brillanter machen. Auch das Verfremden von Fotos ist möglich. Was Sie bei der Bearbeitung von Bildern – der Entwicklung – beachten müssen, erfahren Sie in diesem Kapitel.

4.1 Starten mit dem Histogramm

DxO PhotoLab bietet vielfältige Möglichkeiten, um die Tonwerte eines Bildes zu verändern. Jedes Pixel eines Fotos besitzt einen Wert, der aus den Farbtönen **R**ot, **G**rün und **B**lau zusammengesetzt ist – daher der Name RGB-Bilder. Dieser Wert wird Tonwert genannt.

Wie die Tonwerte im Bild verteilt sind, zeigt die *Histogramm*-Palette. Links sehen Sie alle dunklen Tonwerte des Bildes, rechts alle hellen. Je mehr Tonwerte eines bestimmten Farbtons vorkommen, umso höher ist der »Tonwertberg« an der betreffenden Position.

Die Tonwerte werden nach den drei Farbkanälen getrennt angezeigt. Der graue Bereich kennzeichnet die Mischbereiche aller Farben.

Das Histogramm 1 eines »ganz gewöhnlichen« Landschaftsfotos zeigt das folgende Bild.

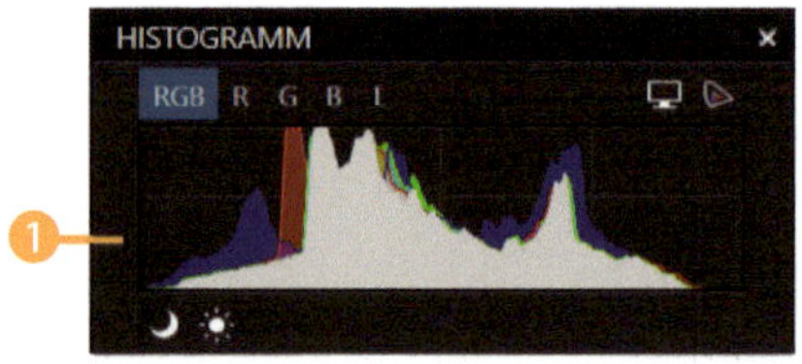

Hier sehen Sie das Histogramm eines ganz normalen Fotos.

Beurteilung

In einigen speziellen Aufnahmesituationen kann das Histogramm keine Hilfe bei der Bildbeurteilung bieten. Bei einer Winteraufnahme mit viel Schnee ist es zum Beispiel völlig normal, dass es besonders viele helle Tonwerte gibt. Und bei Aufnahmen in der Nacht ist es in keiner Weise ein Manko, wenn die dunklen Tonwerte vorherrschen.

Mischen Sie im RGB-Farbmodell beispielsweise Rot und Grün, entsteht Gelb – aus Rot und Blau ergibt sich Magenta (ein pinkfarbener Farbton). Grün und Blau gemischt ergeben Cyan – einen hellblauen Farbton. Sie sehen die Mischungen im nebenstehenden Bild. Überlagern sich alle drei Farbtöne, entstehen graue Bereiche beziehungsweise Weiß.

Hier sehen Sie das RGB-Farbmodell mit seinen Mischfarben.

Bildanalyse vor der Bearbeitung

Das Histogramm kann einerseits genutzt werden, um das Bild vor der Bearbeitung zu analysieren, und andererseits können Sie es nutzen, um vorgenommene Veränderungen nachträglich zu überprüfen.

Oben im Histogramm kann ein einzelner Farbkanal ausgewählt werden. Zusätzlich kann der Luminanzkanal eingeblendet werden, der die Helligkeitsverteilung im Bild anzeigt.

Änderungen vornehmen

Schauen Sie sich nach dem Öffnen eines Fotos stets zuerst das Histogramm an, um das Bild zu analysieren. Gibt es im rechten oder linken Bereich des Histogramms dieses Bildes keine oder extrem wenige Vorkommnisse, ist das ein Indiz dafür, dass Sie die Aufnahme korrigieren sollten.

Im folgenden Bild sehen Sie ein etwas zu dunkel belichtetes Foto – daher sind im Bereich rechts 1 keine Tonwerte vorhanden. Das bedeutet, dass es keine reinweißen Bereiche im Foto gibt.

Kap4_01.jpg

Dieses Ausgangsbild soll optimiert werden.

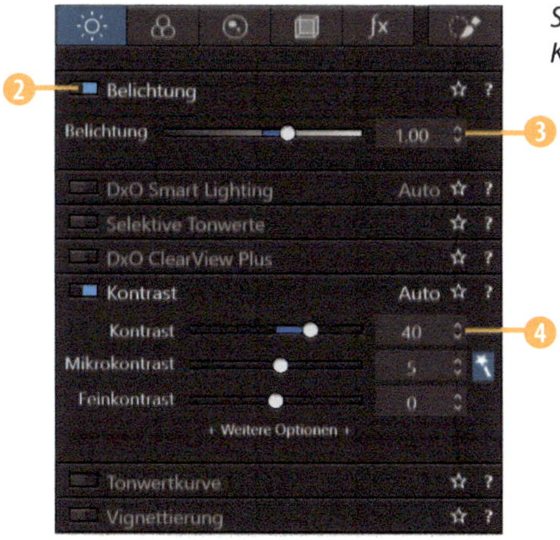

Stellen Sie diese Korrekturen ein.

Öffnen Sie zur Korrektur das *Belichtung*-Werkzeug 2 und stellen Sie den *Belichtung*-Wert 1.00 3 ein, um das Bild deutlich aufzuhellen. Zusätzlich wird beim *Kontrast*-Werkzeug 4 ein *Kontrast*-Wert von 40 festgelegt, um den Kontrast zu verstärken.

Durch diese Anpassungen entsteht ein brillanteres Ergebnis. Sie sehen im Histogramm 5 die geschlossene Lücke am rechten Rand.

Dies ist die optimierte Variante.

Kap4_02.jpg

4.2 Fehlende Tonwerte anzeigen und korrigieren

Vorteile beim RAW-Format

Wenn Sie Gegenlichtbilder wie das auf der folgenden Seite im RAW-Format aufnehmen, haben Sie den Vorteil, die Belichtung nachträglich etwas korrigieren zu können. Die Fehlbelichtung sollte aber ungefähr zwei Blendenstufen nicht überschreiten.

DxO PhotoLab bietet Ihnen eine interessante Möglichkeit, kritische Bildbereiche optisch hervorzuheben. Aktivieren Sie dazu links unter dem Histogramm die Optionen *Beschnittene Schatten* 1 und *Beschnittene Spitzlichter* 2. Die beiden Funktionen können auch mit den Tastenkombinationen Strg+Alt+B (*Schatten*) und Strg+Alt+W (*Spitzlichter*) aufgerufen werden.

Im nachfolgenden oberen Bild sehen Sie das Ausgangsbild. Die Gegenlichtaufnahme zeigt einige über- und unterbelichtete Stellen, die nun korrigiert werden sollen. Wenn Sie die Optionen aktiviert haben, werden die extrem dunklen 4 oder extrem hellen 3 Bereiche farbig dargestellt.

Dieses Ausgangsbild soll optimiert werden.

Es gibt unterschiedliche Möglichkeiten, um diese Partien zu optimieren. Im Beispiel soll das Werkzeug *Selektive Tonwerte* eingesetzt werden.

Stellen Sie einen *Spitzlichter*-Wert von −10 (5) ein, um die hellsten Bereiche ein wenig abzudunkeln. Mit dem positiven *Mitteltöne*-Wert 20 werden die mittleren Tonwerte aufgehellt. Der *Schatten*-Wert 60 (6) sorgt dafür, dass die dunklen Bereiche des Bildes aufgehellt werden.

Durch diese Anpassungen entsteht das folgende optimierte Endergebnis.

Hier wurden die Tonwerte optimiert.

Lichter – Schatten

Überbelichtungen lassen sich oft nur sehr schwer korrigieren, weil die Details in den hellen Bereichen verloren gehen. Aus den dunklen Bereichen kann man dagegen in den meisten Fällen noch »etwas herausholen«. So können bei den Optimierungen durchaus wieder Details sichtbar werden, die verloren schienen.

Vorher-nachher-Vergleich nutzen

Bei diffizilen Veränderungen ist es durchaus empfehlenswert, einen Vorher-nachher-Vergleich anzustellen. Sie hatten schon die Möglichkeit kennengelernt, eine zusätzliche virtuelle Kopie zu erzeugen oder die *Vergleichen*-Ansicht zu nutzen.

Ihnen steht noch eine weitere Möglichkeit zur Verfügung. Mit dem folgenden Schalter (1) kann das betreffende Werkzeug vorübergehend aus- und wieder eingeschaltet werden. Wenn Sie den Schalter mehrfach umschalten, sehen Sie eine Vorher-nachher-Ansicht.

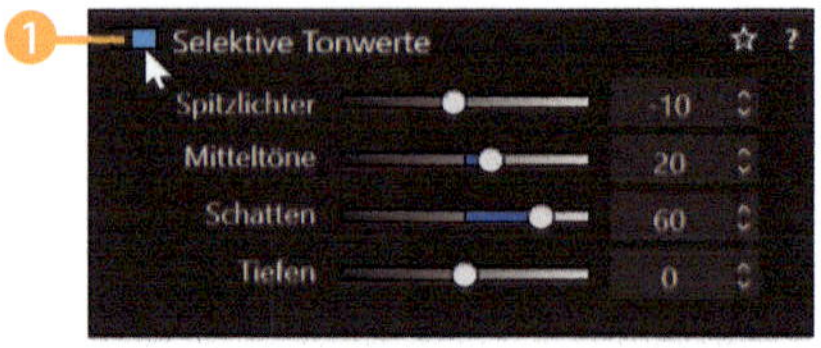

Nutzen Sie diesen Schalter für eine Vorher-nachher-Ansicht.

4.3 Farbtemperatur und Auswirkung

In der Fotografie hat man viel mit Farbtemperaturen zu tun. Sie kennen vielleicht noch die analogen Tageslicht- oder Kunstlichtfilme, die dafür sorgten, dass Sie neutrale Farben erreichten, auch wenn das Licht einen Farbstich hatte.

Digitale Kameras verfügen über einen sogenannten automatischen Weißabgleich. Dieser sucht im Bild nach der hellsten Stelle, die dann als »weiß« interpretiert wird. Probleme gibt es, wenn die hellste Stelle im Bild gar nicht weiß ist. Dann entstehen unerwünschte Farbstiche.

Die Farbe des Lichts misst man in Kelvin. Die folgende Tabelle enthält eine Liste mit ein paar Kelvin-Werten. In den Bemerkungen weise ich darauf hin, welche Lichtquellen den entsprechenden Kelvin-Wert erzeugen. Zudem sehen Sie, welche Farbe das Licht hat.

Kelvin	Lichtquelle	Farbe
1.000	Kerzenlicht	Rotorange
2.000	Glühlampen bis 100 Watt	Gelborange
3.000	Studioleuchten, Leuchtstoffröhren	Gelb
4.000	Neonlicht	Hellgelb
5.000	Sonnenaufgang und -untergang, Blitzgerät	Weiß
6.000	Mittagssonne	Weiß
7.000	Sonnenlicht bei leicht bewölktem Himmel	schwaches Hellblau
8.000	Sonnenlicht bei bedecktem Himmel	Hellblau
9.000	Sonnenlicht bei dicht bewölktem Himmel	Blau
10.000	wolkenloser, blauer Himmel – blaue Stunde	Tiefblau

Im auf der nächsten Seite gezeigten Beispielbild (1) kann man die Auswirkungen des automatischen Weißabgleichs sehr gut erkennen.

Die Aufnahme entstand zur sogenannten blauen Stunde – der Stunde nach Sonnenuntergang. Der Tabelle entnehmen Sie, dass die Farbtemperatur in einer solchen Situation etwa 10.000 Kelvin beträgt.

Alternative: RAW

Wenn Sie die Weißabgleichseinstellungen häufig variieren, ist es empfehlenswert, die Bilder im RAW-Format aufzunehmen. So sparen Sie sich viele verschiedene Versuche und stellen den geeigneten Weißabgleichswert einfach nachträglich in DxO PhotoLab ein.

Mit dem automatischen Weißabgleich der Kamera wird hier kein wirkungsvolles Ergebnis erzielt.

Kap4_03.nef

Den Wert 10.000 Kelvin hat auch der automatische Weißabgleich der Kamera ermittelt und eingestellt. Dadurch entsteht allerdings keine besonders wirkungsvolle Lichtstimmung. Sie soll nun korrigiert werden.

Rufen Sie das Werkzeug *RAW-Weißabgleich* auf, das in der Rubrik *Wesentliche Werkzeuge* ❷ untergebracht ist. Da die Aufnahme im RAW-Format entstanden ist, sehen Sie dort verschiedene Weißabgleichseinstellungen – in etwa so, wie Sie es vom Menü Ihrer Digitalkamera kennen.

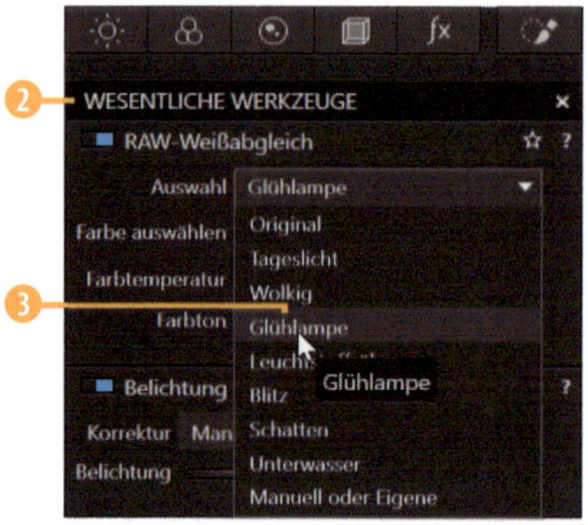

Wählen Sie die »Glühlampe«-Option aus der Liste aus.

Die Beleuchtung des Wolfenbütteler Schlosses entsteht nicht durch natürliches Licht. Das Gebäude wird von Strahlern beleuchtet. Wie Sie der Tabelle entnehmen können, haben Studioleuchten eine Farbtemperatur von etwa 3.000 Kelvin ❹. Wählen Sie daher aus der *Auswahl*-Liste die Option *Glühlampe* ❸ aus – diese kommt dem Wert am nächsten. Sie sehen in der folgenden Abbildung, dass mit dieser Einstellung eine völlig andere Bildwirkung entsteht, die das Foto deutlich interessanter macht.

Mit etwa 3.000 Kelvin entsteht ein ganz anderes, viel wirkungsvolleres Ergebnis.

Unterschiede zwischen RAW und JPEG

Das Beispielbild wurde parallel als RAW- und als JPEG-Datei aufgenommen. So kann der Unterschied in der Bearbeitung beider Dateiformate illustriert werden.

Der Weißabgleich ist ein besonderer Vorteil des RAW-Formats. Sie brauchen keine unterschiedlichen Weißabgleichseinstellungen bei der Aufnahme zu berücksichtigen, wenn Sie das Foto im RAW-Format aufnehmen.

Sie suchen stattdessen die am besten wirkende Einstellung bei der Bearbeitung in DxO PhotoLab heraus. Wurde das Foto dagegen im JPEG-Format aufgenommen, haben Sie nur eingeschränkte Korrekturmöglichkeiten und können in den allermeisten Fällen auch nicht zu einem so ausgewogenen Bild gelangen wie bei RAW-Aufnahmen.

Das *Auswahl*-Listenfeld finden Sie lediglich bei RAW, andere Dateitypen bieten es nicht an. Die eleganteste Variante der Anpassung besteht darin, einen eigentlich weißen Tonwert aus dem Bild aufzunehmen. Dazu benötigen Sie die Pipette der

Rufen Sie das Pipetten-Werkzeug auf.

Option *Farbe auswählen* ❶. Klicken Sie im Bild auf eine Position ❻, die weiß sein müsste. Sie könnten die Pipette übrigens auch mit diesem Symbol ❺ aktivieren.

Sie sehen im Bild dann einige zur Verfügung stehende Optionen. Klicken Sie in den *Radius*-Regler ❸, um festzulegen, wie groß der Bereich zum Aufnehmen der Tonwerte sein soll. Mit dieser ❹ Schaltfläche wird die Tonwertaufnahme zurückgesetzt. Mit der ersten Schaltfläche ❷ blenden Sie die Optionen aus.

Kap4_04.jpg

Nehmen Sie eine Farbe aus dem Bild an der Stelle auf, die weiß sein soll.

Zoomen

Sie können alternativ auch die Tastenkombination Strg + + zum schrittweisen Einzoomen oder Strg + - zum Auszoomen verwenden.

Um den Tonwert präzise aufnehmen zu können, ist es empfehlenswert, in die Szene hineinzuzoomen. So ist eine Ansichtsgröße von 100 % oder mehr ❼ gut geeignet.

Nutzen Sie dazu das Listenfeld in der Kopfzeile des Arbeitsbereichs oder drehen Sie alternativ das Mausrad, bis die gewünschte Darstellungsgröße erreicht ist. Nutzen Sie dann die Palette *Bewegen/Zoom*, um durch Verschieben des Markierungsrahmens ❽ den passenden Bildausschnitt festzulegen.

Nach der Tonwertaufnahme werden die Tonwerte so verändert, dass ein neutralgrauer Farbton entsteht. Das nachfolgend gezeigte Endergebnis 9 entspricht zwar nicht dem der RAW-Variante – es kommt ihm aber recht nahe.

Dies ist das Endergebnis des Workshops.

4.4 Helligkeit und Kontrast anpassen

Kap4_05.jpg

Auch wenn die heutigen digitalen Kameras die Belichtung sehr präzise messen, kann es vorkommen, dass nachträglich Belichtungskorrekturen nötig sind.

Dieses Ausgangsbild ist etwas unterbelichtet.

> **Fehlbelichtungen**
>
> Fehlbelichtungen können in der Regel sehr gut korrigiert werden, solange sie nicht mehr als zwei Blendenstufen betragen.

So hatte ich beim Beispielbild (siehe vorherige Seite) vor der Aufnahme leider vergessen, eine zuvor benötigte Belichtungskorrektur wieder zu deaktivieren. Daher wurde das Ergebnis um eine halbe Blendenstufe unterbelichtet. Das Korrigieren dieses Mankos in DxO PhotoLab ist aber ganz einfach.

Öffnen Sie dazu das *Belichtung*-Werkzeug ①. Stellen Sie bei der *Belichtung*-Option den Wert 0.5 ② ein. Das angepasste Ergebnis zeigt die folgende Abbildung.

Bei dieser Bearbeitungsvariante ist es übrigens egal, ob es sich um ein Foto im RAW- oder im JPEG-Format handelt. Man muss aber erwähnen, dass die Qualität bei RAW-Bildern besser ist, weil dabei keine Tonwerte verloren gehen.

Hier wurde die Belichtung korrigiert.

Kontrast optimieren

Ein anderes Beispiel für eine erforderliche Belichtungskorrektur zeigt Ihnen das folgende Beispielbild. Es ist normal, dass digitale Kameras dazu neigen, das Bild etwas zu hell zu belichten, wenn der Hintergrund relativ dunkel ist. Das führt im Beispiel dazu, dass die Blüte mit der Schwebfliege zu hell erscheint.

Kap4_06.jpg

Rufen Sie zur Korrektur die *Belichtung*-Rubrik ① auf. Dort sollen zunächst die beiden Werkzeuge *Selektive Tonwerte* ② und *Kontrast* ③ angepasst werden.

Dieses Ausgangsbild soll bearbeitet werden.

Stellen Sie einen hohen *Kontrast*-Wert von 80 5 ein. Beim Werkzeug *Selektive Tonwerte* werden die *Mitteltöne* mit dem Wert −20 abgedunkelt und ebenso die *Schatten*. So ergibt sich eine dunklere Bildwirkung.

Die *Tiefen*-Option 4 wird auf den Wert −10 eingestellt, sodass das folgende Zwischenergebnis entsteht.

Hier wurden die Tonwerte optimiert.

Im letzten Arbeitsschritt soll die Sättigung verbessert werden, um leuchtendere Farben zu erhalten. Wechseln Sie dazu zur *Farbe*-Rubrik (6). Stellen Sie beim *HSL*-Werkzeug den Wert 40 (7) für die *Vibrancy*-Option ein. Der Unterschied zum Ausgangsbild ist deutlich.

Dies ist das Endergebnis.

Dies ist das Ausgangsbild.

Tonwerte optimieren

Auch eigentlich perfekt belichtete digitale Fotos können noch weiter verbessert werden, indem Sie die Tonwerte optimieren, damit das Bild anschließend brillanter erscheint. Das nebenstehende Ausgangsbild (1) zeigt ein solches Beispiel.

DxO PhotoLab bietet viele verschiedene Möglichkeiten an, um solche Bildoptimierungen vorzunehmen. Eine der einfachsten Varianten soll nun vorgestellt werden. Rufen Sie das *Tonwertkurve*-Werkzeug (3) auf, das Sie in der *Belichtung*-Rubrik (2) finden.

Platzieren Sie auf der Gradationskurve zwei neue Markierungspunkte (4), (5), indem Sie auf die Linie klicken. Verziehen Sie die Markierungspunkte so, dass eine S-Form entsteht. Dadurch verstärken Sie den Kontrast.

Kap4_07.jpg

Hier wurde der Kontrast verstärkt.

Lichter und Schatten optimieren

Besondere Schwierigkeiten bereiten oftmals Gegenlichtaufnahmen. Es ist völlig normal, dass eine digitale Kamera ein solches Bild nicht perfekt belichten kann, weil für die unterschiedlichen Bildbereiche verschiedene Belichtungszeiten nötig sind.

So müsste der Bereich des Gegenlichts viel kürzer belichtet werden als etwa Bereiche im Vordergrund. Heutige Kameras können aber nur das Gesamtbild belichten – keine einzelnen Bildteile.

Sie sehen im Beispielfoto (1), dass die Kamera den Himmel zwar perfekt belichtet hat, was aber automatisch dazu führt, dass der Vordergrund zu dunkel ist. Das lässt sich bei Gegenlichtaufnahmen nicht vermeiden.

Diese Gegenlichtaufnahme soll bearbeitet werden.

Kap4_08.jpg

Fotografen behelfen sich gelegentlich damit, mehrere Fotos mit unterschiedlichen Belichtungen aufzunehmen und sie nachträglich zu einer Gesamtaufnahme – einem sogenannten HDR-Bild – zusammenzufügen.

HDR-Bilder

HDR steht übrigens für **H**igh **D**ynamic **R**ange. Dabei versucht man, möglichst viele Helligkeitsnuancen in einer Aufnahme unterzubringen, um große Kontrastumfänge wiederzugeben. Hier hilft Ihnen die größere Farbtiefe der RAW-Bilder, oder Sie schießen im JPEG-Format mehrere Fotos – jeweils mit einer anderen Belichtung.

Zur Korrektur bietet sich das Anwenden eines Presets anan, denn DxO PhotoLab enthält mehrere für genau diese Aufgabenstellung.

Wechseln Sie im Dialogfeld *Preset anwenden* ❷ zur Rubrik *High Dynamic Range (Single-Shot HDR)*. Öffnen Sie sie mit einem Klick auf das Dreieck ❸. Sie finden in dieser Rubrik vier Optionen für verschiedene HDR-Bildwirkungen. Im Beispiel soll die Option *3 - HDR - Backlight Korrektur* ❹ angewendet werden, die beim Beispiel gut wirkt.

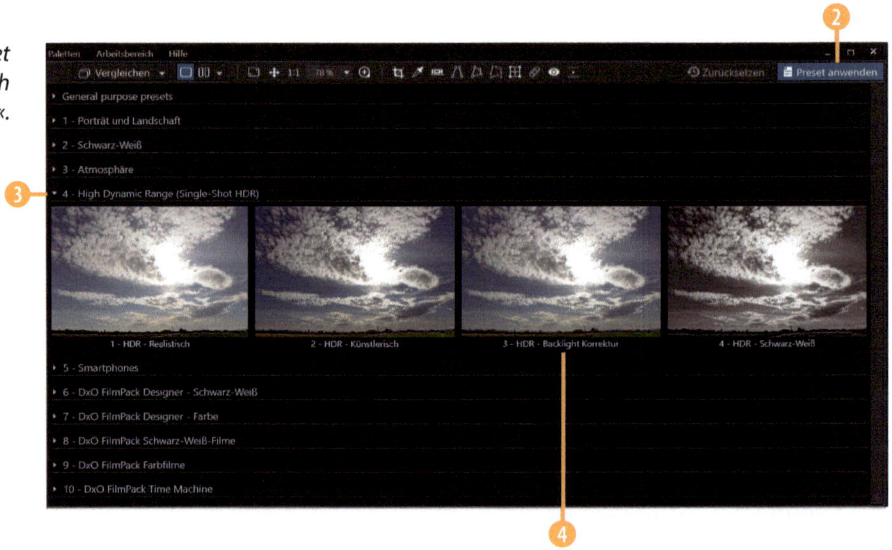

Nutzen Sie ein Preset aus der Rubrik »High Dynamic Range«.

Durch Anwenden dieser Option wirkt es, als sei ein Aufhellblitz zum Aufhellen des Vordergrunds eingesetzt worden.

Sie sehen, dass nun viele Details in den Schattenpartien ⑨ sichtbar geworden sind.

Wodurch die Bildwirkung zustande gekommen ist, erkennen Sie daran, welche Werkzeuge zum Einsatz kamen. Die blauen Markierungen ⑤ zeigen Ihnen die aktiven Werkzeuge.

Die deutliche Aufhellung der Schatten entsteht im Wesentlichen durch den hohen *Intensität*-Wert ⑥ des Werkzeugs *DxO Smart Lighting* und ein wenig durch den *Schatten*-Wert ⑦ des Werkzeugs *Selektive Tonwerte*. Dazu kommt eine Kontrastoptimierung mit dem *Kontrast*-Werkzeug. Der erhöhte *Mikrokontrast*-Wert ⑧ sorgt dafür, dass die Details im Bild besser herausgearbeitet werden.

Dieser Zwischenstand ergibt sich nach dem Anwenden des Presets.

Sie können das Ergebnis noch verfeinern, indem Sie beim Werkzeug *Selektive Tonwerte* für die *Spitzlichter* ⑩ und *Mitteltöne* ⑪ jeweils den Wert −10 einstellen, um sie etwas abzudunkeln.

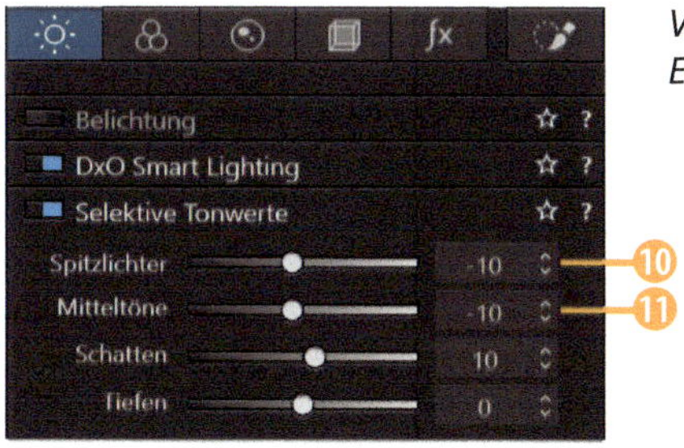

Verfeinern Sie die Einstellungen.

Nach dem Anpassen dieser Einstellungen entsteht das folgende Ergebnis ⑫. Wenn Sie übrigens zur *Farbe*-Rubrik ⑬ wechseln, sehen Sie, dass dort auch das Werkzeug *Farb-/SW-Wiedergabe* ⑭ bei diesem Preset aktiviert ist.

Hier sehen Sie das Endergebnis.

4.5 Einstellungen speichern und übertragen

Übertragung auf mehrere Bilder

Wollem Sie kopierten Einstellungen auf mehrere Bilder übertragen, wechseln Sie zur *Fotothek* und rufen Sie nach dem Markieren der betreffenden Bilder die Menüfunktion *Bild*/*Korrektureinstellungen einfügen*/*Alle Korrektureinstellungen ein-fügen* auf.

Einstellungen, die Sie einmal vorgenommen haben, lassen sich sehr schnell auf ein oder mehrere andere Bilder anwenden. Sie haben dazu zwei Möglichkeiten. So können Sie die Einstellungen kopieren und auf andere Bilder übertragen, oder Sie speichern die vorgenommenen Einstellungen in ein neues Preset.

Rufen Sie die Funktion *Bild*/*Korrektureinstellungen kopieren* ① auf, die Sie auch über das Kontextmenü oder die Tastenkombination [Strg]+[⇧]+[C] erreichen.

Kopieren Sie die Einstellungen, die Sie am Bild vorgenommen haben.

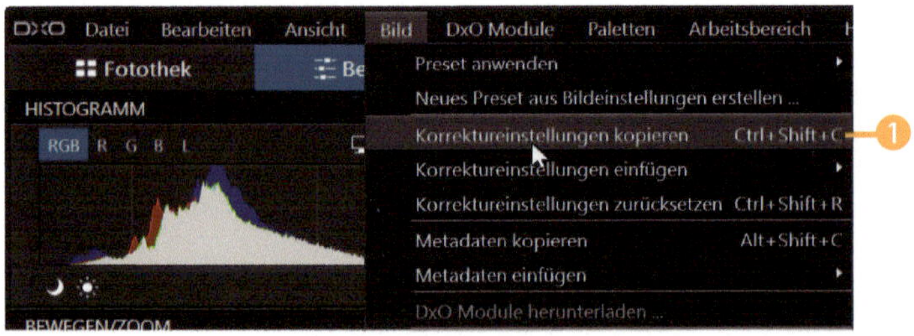

Wechseln Sie entweder in der *Fotothek* oder über den Filmstreifen des *Bearbeiten*-Moduls zu dem Foto, auf das Sie die Einstellungen anwenden wollen. Die Einstellungen sollen auf das folgende Bild 2 übertragen werden.

Diesem Ausgangsbild sollen die Einstellungen zugewiesen werden.

Kap4_09.jpg

Rufen Sie die Funktion *Bild*/*Korrektureinstellungen einfügen*/*Alle Korrektureinstellungen einfügen* auf, die Sie ebenfalls über das Kontextmenü erreichen. Alternativ kann auch die Tastenkombination Strg+⇧+V genutzt werden. Sie sehen nachfolgend, dass die Einstellungen aller zuvor verwendeten Werkzeuge 3 übernommen wurden. Auch hier ergeben sich viele neue Details in den zuvor dunklen Bildpartien.

Hier wurden die kopierten Einstellungen eingefügt.

Ausgewählte Einstellungen übernehmen

Sie müssen nicht unbedingt die Einstellungen aller Werkzeuge übernehmen. Rufen Sie die Funktion *Bild*/*Korrektureinstellungen einfügen*/*Ausgewählte Korrekturen einfügen* ❶ auf. Sie erreichen diese Funktion auch über das Kontextmenü oder die Tastenkombination Strg+Alt+V.

Nehmen Sie mit dieser Funktion nur bestimmte Anpassungen vor.

Nach dem Aufruf wird das folgende Dialogfeld geöffnet. Hier werden sämtliche verfügbaren Werkzeuge aufgelistet. Alle mit einem Haken ❷ markierten Optionen werden nach einem Klick auf die *Einfügen*-Schaltfläche ❸ zugewiesen. DxO PhotoLab markiert automatisch alle verwendeten Werkzeuge. Wollen Sie bestimmte Optionen nicht zuweisen, deaktivieren Sie die betreffende Option.

Wählen Sie aus, welche Anpassungen eingefügt werden sollen.

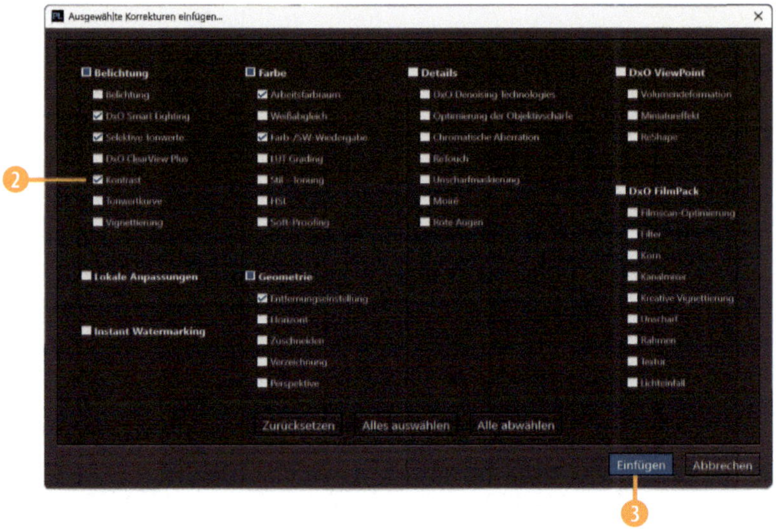

Übrigens lohnt es sich, bei sehr unterschiedlichen Bildern einmal auszuprobieren, was die Tiefen noch an Details verbergen. Dazu sehen Sie nachfolgend zwei weitere Beispiele, wobei links jeweils das Ausgangsbild gezeigt wird. Anhand der Bildpaare erkennen Sie, dass die gleichen Einstellungen bei Bildern mit ganz unterschiedlichen Thematiken und unterschiedlich vielen dunklen Bereichen jeweils gute Ergebnisse erzielen können.

Presets sichern

Möchten Sie die vorgenommenen Einstellungen in einem neuen Preset speichern, rufen Sie die Funktion *Bild*/*Preset aus aktuellen Einstellungen erstellen* auf und wählen die betreffende Rubrik aus, in der das Preset gespeichert werden soll.

Die Voreinstellung bietet sich auch bei ganz anderen Motiven an.

4.6 Einsatz der Gradationskurve

Eine genaue Einstellung der einzelnen Tonwerte ist mit der sogenannten Gradationskurve möglich, die Sie im *Tonwertkurve*-Werkzeug finden ①. Das Werkzeug ist in der *Belichtung*-Rubrik untergebracht.

Im Diagramm wird angezeigt, wie sich die Veränderungen auf das Bild auswirken. Am Verlauf der Linie ② können Sie die Unterschiede zwischen Eingangs- und Ausgangswerten ablesen. Das darunterliegende Gitter dient der Orientierung.

Auf der waagerechten Achse sind die Helligkeitswerte des Eingangsbildes zu sehen. Die senkrechte Achse zeigt die Werte des Ausgangsbildes, wobei unten die Schatten und oben die Lichter sind. Mit dem *Gamma*-Wert ③ werden die mittleren Tonwerte angepasst. Je höher der Wert ist, umso mehr werden die Tonwerte aufgehellt – niedrigere Werte als 1.00 dunkeln sie ab.

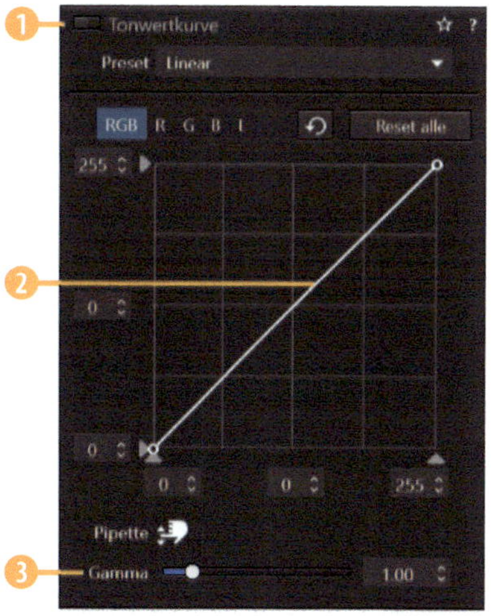

Die Gradationskurve ist ein flexibles Werkzeug.

Die Möglichkeiten sollen anhand des folgenden Ausgangsbildes 4 demonstriert werden.

Dies ist das Ausgangsbild.

Kap4_10.jpg

4

Markierungspunkte löschen

Wenn Sie einen platzierten Markierungspunkt löschen wollen, klicken Sie ihn einfach mit der rechten Maustaste an, oder markieren Sie ihn und drücken Sie die [Entf]-Taste.

Sie können die Tonwerte des Bildes ändern, indem Sie die gerade Linie anklicken und diesen Punkt verziehen. Ziehen Sie ihn nach oben 6, werden diese Tonwerte aufgehellt 5, ziehen Sie ihn nach unten, dunkeln Sie diese Tonwerte ab. Gestalten Sie mit zwei Markierungspunkten 8 eine S-Form, entsteht ein kontrastreicheres Ergebnis. Das zeigt das Bild auf der folgenden Seite 7.

Hier wurden die Tonwerte aufgehellt.

5

6

Hier wurde der Kontrast erhöht.

Tonwerte abschneiden

Sie können die Gradationskurve nicht nur verformen, Sie können damit auch Tonwerte vom Bild abschneiden. Das kann beispielsweise ebenfalls dazu dienen, den Kontrast des Bildes zu erhöhen. Das Ausgangsbild 1 soll das verdeutlichen.

In diesem Ausgangsbild sollen die Tonwerte optimiert werden.

Kap4_11.jpg

Beim Histogramm fällt auf, dass es sowohl im linken 2 als auch im rechten Bereich 3 keine Tonwerte gibt.

Tonwertbeschnitt

Zum Abschneiden von Tonwerten können Sie auch die vier Eingabefelder an den Ecken des Diagramms nutzen.

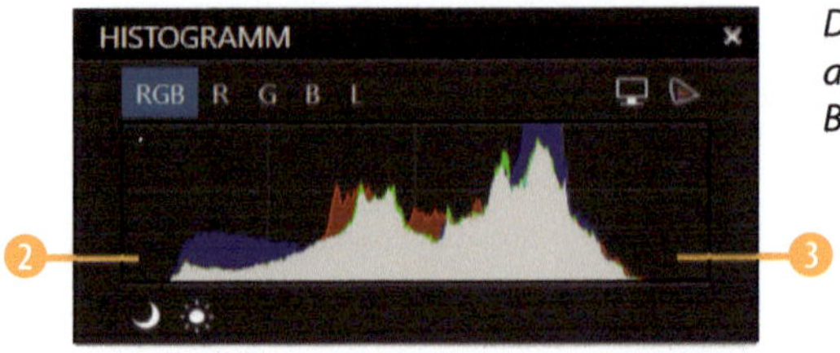

Das Histogramm zeigt an den Rändern leere Bereiche.

Ziehen Sie den rechten Markierungspunkt so weit nach links 4, dass die fehlenden Tonwerte abgeschnitten werden. Beobachten Sie dabei, wie das Histogramm nach rechts »wandert« 5, sodass die leeren Bereiche verschwinden.

Nutzen Sie das Histogramm zur Überprüfung der neuen Einstellungen.

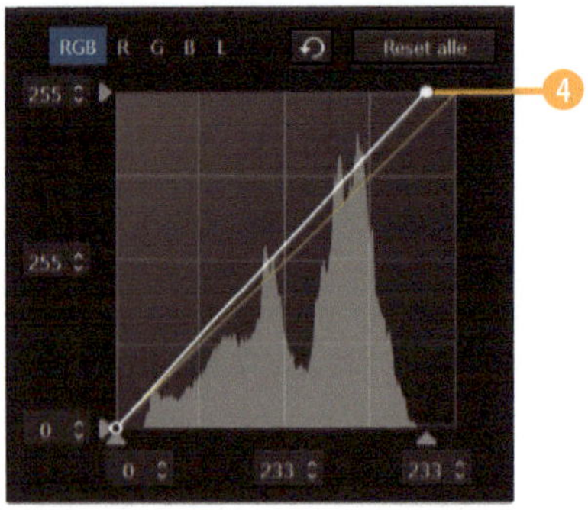

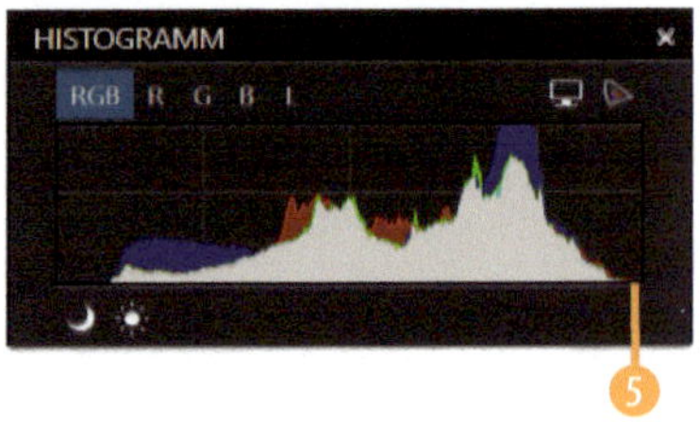

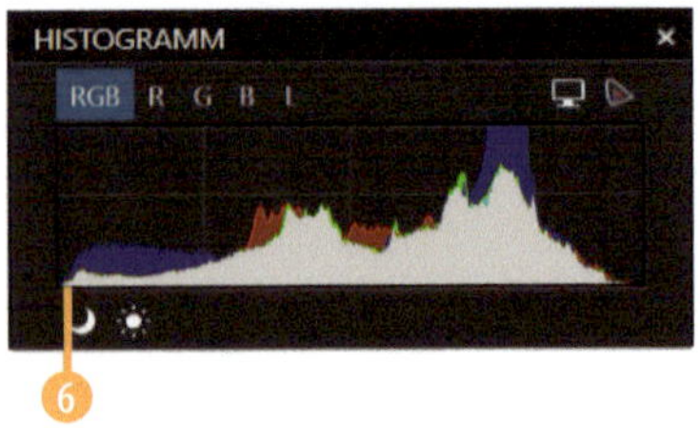

Das ist das Histogramm des kontrastreicheren Ergebnisses.

Wiederholen Sie das mit dem linken Markierungspunkt 7. Ziehen Sie ihn nach rechts, bis der leere Bereich nicht mehr vorhanden ist 6.

Beim folgenden Bild wurde der linke Markierungspunkt ganz nach oben gezogen und der rechte (9) ganz nach unten. Dadurch entsteht ein negatives Ergebnis (8).

Wenn Sie einen bereits platzierten Markierungspunkt wieder entfernen wollen, klicken Sie ihn einfach mit der rechten Maustaste an.

Hier wurde die Tonwertkurve so verändert, dass ein negatives Ergebnis entsteht.

Einfache Bildanpassungen

Sie können mit der Gradationskurve auch sehr einfache Korrekturen vornehmen. Im folgenden Beispiel wurde nur ein einzelner zusätzlicher Markierungspunkt eingesetzt und nach oben gezogen, um die mittleren Tonwerte aufzuhellen. Sie sehen diese Variante im Bild auf der folgenden Seite (2).

Alternativ dazu können Sie auch einen höheren *Gamma*-Wert (1) als 1.00 in das Eingabefeld unter der Gradationskurve eintippen oder den Schieberegler nach rechts ziehen.

Sollen die mittleren Tonwerte abgedunkelt werden, ziehen Sie einen neuen Markierungspunkt in der Mitte der Markierungslinie nach unten. Ein niedrigerer *Gamma*-Wert als 1.00 führt zum selben Ergebnis.

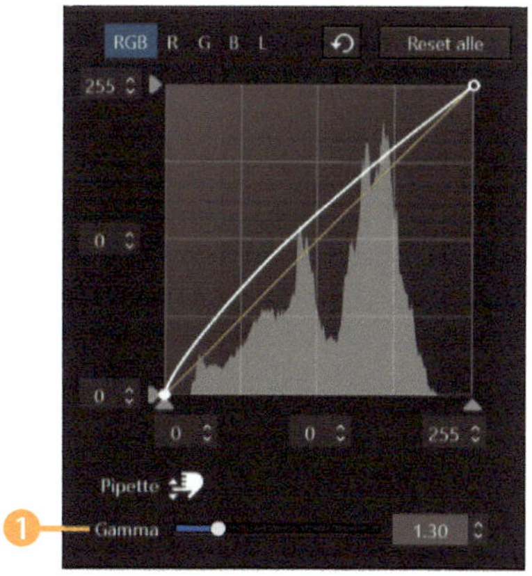

Der »Gamma«-Wert wurde hier erhöht.

Hier wurden die mittleren Tonwerte aufgehellt.

Einzelne Farbkanäle bearbeiten

In der Kopfzeile des *Tonwertkurve*-Werkzeugs können Sie einstellen, ob das Gesamtbild ① oder nur ein einzelner Farbkanal angepasst werden soll.

Das Bearbeiten einzelner Farbkanäle kann beispielsweise nützlich sein, wenn Sie Farbstiche entfernen wollen. Die Bearbeitung der einzelnen Kanäle verläuft identisch mit der bereits beschriebenen Vorgehensweise bei dem Gesamtbild.

Wählen Sie in der Liste den zu bearbeitenden Farbkanal aus.

Drastische Anpassungen vornehmen

Die Gradationskurve lässt sich auch für sehr skurrile Veränderungen nutzen, da die Punkte völlig frei verschoben werden können.

So sehen Sie im folgenden Beispiel ein surreales Ergebnis, entstanden ist aufgrund der gezeigten – drastisch verschobenen – Markierungspunkte ①.

Effektfilter

Mit der vorgestellten Art und Weise können Sie eine Wirkung erzielen, wie Sie sie von Effektfiltern anderer Bildbearbeitungsprogramme vielleicht kennen. DxO PhotoLab bietet keine solchen Effektfilter an.

Es lohnt sich, mit den Varianten ein wenig herumzuexperimentieren. Sie haben dabei auch die Möglichkeit, sehr viele Markierungspunkte zur Anpassung zu verwenden.

Bei der nachfolgend unten gezeigten zweiten Variante wurde die Bildwirkung verstärkt, indem zusätzlich im blauen Farbkanal 2 die Markierungspunkte ebenfalls deutlich verschoben 3 wurden.

Hier sehen Sie zwei Varianten mit stark verzogenen Markierungspunkten.

H

Farben anpassen

DxO PhotoLab bietet Ihnen sehr ausgefeilte Optionen an, um die Farben eines Fotos anzupassen. Einerseits können Sie etwaige Farbstiche aus dem Bild entfernen, andererseits aber auch den Farbcharakter ändern. So lassen sich Fotos verfremden, und die Farbe kann auch ganz entfernt werden, um wirkungsvolle Schwarz-Weiß-Bilder zu erhalten. Das Anpassen der Farben an bestimmte Profile ist ebenfalls möglich, was beispielsweise nützlich ist, um analoge Filme zu simulieren. Welche Möglichkeiten Sie haben, erfahren Sie detailliert in diesem Kapitel.

5.1 Weißabgleich vornehmen

Weißabgleich

Dass Sie bei RAW-Bildern den Weißabgleich nachträglich am Rechner vornehmen können, ist einer der größten Vorteile des Rohdatenformats.

Die Weißabgleichsoptionen sind besonders beim Entwickeln von RAW-Bildern interessant. Bei der Bearbeitung von Fotos im JPEG-Format haben Sie weniger Möglichkeiten – das haben Sie bereits erfahren.

Wie viele Optionen Sie bei RAW-Bildern in der *Voreinstellung*-Liste vorfinden, hängt vom verwendeten Kameramodell ab.

So sehen Sie im folgenden linken Bild ❶ die verfügbaren Optionen einer Nikon D300 und im rechten Bild ❷ diejenigen einer Lumix GX80. Die Einstellungen entsprechen in etwa denen, die Sie im Kameramenü vorfinden.

Je nach Kameramodell finden Sie unterschiedlich viele Voreinstellungen im Menü.

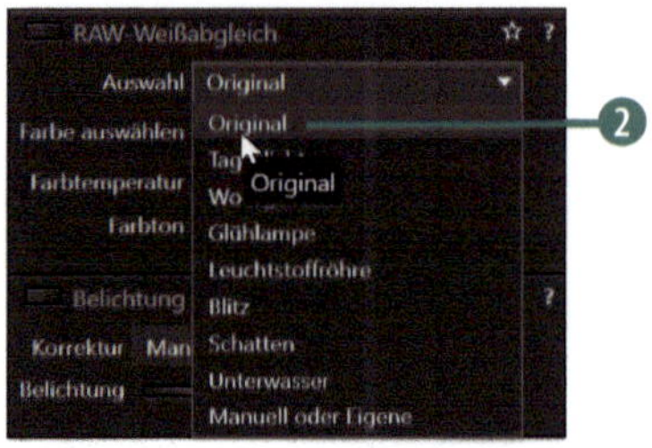

Dieses Ausgangsfoto soll optimiert werden.

Kap5_01.nef

Belichtung bei RAW-Bildern korrigieren

Beim RAW-Beispielbild soll als Erstes die Belichtung angepasst werden – öffnen Sie dazu das ***Belichtung***-Werkzeug ❸ (auf der gegenüberliegenden Seite). Stellen Sie einen ***Belichtung***-Wert von 1.00 ein, um das Bild etwas aufzuhellen.

Öffnen Sie nun das Werkzeug ***RAW-Weißabgleich*** ❷, um die Farbtemperatur neu einzustellen. Wählen Sie die Pipette ❸ und klicken Sie im Bild auf eine Stelle, die neutralgrau sein soll ❶.

Nehmen Sie einen Farbton aus dem Bild auf, der neutralgrau sein sollte.

DxO PhotoLab passt dann die Werte für die ***Farbtemperatur*** ❹ und den ***Farbton*** ❺ so an, dass die angeklickte Farbe neutralgrau erscheint. Dadurch erhält das Beispielbild einen völlig anderen Farbcharakter.

Mit dem ***Farbton***-Schieberegler wird eine Feinabstimmung der Grün-Magenta-Balance durchgeführt. In der ganz linken Stellung wirkt das Bild grünlicher, in der Stellung ganz rechts werden die Farbtöne in Richtung Magenta verschoben.

Weißabgleich gezielt variieren

Manchmal lohnt es sich, bei bestimmten Bildern einmal ganz unterschiedliche Weißabgleichseinstellungen auszuprobieren, obwohl die Kamera automatisch den geeigneten Kelvin-Wert ermittelt hat.

In der folgenden Abbildung sehen Sie das Ausgangsbild ❶ einer Jahrmarktszene. Mit geänderten Weißabgleichseinstellungen können Sie eine ganz andere – interessantere – Bildwirkung erreichen.

Dies ist das Ausgangsbild.

Kap5_02.nef

❶

Im oberen Bild auf der folgenden Seite wurde ein niedriger Kelvin-Wert verwendet, wie Sie ihn beispielsweise mit der ***Glühlampe***-Option ❷ erreichen. Sie können aber auch einen Wert von um die 3.000 Kelvin angeben ❸.

Im unteren Bild auf der gegenüberliegenden Seite wurde ein sehr hoher Kelvin-Wert eingestellt: 24.767 ❹, wodurch eine rötliche Wirkung entsteht.

Der maximal mögliche Kelvin-Wert beträgt übrigens 50.000 Kelvin, der niedrigste 2.000 Kelvin.

Hier wurden unterschiedliche »Farbtemperatur«-Werte eingesetzt.

Beim oberen Bild auf der folgenden Seite wurde die rötliche Wirkung weiter verstärkt, indem der ***Farbton***-Wert auf 150 ❺ erhöht wurde – der maximale Wert beträgt bei dieser Option übrigens 200. Das untere Bild zeigt den minimalen ***Farbton***-Wert −200 ❻. Sie sehen, dass von der Farbstimmung des Ausgangsbildes nicht mehr viel übrig ist.

Hier wurden verschiedene »Farbton«-Werte verwendet.

5.2 Eigene Farbcharakteristika erstellen

Mit dem Werkzeug ***Stil - Tonung*** ❸, das Sie in der ***Farbe***-Rubrik ❷ finden, haben Sie die Möglichkeit, Bilder mit einer oder zwei Farben ❹ zu tonen.

Sie können dem Foto so einen ganz eigenen Charakter verleihen – einen individuellen sogenannten »Look«. Prinzipiell könnten Sie alle Änderungen auch mit der Gradationskurve umsetzen, wenn Sie die einzelnen Farbkanäle bearbeiteten, die ***Stil - Tonung***-Variante ist aber einfacher. Die Auswirkungen sollen anhand des folgenden Ausgangsbildes ❶ gezeigt werden.

Kap5_03.jpg

Dies ist das Ausgangsbild.

Es bietet sich an, zunächst einmal verschiedene Presets auszuprobieren, um die Wirkungsweise zu verstehen. Klicken Sie auf die Schaltfläche ***Preset anwenden*** ❻. Klappen Sie die ***Atmosphäre***-Rubrik ❺ auf.

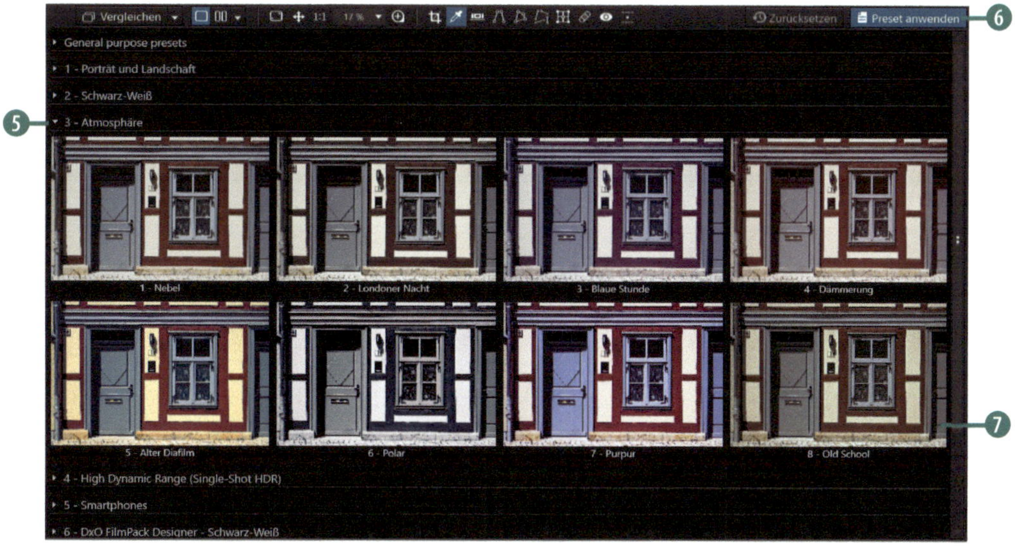

In den Presets finden Sie viele interessante Vorlagen für unterschiedliche Bildlooks.

Auf das folgende Bild wurde das Preset *8 - Old School* ❼ angewendet. Um sich einen Überblick darüber zu verschaffen, welche Werkzeuge ❾ bei dem Preset eingesetzt wurden, können Sie diesen ❽ Schalter umlegen. Dann werden alle nicht verwendeten Werkzeuge ausgeblendet.

Hier ist das Preset »8 - Old School« ausgewählt worden.

Wenn Sie zusätzlich das *DxO FilmPack* erworben und installiert haben, gibt es drei weitere Rubriken ❿, in denen Sie noch mehr Presets finden. Die Rubriken enthalten Presets für schwarz-weiße und für farbige ⓫ Ergebnisse.

Hier sehen Sie einige Presets der zusätzlichen Rubrik »7 - DxO FilmPack Designer - Farbe«.

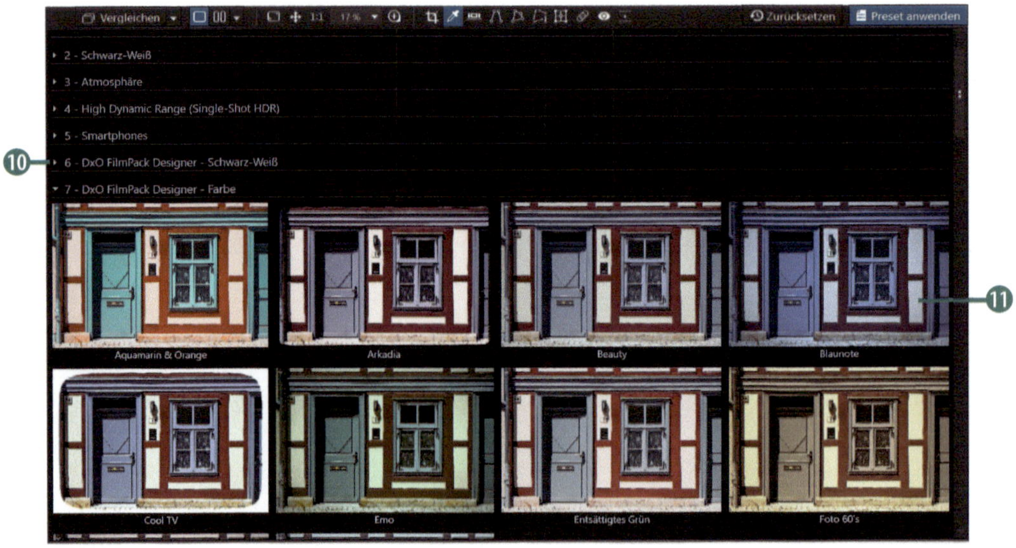

Das *DxO FilmPack* enthält neben den Presets weitere Werkzeuge für kreative Effekte. Bei den zusätzlichen Presets handelt es sich um nichts anderes als um eine Arbeitserleichterung. Sie können die gleichen Ergebnisse erreichen, wenn Sie die einzelnen Werkzeuge manuell anpassen.

Die verschiedenen Presets nutzen unterschiedlich viele Werkzeuge. Beim *Lochkamera*-Preset ⑫ sind es weniger als bei dem *Emo*-Preset ⑬.

DxO FilmPack

Die zusätzlichen Presets gehören zum Modul ***DxO FilmPack***. Dieses Programmmodul muss gesondert erworben werden. Sie finden es auf *https://www.dxo.com/de/dxo-filmpack/*.

Hier sehen Sie zwei weitere Presets.

Filter aus dem DxO FilmPack

Im *DxO FilmPack* finden Sie unter anderem das *Filter*-Werkzeug ❷, mit dem Sie die analogen Farbfilter simulieren können, die zu analogen Zeiten vor das Objektiv geschraubt wurden.

Sie erreichen das Werkzeug in der Rubrik *DxO FilmPack*. Sie können die einzelnen Rubriken mit einem Klick auf die Kopfzeile öffnen oder schließen ❶. In der *Filter*-Liste finden Sie viele verschiedene Optionen ❸.

Das »DxO FilmPack« bietet zusätzliche Werkzeuge an.

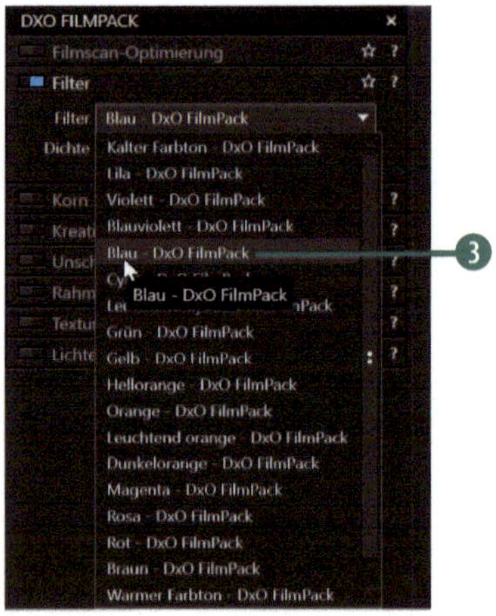

Nachfolgend wurde der Filter *Blau - DxO FilmPack* ❹ eingesetzt. Wie stark das Bild eingefärbt wird, legen Sie mit dem *Dichte*-Wert fest ❺.

Hier wurde ein blauer Farbfilter verwendet.

Bilder tonen

In der *Stil*-Liste des Werkzeugs *Stil - Tonung* finden Sie sechs Farben, mit denen Sie das Bild tonen können. So wurde nachfolgend die Option *Eisensulfat* ❶ angewendet.

Wählen Sie eine Tonung aus.

Die Stärke der Tonung wird mit dem *Intensität*-Regler festgelegt. Nachfolgend sehen Sie die Auswirkungen des Maximalwerts 200 ❷.

Hier wurde der maximale »Intensität«-Wert angewandt.

Die Rubrik ***Split-Tonung*** ❸ können Sie einsetzen, wenn Sie die hellen Tonwerte ❹ anders einfärben wollen als die dunklen Töne ❺.

Hier sehen Sie die Wirkung der »Split-Tonung«.

Mit dem ***Gleichgewicht***-Wert ❻ legen Sie fest, wie stark die hellen Tonwerte verändert werden. Stellen Sie einen Wert unter 50 ein, wenn die hellen Töne stärker verändert werden sollen. In den beiden Listen finden Sie jeweils sechs Farbtöne ❼ zum Tonen.

Wählen Sie aus der Liste eine Farbe aus.

Farbcharakter eines Bildes ändern

Auch das Werkzeug *Farb-/SW-Wiedergabe* ❸, das Sie in der *Farbe*-Rubrik ❷ finden, können Sie einsetzen, wenn Sie den Farbcharakter des Bildes ändern wollen. Das soll am folgenden Ausgangsbild ❶ gezeigt werden.

Kap5_04.jpg

Dies ist das Ausgangsbild.

Wie viele Optionen Sie beim *Farb-/SW-Wiedergabe*-Werkzeug in der *Typ*-Liste zur Verfügung haben, hängt davon ab, ob Sie das *DxO FilmPack* installiert haben oder nicht. Ohne dieses Modul gibt es nur die Option *Farbpositiv Film* ❹ – damit wird ein analoger Diafilm simuliert.

Das *DxO FilmPack* bietet zusätzliche Optionen, um Farbnegativ- und Schwarz-Weiß-Filme zu simulieren. Hinzu kommt unter anderem eine Option, um das zu analogen Zeiten beliebte Crossentwicklungsverfahren nachzubilden ❺.

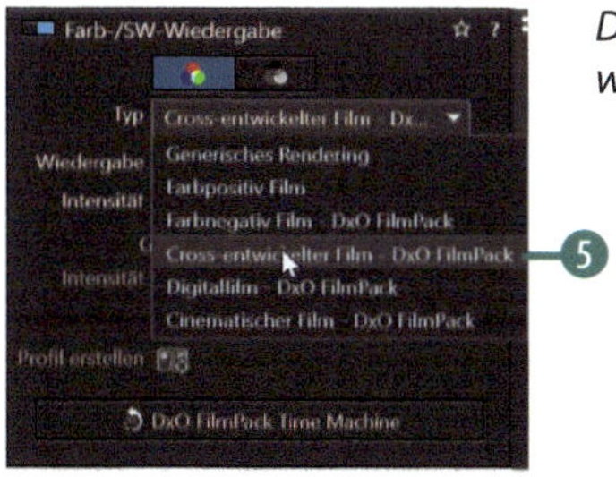

Das »DxO FilmPack« enthält weitere Filmsimulationen.

Im *Wiedergabe*-Menü können Sie anschließend den zu simulierenden Filmtyp auswählen 6. Wurde das *DxO FilmPack* installiert, können Sie zwischen einer riesigen Anzahl von Filmtypen unterschiedlichster Hersteller wählen 7.

Auch die Anzahl der Optionen unterscheidet sich deutlich, wenn Sie das »DxO FilmPack« erworben haben.

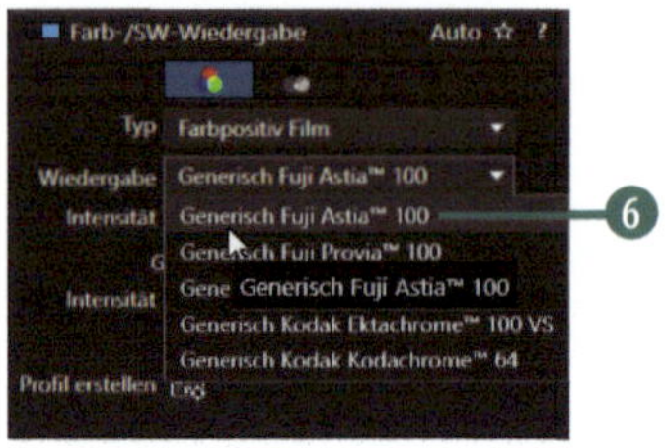

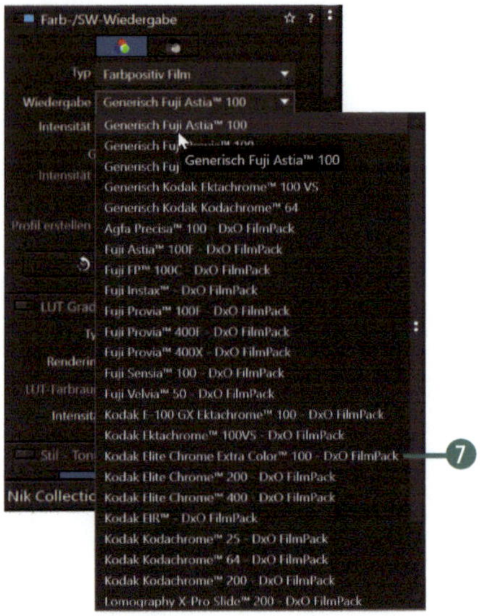

Intensität

Der ***Intensität***-Regler 9 bestimmt, wie stark das Originalbild und das veränderte Bild ineinander überblendet werden. Beim Standardwert 100 werden beide Bilder gleich gewichtet.

Für das folgende Bild wurde die Option ***Fuji Velvia™ 50 - DxO FilmPack*** 8 ausgewählt. Dieser Film war ein zu analogen Zeiten sehr beliebter Diapositivfilm, der besonders leuchtende Farben zeigte.

Hier wurde ein analoger Diapositivfilm simuliert.

In der Kategorie *Farbnegativ Film - DxO FilmPack* finden Sie zahlreiche Vorgaben, um analoge Farbnegative nachzuempfinden. So sehen Sie nachfolgend die Auswirkungen der Option *Kodak Ektar™ 100* ⑩. Farbnegativfilme zeichnen sich durch einen geringeren Kontrast als Diapositivfilme aus.

Hier wurde eine Farbnegativfilmvorgabe verwendet.

In der nächsten Abbildung sehen Sie die Wirkung der Option *Lomography Redscale™ 100*, die die beliebte Lomografie nachahmt, die mit sehr einfachen Kameras entsteht ⑪.

Hier wurde die Option »Lomography Redscale™ 100« angewandt.

Bei RAW-Bildern können Sie weniger gesättigte Farben erzielen, indem Sie bei der Option *Gesättigte Farben schützen* einen hohen Wert einstellen. Standardmäßig ist die *Auto*-Option ⓬ eingestaltet. Aktivieren Sie die Option für Schwarz-Weiß-Bilder ⓭. In der Kategorie *Schwarzweißfilm* finden Sie Vorlagen, um Bilder so erscheinen zu lassen, als wären sie mit analogen Schwarz-Weiß-Filmen aufgenommen worden. Der *Fuji Neopan™ 1600* ⓮ war ein beliebter Film mit hoher Empfindlichkeit.

Dies sind zwei Beispiele aus der Kategorie »Schwarzweißfilm - DxO FilmPack«.

In der Liste finden Sie unter anderem auch die Option *Rollei IR™ 400* ⓯. Dabei entsteht ein Ergebnis, das einem analogen Infrarotfilm gleicht.

Crossentwicklung simulieren

Beim Crossprocessing (= Crossentwicklung) erzielt man verfremdete Bilder mit falsch wirkenden Farbtönen. Sie entstehen durch die Verarbeitung der analogen Filme von C41 nach E6 sowie von E6 nach C41.

Nach Auswahl der Kategorie *Cross-entwickelter Film* finden Sie in der *Wiedergabe*-Liste zwei Optionen. Die Option *Kodak Elite 100* ❶ entspricht einem falsch entwickelten Diafilm, die Option *Fuji Superia 200* ❷ einem Farbnegativfilm.

C41 und E6

Bei den Bezeichnungen C41 und E6 handelt es sich um Entwicklungsverfahren aus den Zeiten analoger Fotografie. Mit dem Verfahren C41 wurden Farbnegative entwickelt, mit E6 Diafilme, die ein Positiv ergaben.

Dieses Bild zeigt die Crossentwicklungsoption »Kodak Elite 100«.

Hier sehen Sie die Crossentwicklungsoption »Fuji Superia 200«.

Digitalfilme und cinematische Filme

In der Kategorie *Digitalfilm - DxO FilmPack* finden Sie Filter digitaler Simulationen. So sehen Sie nachfolgend im oberen Bild die Auswirkungen der Option *N-Morgen - DxO FilmPack* ❶, die einen Film mit einer besonderen Stimmung nachahmt. Die Kategorie *Cinematischer Film - DxO FilmPack* bietet sechs Filter, die an das Erscheinungsbild alter Kinofilme erinnern. Beim unteren Bild kam die *Pastell*-Option ❷ zum Einsatz.

Oben sehen Sie eine Option aus der Kategorie »Digitalfilm - DxO FilmPack« und unten eine aus der Kategorie »Cinematischer Film - DxO FilmPack«.

DxO FilmPack Time Machine

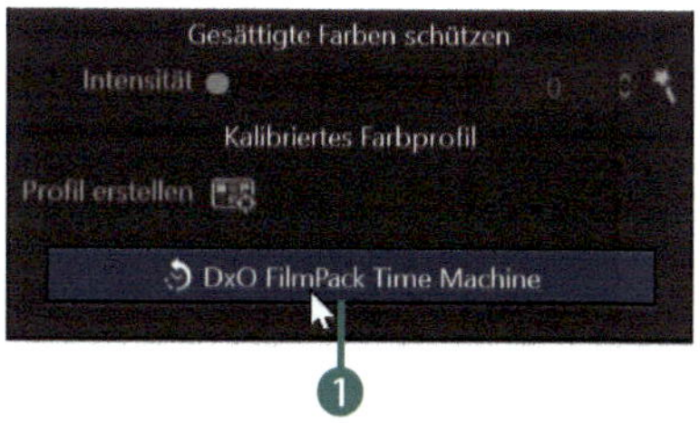

Wählen Sie die Option »DxO FilmPack Time Machine« aus.

Im unteren Bereich des *Farb-/SW-Wiedergabe*-Werkzeugs finden Sie die Schaltfläche *DxO FilmPack Time Machine* ❶. Nach dem Anklicken wird das nachfolgend oben gezeigte Fenster geöffnet. Wählen Sie im Fußbereich eine fotografische Zeitspanne ❹ aus. Mit diesen Navigationselementen ❷ können Sie zwischen unterschiedlichen Bildbeispielen wählen. Rechts ❸ sehen Sie jeweils erläuternde Texte zu diversen fotografischen Ereignissen der ausgewählten Epoche. Mit der *Schließen*-Schaltfläche ❺ blenden Sie das Fenster aus. In der *Preset*-Rubrik *8 - DxO FilmPack Time Machine* ❻ finden Sie eine große Anzahl an Vorgaben ❼ aus unterschiedlichen Jahren.

In diesem Fenster erhalten Sie Informationen über die Fotografie in unterschiedlichen Zeitspannen.

Hier sehen Sie Presets der zusätzlichen Rubrik »8 - DxO FilmPack Time Machine«. Unterschiedliche Optionen aus vielen Jahren seit der Einführung der Fotografie stehen hier für Sie zur Auswahl bereit.

Optionen für RAW-Bilder

Wenn Sie ein RAW-Foto bearbeiten, stehen Ihnen zusätzliche Optionen des Werkzeugs *Farb-/SW-Wiedergabe* zur Verfügung.

So finden Sie im *Kategorie*-Listenfeld Optionen, um auf der Festplatte gespeicherte *DCP-Profile* ❷ zur Anzeige zu laden. DCP-Profile wurden von Adobe entwickelt und kommen beim DNG-Dateiformat zum Einsatz.

Zudem gibt es die *Kamera*-Option ❶. Sie ist nützlich, um kameraspezifische Einstellungen zu laden.

Bei RAW-Bildern haben Sie zusätzliche Möglichkeiten.

Kap5_05.arw

Nutzen Sie Einstellungen für die Farbwiedergabe, die gezielt auf die verwendete Kamera abgestimmt sind.

In der *Wiedergabe*-Liste finden Sie nun zahlreiche Kameramodelle. Suchen Sie die bei der Aufnahme verwendete Kamera ❸ heraus. Die Farbwiedergabe erfolgt dann mit ganz gezielt auf die Kamera abgestimmten Einstellungen.

Die Liste enthält sehr viele Kameramodelle – aber natürlich nicht alle. Die aufgelisteten Modelle wurden vom DxO-Labor getestet und eingemessen, sodass die optimale Farbwiedergabe gewährleistet ist.

Wenn Sie in der *Typ*-Liste die Option *Generisches Rendering* ❹ wählen, finden Sie bei RAW-Bildern in der *Wiedergabe*-Liste mehrere Optionen, um neutrale Farben und Tonwerte zu erhalten. Diese hängen vom jeweiligen Kameramodell ab.

Wählen Sie die Option »Generisches Rendering« aus.

Die Optionen stellen jeweils einen anderen Kontrast ein. Nachfolgend kam bei der Fujifilm X-T100 die Option *Aus der Kamera (ASTIA/WEICH)* ❺ zum Einsatz.

Stellen Sie weichere Farben ein.

5.3 Schwarz-Weiß-Bilder erstellen

Kap5_05a.raf

Um Schwarz-Weiß-Bilder zu erzeugen, bietet DxO PhotoLab unterschiedliche Vorgehensweisen an, die Ihnen im Folgenden vorgestellt werden.

So können Sie beispielsweise das Werkzeug *Farb-/SW-Wiedergabe* ❹ nutzen, das Sie über die *Farbe*-Rubrik ❷ aufrufen. Sie haben es bereits kennengelernt. In der Rubrik *Wesentliche Werkzeuge* ist es dagegen nicht enthalten.

Dieses Ausgangsbild soll für den Workshop genutzt werden.

Kap5_06.jpg

Für den Workshop dient das nachfolgend gezeigte Foto als Ausgangsbild ❶.

Dies ist eine simple Schwarz-Weiß-Umwandlung.

Schalten Sie die S/W-Option des Werkzeugs ***Farb-/SW-Wiedergabe*** ein ❹. Stellen Sie bei ***Typ*** die Option ***Generisches Rendering*** ein und für die Wiedergabe ***Neutrales Schwarzweiß*** ❺. So ergibt sich eine einfache Schwarz-Weiß-Variante.

Hatte man zu analogen Zeiten einen Schwarz-Weiß-Film in die Kamera eingelegt, wurden oft Farbfilter vor das Objektiv geschraubt, um eine bestimmte Wirkung zu erreichen.

Diese Wirkung können Sie mit dem *Filter*-Werkzeug simulieren, das im *DxO FilmPack* ❻ enthalten ist. Im *Filter*-Listenfeld finden Sie diverse Optionen ❼, mit denen Sie die Filterfarbe festlegen können. Nachfolgend sehen Sie, wie unterschiedlich die Ergebnisse sein können, wenn Sie die Filter variieren ❽.

Im oberen Bild kam der Filter »Dunkelorange« zum Einsatz, im unteren der »Blau«-Filter.

Presets anwenden

In den Presets ❶ finden Sie in der Rubrik *2 - Schwarz-Weiß* ❷ acht Zusammenstellungen für Schwarz-Weiß-Fotos. Wählen Sie beispielsweise die Option *1 - SW - Dicht* ❸ aus.

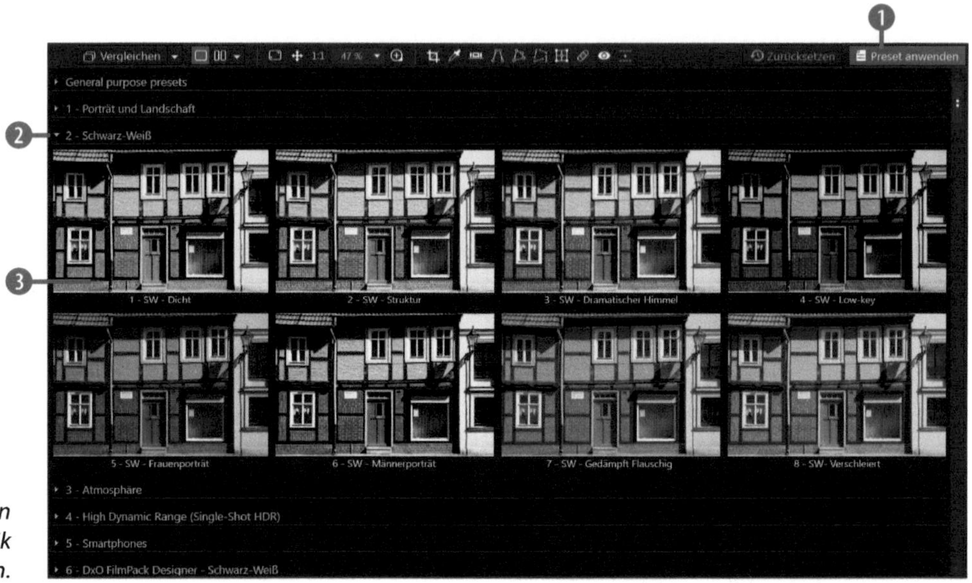

Wenden Sie ein Preset aus der Rubrik »Schwarz-Weiß« an.

Wenn Sie die verwendeten Werkzeuge einblenden ❹, sehen Sie, dass bei der ausgewählten Vorlage insgesamt fünf Werkzeuge zum Einsatz kamen ❺.

Dies ist die Vorlage »1 - SW - Dicht«.

Klappen Sie die Werkzeuge auf, sehen Sie, wie die Bildwirkung zustande kommt. So wurden im *Tonwertkurve*-Werkzeug die Gradationskurven in den einzelnen Farbkanälen unterschiedlich angepasst ❻. Außerdem erhielt das *Kontrast*-Werkzeug recht hohe Werte ❼.

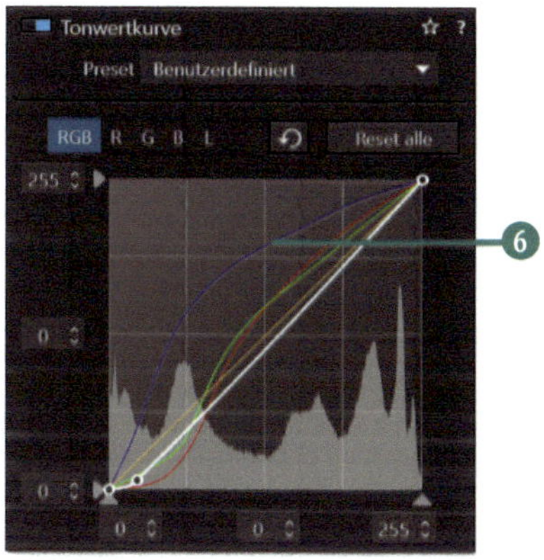

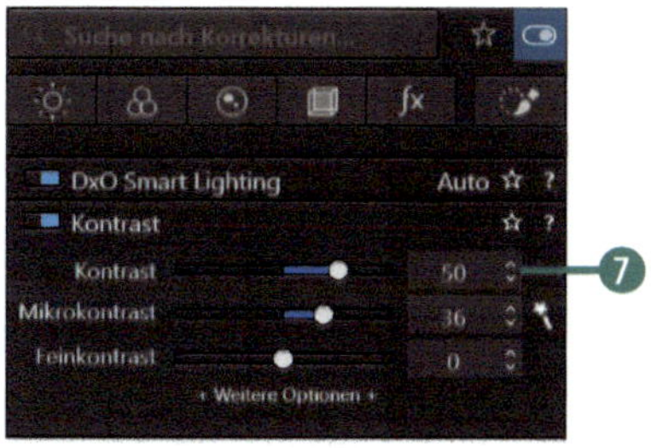

Die deutlichsten Bildwirkungen entstehen unter anderem durch diese beiden Werkzeuge.

Das Werkzeug *Farb-/SW-Wiedergabe* ❾ ist für die Schwarz-Weiß-Umwandlung verantwortlich. Da im *Tonwertkurve*-Werkzeug die Farbkanäle verändert wurden, wird beim *HSL*-Werkzeug eine Sättigung von −100 ❽ eingestellt.

Ohne das Reduzieren der Sättigung würde ein bläulich eingefärbtes Ergebnis entstehen. Bei den Verfahren bleibt nämlich nach wie vor das RGB-Farbbild erhalten. Das könnte beispielsweise genutzt werden, um bestimmte Bildteile farbig zu belassen.

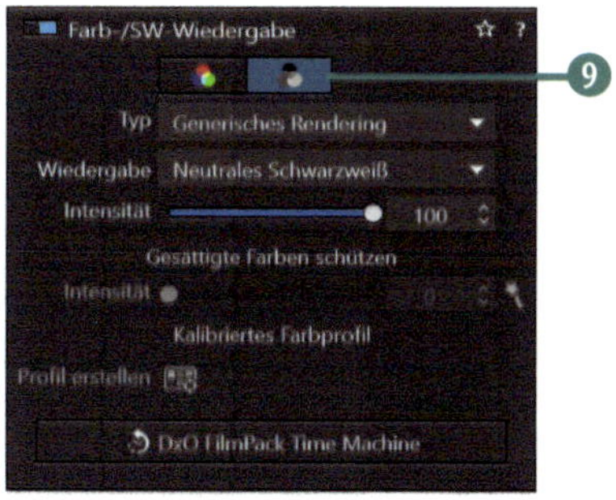

Mithilfe dieser Einstellungen entsteht die Schwarz-Weiß-Wirkung.

Nostalgisch wirkende Bilder

Das Erstellen nostalgisch wirkender Bilder – im sogenannten Vintage-Look – ist gerade recht beliebt. Die dazu nötige Vorgehensweise wird Ihnen im folgenden Workshop vorgestellt. Dabei kommen neben den Schwarz-Weiß-Optionen verschiedene andere Werkzeuge zum Einsatz. Das verwendete Ausgangsfoto sehen Sie in der folgenden Abbildung ❶.

Dieses Ausgangsbild soll bearbeitet werden.

Kap5_07.jpg

1. Wandeln Sie das Bild zunächst in eine Schwarz-Weiß-Version um. Im Beispiel wurde die Standardvorgabe des Werkzeugs ***Farb-/SW-Wiedergabe*** ❷ verwendet.

Dies ist die schwarz-weiße Variante.

2. Rufen Sie das *Belichtung*-Werkzeug auf. Stellen Sie einen *Belichtung*-Wert von 1.00 ❸ ein, um das Bild deutlich aufzuhellen.

Hier wurde die Belichtung um einen Lichtwert aufgehellt.

3. Mit dem Werkzeug *Selektive Tonwerte* werden drastische Veränderungen vorgenommen. So wird für alle vier Optionen ❹ jeweils der Wert 30 eingestellt. Das führt dazu, dass sowohl die Schatten- als auch die Lichterbereiche sowie die Mitteltöne deutlich aufgehellt werden.

Hier wurden sowohl die Lichter als auch die Schattenbereiche aufgehellt.

> **Perfektion**
>
> Im Normalfall werden die Optionen des Werkzeugs ***Selektive Tonwerte*** benötigt, um das Ergebnis zu optimieren. In diesem Workshop soll aber ein altes – nicht perfektes – Ergebnis simuliert werden. Daher kommen hohe Werte zum Einsatz.

4. Nun könnten Sie noch das ***Vignettierung***-Werkzeug ❻ aus der ***Belichtung***-Rubrik ❺ nutzen, um die Bildecken aufzuhellen oder abzudunkeln.

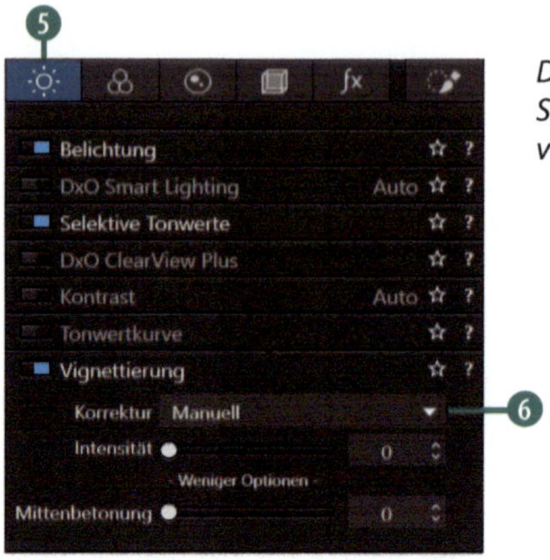

Dieses Werkzeug könnten Sie für die Vignettierung verwenden.

> **Übergang**
>
> Je höher Sie den ***Übergang***-Wert einstellen, umso scharfkantiger erfolgt der Übergang der Vignettierung.

5. In diesem Workshop soll aber das Werkzeug ***Kreative Vignettierung*** genutzt werden, das im ***DxO FilmPack*** enthalten ist. Dieses Werkzeug bietet einige erweiterte Optionen an. Stellen Sie einen ***Intensität***-Wert von 50 ein ❼, damit die Bildecken deutlich aufgehellt werden. Bei negativen Werten werden sie abgedunkelt. Mit dem ***Rundung***-Wert legen Sie fest, ob die Anpassung in runder oder eckiger Form erfolgen soll. Der nachfolgend verwendete Wert 30 ❽ schwächt die Standardrundung etwas ab.

Hier wurden die Bildecken aufgehellt.

6. Im nächsten Schritt soll das Bild mit einer schwachen Sepiatonung versehen werden. Öffnen Sie dazu das *Tonwertkurve*-Werkzeug.
7. Wechseln Sie zum *Grün*-Kanal ❾ und ziehen Sie in der Mitte der Gradationskurve einen neu platzierten Markierungspunkt ⓫ nach oben. Auch im roten Farbkanal wird ein neuer Markierungspunkt nach oben geschoben ❿. Der blaue Farbkanal bleibt unverändert.

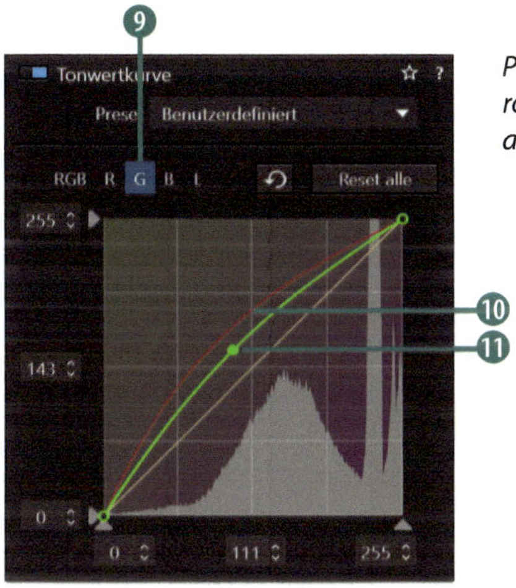

Passen Sie die Gradationskurve im roten und im grünen Farbkanal an.

Gamma-Wert

Wird ein *Gamma*-Wert niedriger als 1.00 eingestellt, werden die mittleren Tonwerte abgedunkelt, höhere Werte hellen sie auf.

8. Da dadurch ein etwas helleres Bild entsteht, wird bei der *RGB*-Option ⓬ ein *Gamma*-Wert von 0.80 ⓭ eingestellt. So entsteht das folgende Zwischenergebnis.

Hier sehen Sie die sepiafarbene Tonung.

Normalerweise möchte man bei digitalen Fotos ein Ergebnis mit bestmöglicher Schärfewirkung erzielen.

Zu analogen Zeiten wiesen Filme aber ein erkennbares Filmkorn auf. Je empfindlicher die Filme waren, umso stärker wurde das Korn sichtbar. Sie können eine solche Wirkung auch mit DxO PhotoLab simulieren, wenn Sie das *DxO FilmPack* installiert haben.

9. Rufen Sie dazu das *Korn*-Werkzeug aus der Rubrik *DxO FilmPack* auf. In der *Kategorie*-Liste finden Sie verschiedene Filmarten. Wählen Sie hier die Option *Schwarzweißfilm* ⓮ aus. In der *Film*-Liste sehen Sie diverse Filme ⓯.

Wählen Sie die Kategorie und den Film aus.

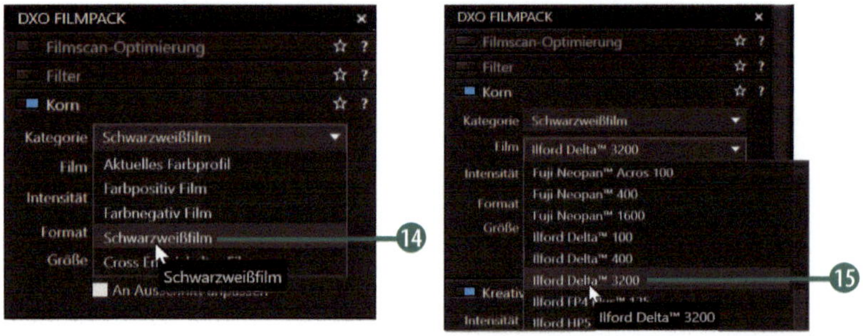

10. Im *Format*-Listenfeld können Sie die Größe des Films ⓰ auswählen, der simuliert werden soll. Im Beispiel soll der Wert manuell eingestellt werden, da mit der Standardvorgabe das Filmkorn nicht besonders gut zu erkennen ist.

Mit der Standardeinstellung fällt das Filmkorn zu schwach aus.

11. Wenn Sie die *Manuell*-Option ⑰ auswählen, können Sie bei *Größe* einstellen, wie groß das Filmkorn sein soll. Sobald Sie den Wert angepasst ⑱ haben, wird übrigens die *Manuell*-Option automatisch eingestellt.

Hier wurde die Größe des Filmkorns auf den Wert 8.0 erhöht.

5.4 Eigene Presets speichern

Haben Sie im Laufe der Bearbeitung viele verschiedene Versuche mit einem Werkzeug gestartet, wird jeder Versuch in der Palette *Advanced History* links neben dem Arbeitsbereich aufgelistet ❶. Mit dem Pfeil ❷ klappen Sie die Einträge auf oder zu. Sie können die Einträge nutzen, um zu einem früheren Stadium zurückzukehren.

Neustart

Wenn Sie das Programm neu starten, werden die vorgenommenen Arbeitsschritte gelöscht. Sie können aber die Einstellungen durch die nicht destruktive Arbeitsweise weiterhin anpassen.

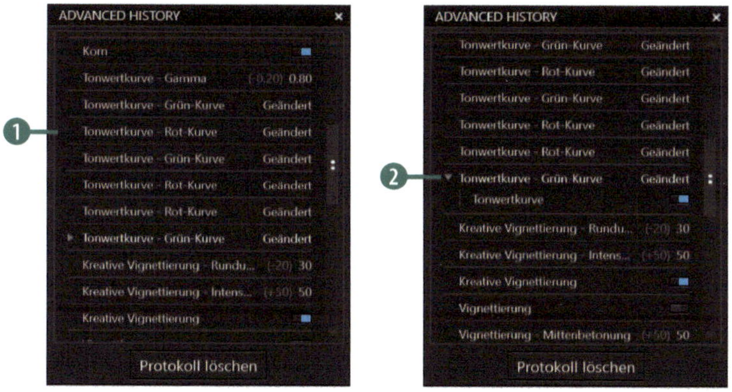

In dieser Palette werden alle Arbeitsschritte aufgelistet.

Möchten Sie das Ergebnis auf weitere Bilder anwenden, ist es sinnvoll, ein neues Preset zu erstellen. Presets werden dauerhaft gespeichert.

Rufen Sie dazu die Funktion ***Bild/Neues Preset aus Bildeinstellungen erstellen*** ❸ auf, die Sie auch über das Kontextmenü erreichen.

Speichern Sie die Einstellungen als Preset.

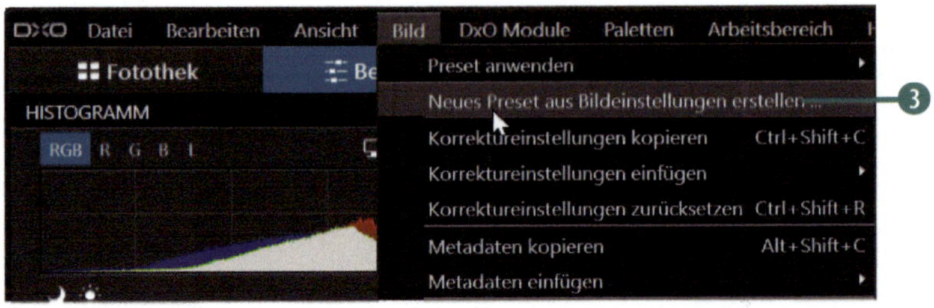

Nach dem Aufruf der Funktion wird das folgende Dialogfeld geöffnet. Dabei wird der Ordner ***DxO/DxO PhotoLab 9/Presets*** ❹ geöffnet, in dem die Standard-Presets untergebracht sind.

Die Presets sind in unterschiedlichen Ordnern ❺ gespeichert, die den Kategorien entsprechen, die Sie aus dem Dialogfeld ***Preset anwenden*** kennen. Sie könnten für eigene Presets auch einen eigenen Ordner erstellen. Geben Sie einen aussagekräftigen Namen für das Preset ein ❻.

Legen Sie den Speicherort für Ihr Preset fest.

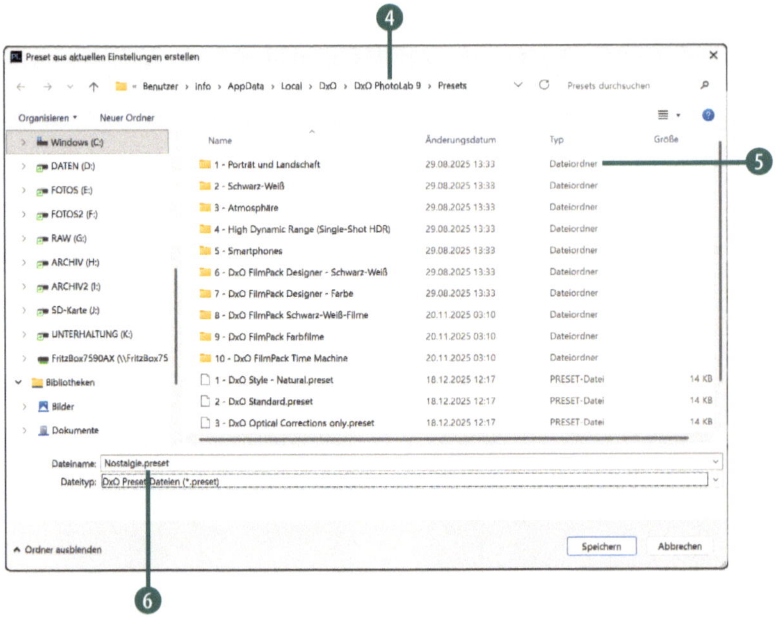

Strukturen

Die Ordnerstrukturierungen lassen sich auch mithilfe des Windows-Ordnerfensters vornehmen. DxO liest bei einem Neustart die Ordnerstrukturen neu ein.

Nach dem Speichern finden Sie das neue Preset im Dialogfeld *Preset anwenden* wieder 7 und können es an weiteren Bildern ausprobieren.

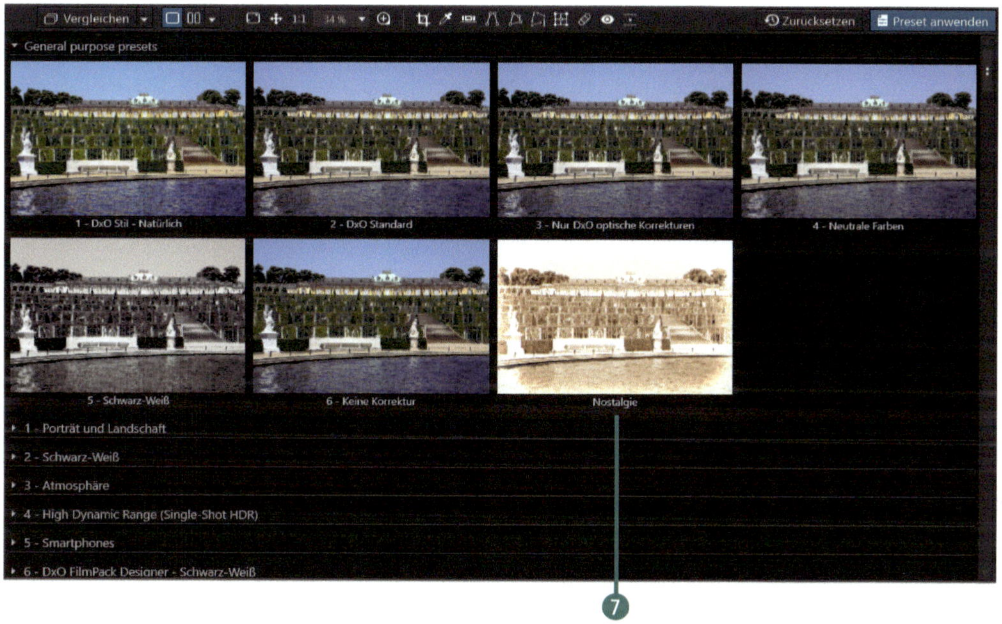

Hier sehen Sie das neu erstellte Preset.

Erweiterte Preset-Optionen

Auf der linken Seite des Arbeitsbereichs finden Sie die Palette *Preseteditor*. Die Optionen nutzen Sie zum Verwalten der Presets.

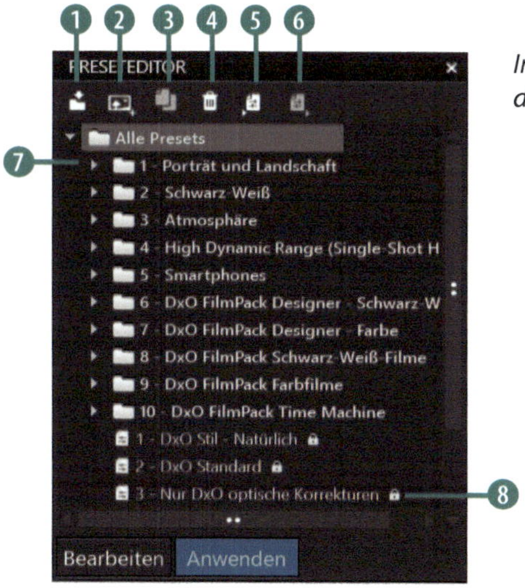

Im »Preseteditor« finden Sie diverse Optionen für Presets.

Übernahmen

Sollten Sie das Bild, auf das das Preset angewendet werden soll, bereits mithilfe von Werkzeugen bearbeitet haben, werden diese »überschrieben«. Es kommen nur die Werkzeuge des Presets zum Einsatz.

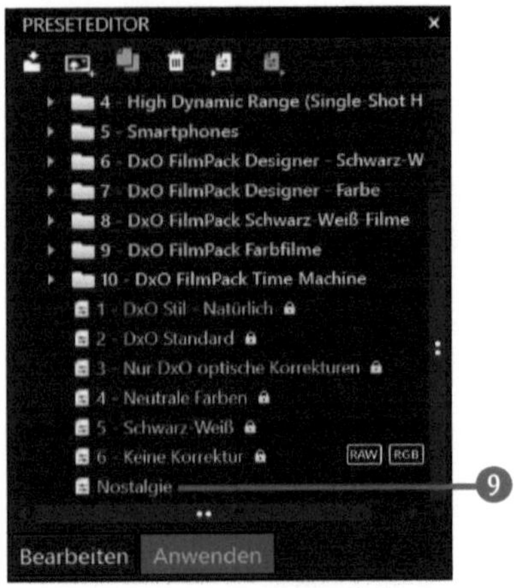

Am Ende der Liste finden Sie die eigenen Presets.

In der Liste ❼ finden Sie alle Presets, die so strukturiert sind wie im Dialogfeld ***Preset anwenden***. Auch die eigenen Presets ❾ sind hier enthalten. Die Kopfzeile der Palette hält verschiedene Optionen zum Verwalten der Presets bereit:

- Mit der ersten Schaltfläche ❶ können Sie einen neuen Ordner erstellen, sofern Sie diese Aufgabe nicht im Windows-Ordnerfenster erledigen wollen.
- Wenn Sie beim aktuellen Bild Einstellungen angepasst haben, können Sie mit der zweiten Schaltfläche ❷ ein neues Preset mit den aktuellen Einstellungen erzeugen.
- Nutzen Sie die nächste Schaltfläche ❸, wenn Sie das markierte Preset kopieren wollen. Das kann nützlich sein, wenn Sie ein weiteres Preset mit veränderten Einstellungen benötigen.
- Mit der folgenden Schaltfläche ❹ können Sie eigene Presets löschen. Die mitgelieferten Presets können nicht gelöscht werden, signalisiert durch das Schlosssymbol hinter dem Eintrag ❽.
- Die vorletzte Schaltfläche ❺ dient dem Importieren von Presets.
- Die letzte Schaltfläche ❻ benötigen Sie, um Presets zu exportieren. Das kann beispielsweise wichtig werden, wenn Sie Presets auf einem anderen Rechner einsetzen und sich das Neuerstellen ersparen wollen.

Presets bearbeiten

Sie können gespeicherte Presets nachträglich anpassen.

Bearbeiten Sie hier Ihre eigenen Presets.

Markieren Sie das eigene Preset ❶, das Sie anpassen möchten. Rufen Sie die *Bearbeiten*-Schaltfläche ❷ auf. Anschließend sehen Sie eine veränderte Ansicht bei den Werkzeugen – diese werden jetzt blau unterlegt ❹.

Sie können nun beispielsweise einzelne Werkzeuge deaktivieren ❸ oder bearbeiten. Speichern Sie die Bearbeitungen mithilfe dieser ❺ Schaltfläche ab oder verwerfen Sie sie mit diesem ❻ Symbol.

5.5 HSL-Palette nutzen

Bisher wurde immer das gesamte Bild bearbeitet. DxO PhotoLab bietet aber mit dem *HSL*-Werkzeug eine Möglichkeit, nur bestimmte Farbbereiche des Fotos zu modifizieren. So soll in diesem Beispiel die Farbe des Treckers verändert werden.

Kap5_08.jpg

Dieses Ausgangsbild soll bearbeitet werden.

Sie können das *HSL*-Werkzeug einsetzen, indem Sie eine der acht Farbvorgaben ❶ auswählen, um den betreffenden Farbton anzupassen. Mit dem weißen Farbfeld wird das Gesamtbild verändert. Sie können auch einen Farbton aus dem Bild aufnehmen ❸.

Im sogenannten DxO ColorWheel ❷ (= Farbrad) werden die Veränderungen vorgenommen. Zudem gibt es vier Optionen ❹, um *Sättigung*, *Vibrancy*, *Luminanz* und *Angleichung* festzulegen.

Sie können die Farbtöne des gesamten Bildes anpassen, indem Sie den Regler 6 im Farbrad verziehen. Ein Markierungspunkt 5 weist darauf hin, dass alle Farben angepasst werden. Das führt im Beispiel dazu, dass nicht nur die roten Karosserieteile, sondern auch die gelben Felgen 7 verändert werden.

Hier wurden die Farben mit dem Farbrad verändert.

Mit diesem Symbol 9 setzen Sie die Einstellungen zurück. Das Umfärben der gelben Felgen lässt sich vermeiden, wenn Sie die rote Farbe 8 im Bild auswählen. Sie sehen dann diverse Markierungspunkte 10, die den Farbbereich kennzeichnen.

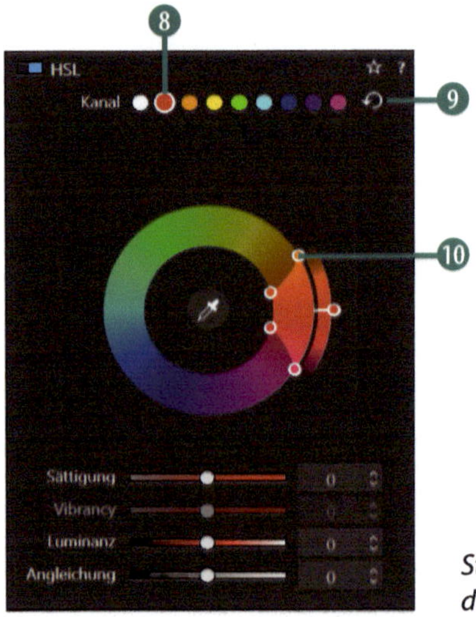

Stellen Sie einen Farbbereich ein, den Sie anpassen wollen.

Farbbereich

Sie können den Farbbereich, der verändert werden soll, anpassen, indem Sie die vier Markierungspunkte im Farbrad per Drag and Drop mit gedrückter linker Maustaste auf neue Positionen verschieben.

Bewegen Sie den Markierungspunkt ⑪ mit gedrückter linker Maustaste im Farbrad, um die Veränderung der Farben festzulegen.

Wenn Sie einen Farbton festgelegt haben, werden die unteren Optionen ⑫ verfügbar, die Sie beim Verändern aller Farben nicht nutzen können.

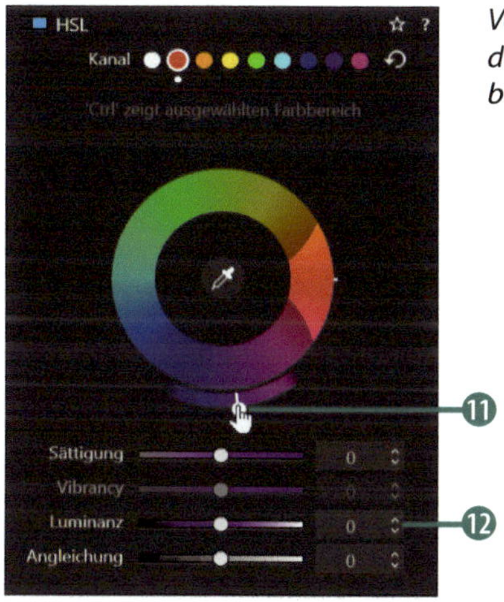

Verändern Sie die Farbe für den ausgewählten Farbbereich.

Angleichung

Den ***Angleichung***-Wert setzen Sie ein, um auf die Homogenität einzuwirken. Mit einem höheren Wert werden die Farbtonschwankungen verringert. Mit einem geringeren Wert erhält ein Farbton mehr Varianten.

Sie sehen nachfolgend, dass durch das Auswählen und Verändern ⑬ des roten Farbtons die gelben Felgen nicht verändert wurden – lediglich die roten Teile sind von der Änderung betroffen.

Hier änderte sich nur die rote Farbe.

Schwarz-Weiß-Farbe-Variationen

Sie können die Möglichkeiten des *HSL*-Werkzeugs auch einsetzen, um ein effektvolles Ergebnis zu erzielen, bei dem Teile des Bildes schwarz-weiß und andere farbig sind.

Im folgenden Beispiel wurde zunächst das rote ❶ Farbfeld verändert ❷ – Sie können alternativ aber auch das Ausgangsbild verwenden.

Für die Vorlage wurde die Karosserie erst einmal umgefärbt.

Gehen Sie dann folgendermaßen vor:

1. Klicken Sie auf das Pipettensymbol ❸, um die Farbe aus dem Bild aufzunehmen, die angepasst werden soll ❹.

Nutzen Sie die Pipette, um eine Farbe aus dem Bild aufzunehmen.

Symbole

Wenn Sie die Pipette aktiviert haben, sehen Sie oben links im Bild eine Skala ❺, mit der Sie festlegen, wie groß der berücksichtigte Bereich bei der Farbaufnahme sein soll. Außerdem können Sie den Anpassungsvorgang zurücksetzen ❻.

2. Stellen Sie nach der Farbaufnahme eine *Sättigung* von −100 ❽ ein, damit ein schwarz-weißer Bereich entsteht. Dabei fällt auf, dass Teile der Felge ❼ nicht erfasst sind.

Hier wurden zu wenige Bildteile verändert.

3. Sie können dieses Manko korrigieren, indem Sie den Bereich der erfassten Farben durch Verziehen der Markierungspunkte ⑩ deutlich vergrößern. Wenn Sie dabei die [Strg]-Taste drücken, werden nur die betroffenen Farben des Bereichs im Bild angezeigt. Der Rest des Bildes erscheint in Schwarz-Weiß ⑨ – das hilft bei der Beurteilung.

Hier wird nur der ausgewählte Farbbereich angezeigt.

eister
ACHTUNG WILD!
Jägermeister
WILD!
Jäger

Belichtung optimieren

DxO PhotoLab bietet in der Belichtung-Rubrik diverse Werkzeuge an, um Tonwerte des Bildes zu optimieren. So können Sie falsch belichtete Bilder korrigieren oder die Tonwerte so anpassen, dass ein brillanteres Ergebnis entsteht. Auch die Simulation von HDR-Bildern ist mit den Werkzeugen dieser Rubrik möglich. Welche Möglichkeiten Sie mit den Werkzeugen haben, erfahren Sie detailliert in diesem Kapitel.

6.1 Optimierung der Tonwerte

Die *Belichtung*-Rubrik ❶ enthält sieben Werkzeuge, die der Optimierung der Tonwerte dienen.

Kap6_01.arw

Das *Belichtung*-Werkzeug ❷ können Sie einsetzen, wenn das Bild nicht optimal belichtet wurde und daher zu dunkel oder – wie das folgende Ausgangsbild – zu hell erscheint.

Dieses Ausgangsfoto ist zu hell.

Wenn Sie beispielsweise JPEG- oder TIFF-Bilder bearbeiten, gibt es nur die *Belichtung*-Option ❸. Haben Sie dagegen ein RAW-Bild geöffnet, können Sie im *Korrektur*-Listenfeld zwischen unterschiedlichen Optionen ❹ wählen.

Je nach Dateityp haben Sie unterschiedliche Möglichkeiten.

Im Beispiel auf der gegenüberliegenden Seite wurde die Option *Priorität Spitzlichter - Stark* ❺ der *Korrektur*-Liste verwendet.

Dabei werden die Details in den hellsten Bildpartien herausgearbeitet. Durch die Anpassungen entsteht ein brillanteres Ergebnis.

Hier wurde eine Vorgabe angewendet.

Wenn Sie im *Korrektur*-Listenfeld die *Manuell*-Option wählen, können Sie den Grad der Belichtungskorrektur festlegen. So wurde nachfolgend das Foto um einen halben Lichtwert 6 unterbelichtet.

Dieses Bild wurde um einen halben Lichtwert unterbelichtet.

Setzen Sie die Option *Mittenbetont integral* ein, um die Belichtung in der Bildmitte zu optimieren. Das ist beispielsweise nützlich, wenn sich das Motiv in der Bildmitte befindet. Belichtungskorrekturen sind übrigens in bis zu vier Lichtwertstufen möglich.

6.2 DxO Smart Lighting einsetzen

Das Werkzeug *DxO Smart Lighting* ist gut geeignet, um dunkle Bereiche eines Bildes zu optimieren. Das könnten zum Beispiel Gegenlichtaufnahmen oder dunkle Szenen sein. Dies soll anhand des folgenden Ausgangsbildes ❶ gezeigt werden.

Das Werkzeug »DxO Smart Lighting« eignet sich besonders gut, um Bilder mit Personen zu optimieren.

Kap6_02.jpg

Dies sind die Standardeinstellungen des Werkzeugs »DxO Smart Lighting«.

Sie können dieses Werkzeug bei allen Bildern einsetzen – es eignet sich aber besonders gut für Personenfotos.

Wenn Sie das Werkzeug aktivieren, wird standardmäßig die *Homogen*-Option ❷ mit einer *Intensität* von 25 ❸ eingestellt. DxO PhotoLab untersucht das Bild und passt die dunklen Bereiche des Bildes automatisch an. Im Beispiel ist das besonders gut am Hintergrund zu erkennen.

Wollen Sie die dunklen Bildpartien noch weiter aufhellen, können Sie beispielsweise einen *Intensität*-Wert von 50 ❹ einstellen.

Hier wurde die Intensität erhöht.

Zum Variieren der Intensität können Sie auch die Optionen im Listenfeld der *Modus*-Option ❺ verwenden. Wird der *Intensität*-Wert manuell verändert, wird automatisch die *Manuell*-Option eingestellt.

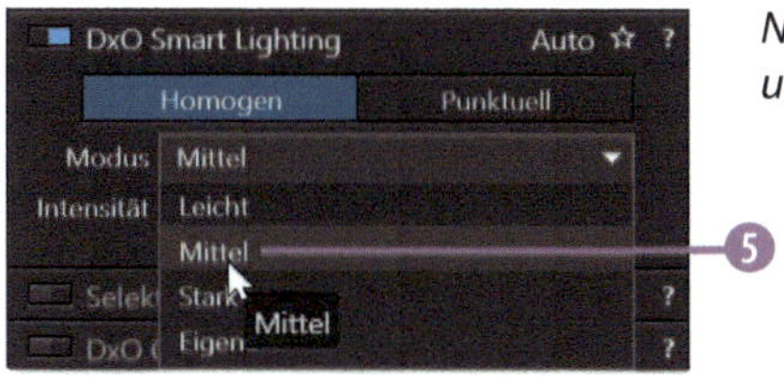

Nutzen Sie eine der Vorgaben, um die Intensität zu variieren.

Werte

Die Einstellung ***Leicht*** steht für einen ***Intensität***-Wert von 25, ***Mittel*** von 50 und ***Stark*** von 75.

Interessant ist die *Punktuell*-Option ❻. Dabei sucht DxO PhotoLab im Bild nach Gesichtern ❼. Die Optimierung des

Gesamtbildes konzentriert sich dann auf die optimale Darstellung der Gesichter. Im folgenden Beispiel wurde der Modus *Mittel* eingestellt, was für einen *Intensität*-Wert von 50 ⑧ sorgt. Damit entsteht ein harmonisch wirkendes Ergebnis.

Hier wurden die Korrekturen auf die erkannten Gesichter ausgerichtet.

Wenn das Bild keine Gesichter enthält oder sie nicht erkannt werden, sehen Sie einen entsprechenden Hinweis ⑨.

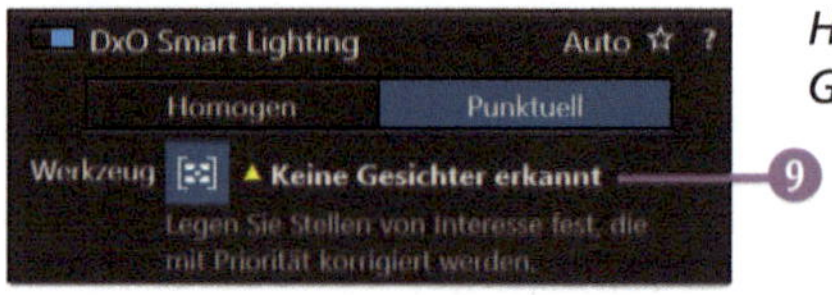

Hier wurden keine Gesichter erkannt.

Gibt es im Bild keine Gesichter ⑪, können Sie mit dem Werkzeug einen Rahmen aufziehen ⑩.

Ziehen Sie einen Rahmen auf.

Kap6_04.jpg

Nach dem Aufziehen des Rahmens wird das Bild so angepasst, dass die markierten Schattenbereiche mehr Details zeigen. Bei Bedarf können Sie den *Intensität*-Wert ⓬ anpassen, um die Wirkung zu verstärken oder zu reduzieren.

Hier wurden die dunklen Bereiche des Baums optimiert.

Wurden Gesichter erkannt, können Sie sie anzeigen, indem Sie auf dieses ⓯ Werkzeug klicken. Die erkannten Gesichter werden dann mit einem Rahmen versehen ⓭.

Die erkannten Gesichter werden gekennzeichnet.

> **Skalieren**
> Das Skalieren des Markierungsrahmens kann sinnvoll sein, wenn ein größerer Bereich bei der Optimierung berücksichtigt werden soll.

Sollen die Rahmen ausgeblendet werden, deaktivieren Sie dieses (16) Kontrollkästchen. Sie können die Rahmen skalieren (14) oder verschieben. Auch das Neuaufziehen eines weiteren Rahmens ist möglich. Um die Bearbeitung zu beenden, klicken Sie auf die *Schließen*-Schaltfläche (17).

6.3 Selektive Tonwertkorrektur

Das Werkzeug *Selektive Tonwerte* (2) haben Sie bereits in unterschiedlichen Workshops kurz kennengelernt. Es soll nun detailliert anhand des folgenden Fotos (1) vorgestellt werden.

Bei diesem Bild sollen die Tonwerte optimiert werden.

Kap6_03.jpg

Hier wurden die Schatten und die Tiefen leicht aufgehellt.

Nutzen Sie die *Schatten*-Option, um die dunklen Bereiche im Bild abzudunkeln oder aufzuhellen. Im Beispiel wurden sie mit dem positiven Wert 10 leicht aufgehellt. Mit dem gleichen Wert ❸ wurden die *Tiefen* aufgehellt. Die *Tiefen*-Option dunkelt die schwarzen Tonwerte ab oder hellt sie auf. Wählen Sie die *Spitzlichter*-Option, wenn Sie die hellen Bildbereiche mit negativen Werten abdunkeln oder mit positiven Werten aufhellen möchten. Die *Mitteltöne*-Option passt die mittleren Tonwerte an. Nachfolgend wurden beide Werte auf −10 ❹ eingestellt.

Die beiden ersten Optionen passen die hellen und mittleren Tonwerte an. Das untere Ergebnis hat Ähnlichkeit mit einem HDR-Bild.

> **HDR-Bilder**
>
> Wenn Sie HDR-Bilder simulieren wollen, sollten Sie keine allzu hohen Werte einstellen, da ansonsten unnatürlich wirkende Ergebnisse entstehen.

Beim Bild auf der vorherigen Seite wurde der *Spitzlichter*-Wert −40 verwendet, um die hellen Bereiche deutlich abzudunkeln, was sich besonders auf die Wolkenstrukturen auswirkte. Die *Mitteltöne* ❺ wurden mit dem Wert −20 abgedunkelt.

Für die *Schatten* und *Tiefen* wurde jeweils der Wert 20 eingestellt, um diese Bereiche aufzuhellen. Sie können die HDR-ähnliche Wirkung auch durch Kombination zweier Werkzeuge erreichen.

So wurde nachfolgend – ausgehend vom oberen Bild auf der vorherigen Seite – zusätzlich das Werkzeug *DxO ClearView Plus* mit dem *Intensität*-Wert 40 ❻ angewendet. Die Veränderungen fallen besonders im Bereich des Himmels auf.

Hier wurden zwei Werkzeuge miteinander kombiniert.

6.4 DxO ClearView Plus einsetzen

Das Werkzeug *DxO ClearView Plus* können Sie einsetzen, um Dunst oder andere atmosphärische Störungen aus dem Bild zu entfernen.

Es eignet sich aber auch für weitere Aufnahmen, um beispielsweise den Himmel zu verstärken oder Landschaften klarer zur Geltung kommen zu lassen. Sie können Werte von 0 bis 100 einstellen, wobei 50 die Standardvorgabe ist. Im folgenden Beispiel wurde der Wert 60 ❶ verwendet.

❶

Hier kam das Werkzeug »DxO ClearView Plus« zum Einsatz.

Das Werkzeug *DxO ClearView Plus* kann vielfältig eingesetzt werden, um Bilder zu optimieren. Durch das Verstärken des Kontrasts eignet es sich für viele Motive.

Wenn Sie Landschaftsaufnahmen optimieren, erscheinen sowohl die Bereiche des Himmels als auch das Grün der Landschaft brillanter. Das soll anhand des folgenden Ausgangsbildes ❷ demonstriert werden.

❷

Dieses Bild soll mit dem Werkzeug »DxO ClearView« bearbeitet werden.

Kap6_04.jpg

Wenn Sie das Werkzeug aktivieren, wird der Standard-*Intensität*-Wert 50 ❸ eingestellt, was zum nachfolgend gezeigten

Ergebnis führt. Es entsteht eine Wirkung, die einer HDR-Variante ähnelt. So erscheinen die dunkleren Bereiche aufgehellt und die hellen Bereiche abgedunkelt. Das fällt besonders im Bereich des Himmels auf.

Hier wurde der Standardwert des Werkzeugs »DxO ClearView« verwendetz.

Sie können die Wirkung durch höhere Werte weiter verstärken. So kam beim nachfolgend gezeigten Bild der Höchstwert 100 (4) zum Einsatz.

Hier wurde der Maximalwert eingestellt.

6.5 Kontraste verbessern

Das *Kontrast*-Werkzeug hält verschiedene Optionen bereit, um den Kontrast des Bildes zu verbessern. Das soll anhand des folgenden Ausgangsbildes ❶ gezeigt werden.

Bei diesem Ausgangsbild soll der Kontrast optimiert werden.

Kap6_05.jpg

Klicken Sie auf den Link *Weitere Optionen* ❷, um drei zusätzliche Optionen ❸ aufzurufen.

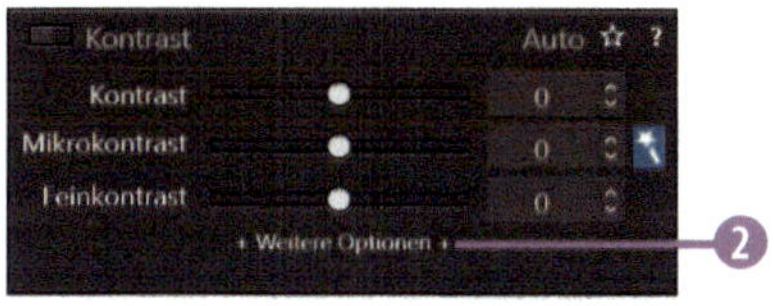

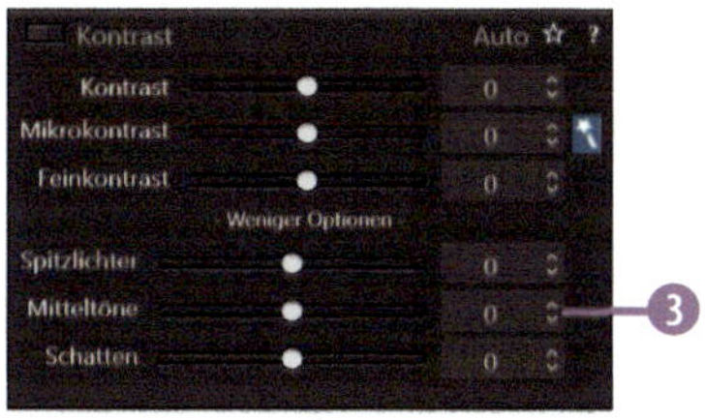

Sie können für dieses Werkzeug weitere Optionen einblenden.

Mit der *Kontrast*-Option können Sie den Kontrast global anpassen. So wurde nachfolgend der Wert 50 ❹ (Bild auf der folgenden Seite) zur Kontraststeigerung eingestellt. Wenn Sie negative Werte eingeben, wird der Kontrast reduziert.

Für den *Mikrokontrast* gibt es eine automatische Option, die bei JPEG- oder TIFF-Bildern aber auf 5 ❺ begrenzt ist.

Diese Option sorgt dafür, dass der Kontrast an Konturen erhöht wird. Das führt dazu, dass das Bild schärfer erscheint. Mit negativen Werten zeichnen Sie die Details weich, was zu einem »soften« Ergebnis führt.

Mikrokontrast

Die Automatik der ***Mikrokontrast***-Option kann Gesichter erkennen. Diese Partien bleiben unverändert. Außerdem wird digitales Rauschen erkannt und nicht übermäßig verstärkt.

Hier wurde der Kontrast erhöht.

Die *Feinkontrast*-Option hebt mittelgroße Bilddetails hervor. Mit negativen Werten können Sie diese Bereiche weichzeichnen. Diese Vorgehensweise eignet sich beispielsweise bei Porträts, um diese weicher erscheinen zu lassen. Die beiden folgenden Bilder demonstrieren Ihnen die Auswirkungen positiver und negativer Werte. So wurde beim Bild unten der Wert 50 für den *Mikrokontrast* und 20 für den *Feinkontrast* 6 eingestellt. Beim Bild auf der nächsten Seite wurden die gleichen Werte in ihren negativen Varianten 7 genutzt.

Hier wurden positive Werte eingestellt.

Sie erkennen die Unterschiede besonders am Schiffskörper. Im vorherigen Bild sind die Details erkennbar, im folgenden Bild sind sie dagegen weichgezeichnet.

Hier wurden negative Werte verwendet.

Wenn Sie die weiteren Optionen aufgeklappt haben, können Sie den Kontrast für *Spitzlichter*, *Mitteltöne* und *Schatten* erhöhen oder senken. Um die Auswirkungen zu demonstrieren, wurde beim folgenden Bild für alle drei Optionen der Maximalwert 100 (8) eingestellt.

Hier wurden bei den weiteren Optionen die Maximalwerte verwendet.

Hier wurden bei den weiteren Optionen die Minimalwerte genutzt.

Beim folgenden Bild wurden dagegen die Minimalwerte –100 ⑨ eingestellt. Die beiden Ergebnisse unterscheiden sich deutlich voneinander.

6.6 Arbeiten mit der Tonwertkurve

Dieses Ausgangsbild ① wird im Folgenden bearbeitet.

Dieses Foto soll optimiert werden.

Kap6_06.jpg

Das *Tonwertkurve*-Werkzeug kann sehr vielseitig für die Bildoptimierung eingesetzt werden.

Im rechten Bereich der Gradationskurve werden die hellen Tonwerte bearbeitet, im linken Bereich die dunklen.

Ziehen Sie im rechten Bereich einen Markierungspunkt ② nach oben, um die hellen Tonwerte aufzuhellen. Ziehen Sie links einen neuen Markierungspunkt nach unten ③, um die dunklen Tonwerte abzudunkeln.

Die daraus entstandene S-Form sorgt für ein kontrastreicheres Ergebnis.

Markierungspunkte

Sie können einen neuen Markierungspunkt erzeugen, indem Sie auf die betreffende Stelle auf der Linie klicken. Um einen Markierungspunkt zu löschen, klicken Sie ihn mit der rechten Maustaste an.

Mit dieser Tonwertkurvenform erhöhen Sie den Kontrast.

Standardmäßig werden mit der *RGB*-Option ④ die Tonwerte aller Farbkanäle angepasst.

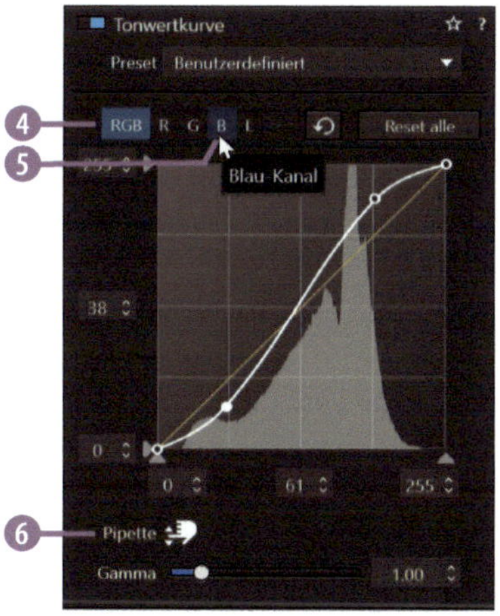

Wählen Sie aus, welcher Farbkanal bearbeitet werden soll.

Pipette

Mit der Pipette ⑥ können Sie einen Tonwert aus dem Bild aufnehmen, der dann in der Tonwertkurve mit einem neuen Knotenpunkt markiert wird.

Das Beispielbild wurde gegen Abend aufgenommen und zeigt daher warme – rötliche – Farben. Um eine kühlere – bläuliche – Farbwirkung zu erreichen, können Sie im Listenfeld den blauen Farbkanal auswählen 5.

Ziehen Sie einen neuen Markierungspunkt in der Mitte nach oben 7, um die mittleren Tonwerte im blauen Farbkanal aufzuhellen. Diese Anpassung sorgt dafür, dass der Farbstich entfernt ist.

Hier wurde der Farbstich entfernt.

Wollen Sie die Einstellungen eines Farbkanals zurücksetzen, nutzen Sie diese 8 Schaltfläche.

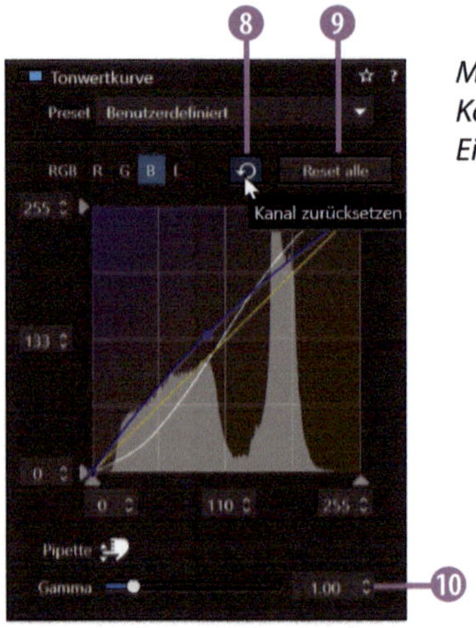

Mit den Schaltflächen im Kopfbereich setzen Sie die Einstellungen zurück.

Sollen die Anpassungen in allen Farbkanälen zurückgenommen werden, klicken Sie auf die Schaltfläche *Reset alle* ⑨.

Mit dem *Gamma*-Wert ⑩ werden die mittleren Tonwerte angepasst, ohne dass Sie einen Markierungspunkt verwenden müssen. Die Kurve wird automatisch angepasst, wenn Sie den Wert ändern. Werte unter dem Standardwert 1.00 dunkeln die mittleren Tonwerte des ausgewählten Farbkanals ab, positive Werte hellen sie auf.

Tonwerte abschneiden

Beim Verformen der Kurve bleiben alle Tonwerte erhalten – sie werden lediglich aufgehellt oder abgedunkelt. Sie können die Gradationskurve aber auch nutzen, um Tonwerte abzuschneiden.

Es ist wahlweise möglich, die beiden Standardmarkierungspunkte ① zu verschieben oder die betreffenden Werte in die Eingabefelder einzugeben. So wurde nachfolgend der Kontrast erhöht, indem bei den hellen Tonwerten der Wert 20 ③ eingegeben wurde. Das führt dazu, dass die ganz hellen Tonwerte in Weiß umgewandelt werden. Bei den dunklen Tonwerten wurde der Wert 235 ② gewählt. Dadurch werden die ganz dunklen Tonwerte in Schwarz umgewandelt. Durch diese Anpassungen ergibt sich ein kontrastreicheres Ergebnis.

Tonwertbereich

Der Tonwertbereich erstreckt sich übrigens von 0, was Schwarz entspricht, bis 255 – das ergibt Weiß.

Hier wurde durch das Abschneiden von Tonwerten der Kontrast erhöht.

6.7 Vignettierungen korrigieren

Wenn Sie minderwertige Objektive einsetzen – und mit offener Blende fotografieren –, kann es vorkommen, dass die Ecken des Fotos abgedunkelt erscheinen. Diesen negativen Effekt nennt man »Vignettierung«.

Beim nachfolgenden Beispiel ❶ muss erwähnt werden, dass dieses Foto zur Demonstration der Vignettierung absichtlich fehlerhaft erstellt wurde. Das Bild wurde nicht künstlich bearbeitet – es sieht im Original so aus.

Bei diesem Ausgangsbild soll die starke Vignettierung reduziert werden. In der Praxis werden Ihnen so starke Vignettierungen wohl kaum begegnen.

Kap6_07.jpg

Hier wurde die Vignettierung korrigiert.

Im Beispiel wurde ein *Intensität*-Wert von 80 ❷ eingestellt, um die Vignettierung zu lindern. Ganz lässt sie sich nicht beseitigen – das liegt in der Natur der Sache. Sie könnten sich behelfen, indem Sie mit dem Werkzeug *Zuschneiden* aus der *Geometrie*-Rubrik das Bild ein wenig zurechtschneiden.

Die Option *Mittenbetonung* ❸ im Bereich der erweiterten Optionen können Sie für die gegenteilige Aufgabe einsetzen. Wird der Wert erhöht, wird die Bildmitte aufgehellt.

Vignettierungen bei RAW-Bildern

Wenn Sie ein RAW-Bild bearbeiten, stehen Ihnen beim *Vignettierung*-Werkzeug erweiterte Möglichkeiten zur Verfügung. Stellen Sie im *Korrektur*-Listenfeld die Option *Automatisch mit DxO Modul* ❶ ein.

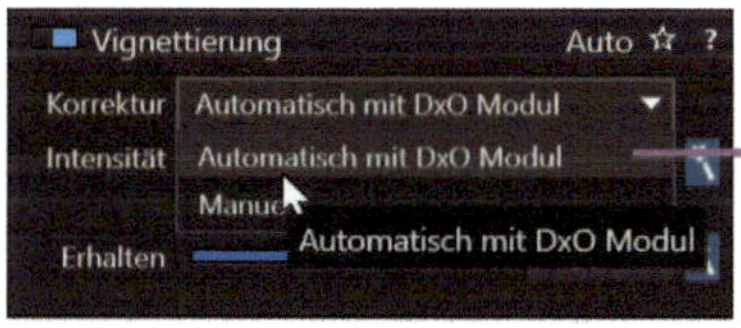

Bei RAW-Bildern haben Sie erweiterte Möglichkeiten.

Damit werden die Korrekturen anhand vorliegender Korrekturdaten automatisch ❷ vorgenommen. Mit einem höheren *Erhalten*-Wert ❸ werden Spitzlichter- und Schattenbereiche vor Veränderungen geschützt.

Hier wurde die Vignettierung automatisch korrigiert. Das Ausgangsbild finden Sie auf Seite 142 in diesem Kapitel.

TRUDERING
TRUDERING
4
2

Farben gezielt anpassen

DxO PhotoLab bietet in der Farbe-Rubrik sechs Werkzeuge an, die Sie nutzen können, um die Farben des Bildes anzupassen. So können Sie das Bild beispielsweise durch eine verbesserte Farbsättigung brillanter erscheinen lassen oder bestimmte Farbbereiche optimieren. Auch für Schwarz-Weiß-Bilder gibt es Optionen, um wirkungsvolle Ergebnisse zu erzielen. Wie Sie die Werkzeuge am besten anwenden, erfahren Sie in diesem Kapitel.

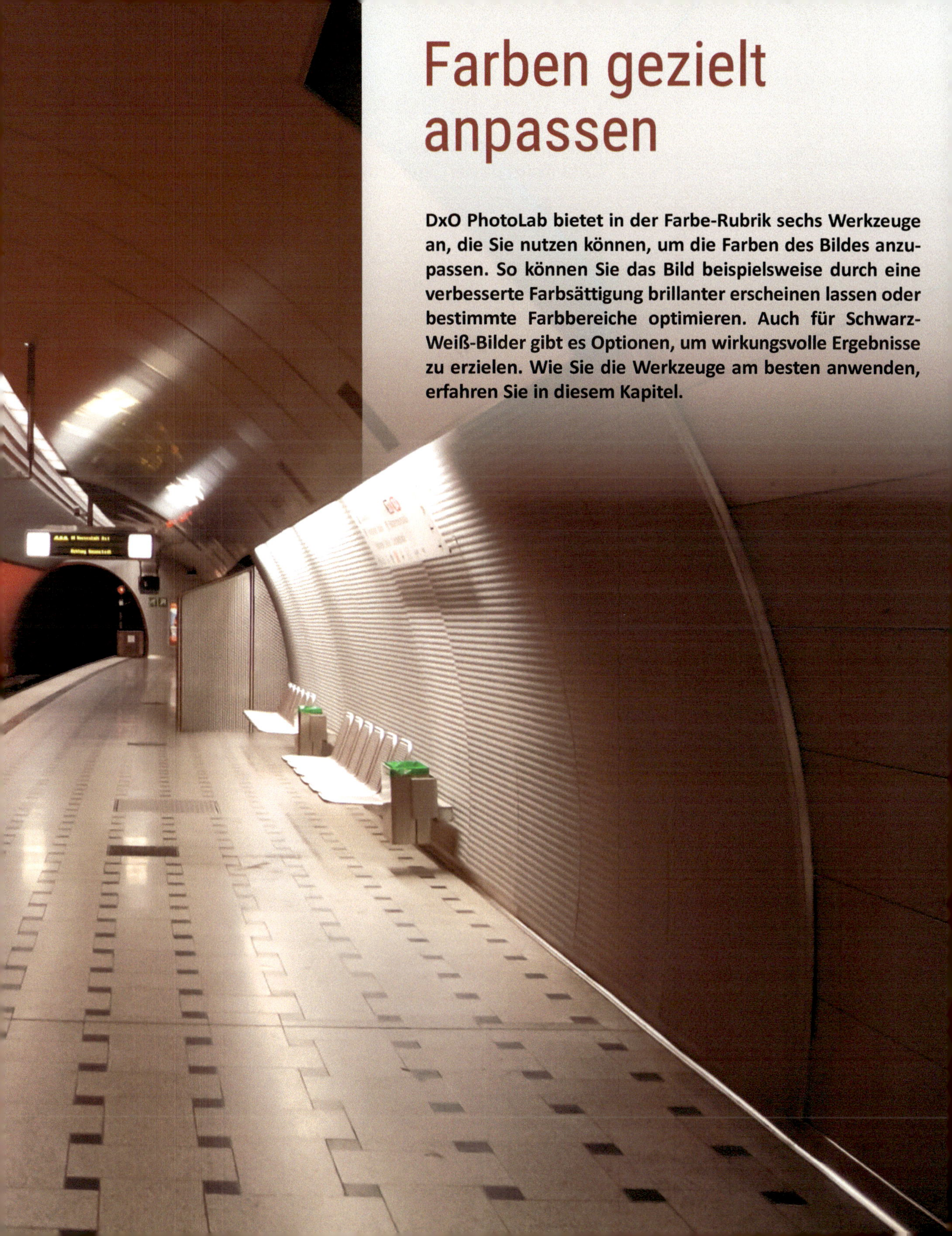

7.1 Weißabgleich mit Schwarz-Weiß-Bildern

In der *Farbe*-Rubrik ❶ finden Sie acht Werkzeuge ❷, um die Farben anzupassen oder schwarz-weiße Varianten zu erzeugen.

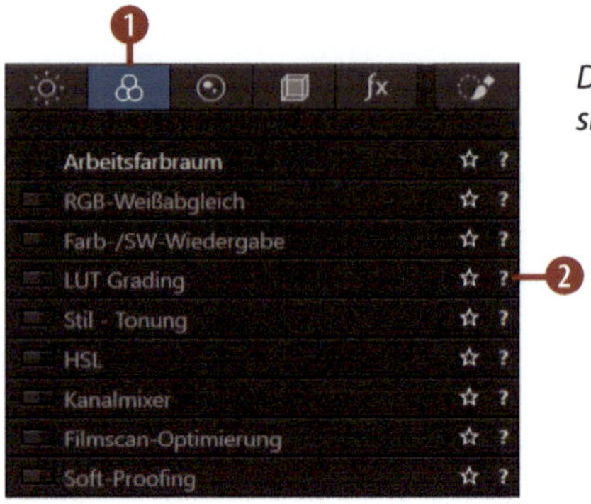

Die »Farbe«-Rubrik enthält sieben Werkzeuge.

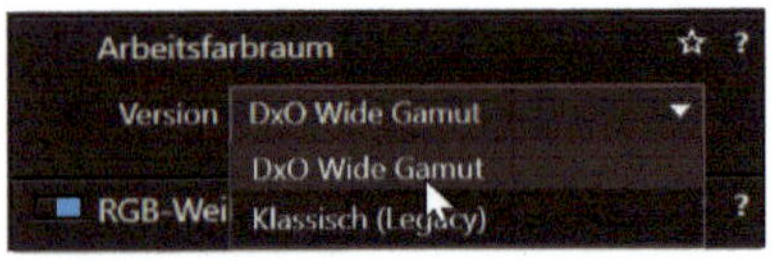

Wählen Sie einen Farbraum aus. Die Option »Klassisch (Legacy)« wurde bis zur Version 5 verwendet.

Kap7_01.tif

Die ***Arbeitsfarbraum***-Option ist kein »Werkzeug«. Mit der Option ***DxO Wide Gamut*** finden die Farbanpassungen im erweiterten Farbraum Adobe RGB statt, der bessere Kontraste und sattere Farben bietet. Inzwischen unterstützen immer mehr Monitore diesen Modus.

Die Möglichkeiten, mit dem Werkzeug ***RGB-Weißabgleich*** die Weißabgleichseinstellungen anzupassen, haben Sie bereits in Kapitel 4 ab Seite 81 kennengelernt. Sie können das Werkzeug aber auch einsetzen, um beispielsweise eine Schwarz-Weiß-Variante zu modifizieren.

Wandeln Sie das Ausgangsbild zunächst in eine Schwarz-Weiß-Variante um.

Wandeln Sie im ersten Arbeitsschritt das Ausgangsbild in eine schwarz-weiße Variante um. Dazu bietet sich das Werkzeug ***Farb-/SW-Wiedergabe*** an. Schalten Sie den SW-Modus ein ❸.

Wenn Sie den ***Farbtemperatur***-Regler nach links schieben ❹, wird das Bild bläulicher. Das führt beim Schwarz-Weiß-Bild dazu, dass unter anderem der Himmel heller erscheint. Schieben Sie den Regler nach rechts ❺, wird das Bild gelblicher. Im Beispiel erscheint dadurch unter anderem die Wiese heller.

Hier wurden kühlere und wärmere Farbtöne eingestellt.

7.2 Für höchste Farbgenauigkeit

Kap5_05a.raf

Jeder Sensor erzeugt eine bestimmte Farbcharakteristik, die von Kameramodell zu Kameramodell variiert. Das Gleiche galt für die Filmtypen zu analogen Zeiten. Das Werkzeug ***Farb-/SW-Wiedergabe*** ❶ greift das auf. Sie können mit diesem Werkzeug verschiedene Kameramodelle und Filmtypen simulieren.

Dieses Ausgangsbild soll verändert werden.

Welche Optionen Sie zur Auswahl haben, hängt einerseits vom Dateityp und andererseits davon ab, ob Sie das ***DxO FilmPack*** installiert haben. Wenn Sie JPEG- oder TIFF-Bilder bearbeiten, finden Sie im ***Typ***-Listenfeld ❷ weniger Optionen als bei RAW-Bildern. Dort gibt es beispielsweise die ***Kamera***-Option ❸.

Je nach Dateityp bietet die Liste unterschiedliche Optionen.

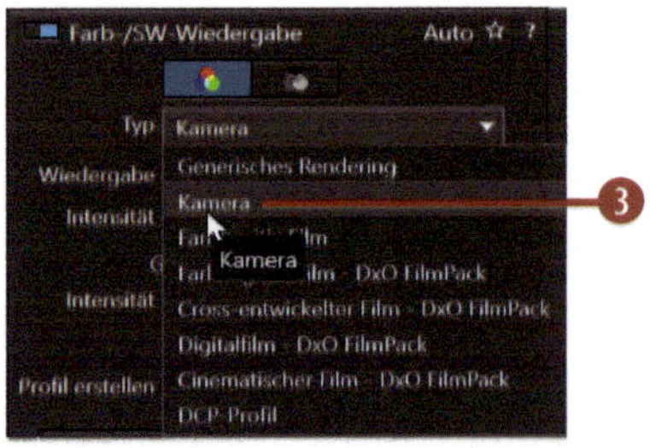

Die ***Wiedergabe***-Liste führt sehr viele Kameramodelle aller wichtigen Hersteller auf. Das Beispielbild wurde mit einer Fuji X-T100 aufgenommen.

Im nachfolgenden oberen Beispiel wurde simuliert, wie der Sensor einer Canon ❹ das Bild aufbereiten würde. Beim unteren Bild wurde eine ***Hasselblad CFV 100C*** ❺ simuliert, die kräftigere Farben erzeugt. Mit dem ***Intensität***-Regler ❻ kann die Stärke variiert werden.

Hier wurde die Farbwiedergabe zweier verschiedener Kameramodelle simuliert.

Wenn Sie in der ***Typ***-Liste die Option ***Farbpositiv Film*** ❼ einstellen, können Sie in der ***Wiedergabe***-Liste zwischen vielen analogen Diafilmen wählen. So wurde nachfolgend im oberen Bild die Option ***Kodak Ektachrome™ 100 VS - DxO FilmPack*** ❽ ausgewählt. Der Ektachrome war zu analogen Zeiten ein sehr beliebter Diafilm. Unten wurde der Film ***Polaroid™ 669 - DxO FilmPack*** ❾ eingestellt, der ein Sofortbild simuliert.

Bei diesen beiden Bildern wurden unterschiedliche Diafilme simuliert.

Die Option ***Gesättigte Farben schützen*** können Sie verwenden, wenn Details in den besonders gesättigten Farbbereichen wiederhergestellt werden sollen. Standardmäßig ist die Automatisch-Option ⑩ (siehe Bild auf der gegenüberliegenden Seite) aktiviert.

In der Kategorie ***Farbnegativ Film - DxO FilmPack*** ⑪ finden Sie viele Farbnegativsimulationen von Filmen, die zu analogen Zeiten bevorzugt eingesetzt wurden.

Dabei gibt es Varianten mit unterschiedlichen ISO-Empfindlichkeiten. Sie erkennen die Empfindlichkeit an der Zahl am Ende des Eintrags. Nachfolgend wurde der hochempfindliche Farbnegativfilm ***Fuji Superia HG™ 1600*** ⑫ eingestellt, mit dem ein kontrastärmeres Ergebnis entsteht.

Hier kam ein Farbnegativfilm mit einer hohen Empfindlichkeit zum Einsatz.

Mit der nächsten Option im ***Kategorie***-Menü – ***Schwarzweißfilm*** ⑬ – können Sie das Bild in eine schwarz-weiße Variante umwandeln.

Mit den Optionen dieser Kategorie können Sie analoge Schwarz-Weiß-Filme nachempfinden.

In der ***Wiedergabe***-Liste finden Sie eine große Anzahl von zu analogen Zeiten sehr verbreiteter Filme. Für das folgende obere

Bild wurde der Filmtyp ***Ilford Pan™ 400*** ⓮ genutzt, beim unteren Bild der Typ ***Rollei Retro™ 80s*** ⓯, ein niedrigempfindlicher Filmtyp.

Gesättigte Farben können mit dem ***Intensität***-Regler bei Schwarz-Weiß-Bildern natürlich nicht geschützt werden, daher ist die Option deaktiviert ⓰. Sie sehen an diesen beiden Beispielen, dass sich die Ergebnisse deutlich voneinander unterscheiden.

Bei diesen beiden Bildern wurden analoge Schwarz-Weiß-Filme simuliert.

7.3 Farben mit LUT Grading ändern

Das Werkzeug *LUT Grading* ist nur verfügbar, wenn Sie den Farbraum *DxO Wide Gamut* ❶ verwenden. Im *Typ*-Listenfeld finden Sie die Optionen *Standard* ❷ und *Premium* ❹. Nutzen Sie die Optionen in der *Rendering*-Liste, um dem Bild einen anderen Farbcharakter zuzuweisen. Bei beiden Typen gibt es farbige ❸ und schwarz-weiße Varianten ❺.

LUT

LUT steht für **L**ook-**U**p-**T**abelle. Das sind Umsetzungstabellen, bei denen Farbtöne gegen andere ausgetauscht werden.

Hier sehen Sie zwei LUT-Varianten. Sie können auch eigene LUT-Tabellen im »cube«-Format laden.

7.4 Bilder per Stil - Tonung veredeln

Welche Möglichkeiten das Werkzeug ***Stil - Tonung*** bietet, haben Sie bereits in Kapitel 5 ab Seite 106 erfahren. Sie können es aber auch einsetzen, um das Bild zu »veredeln«. Möchten Sie es mit zwei Farben einfärben, aktivieren Sie die Rubrik ***Split-Tonung*** ❶. Sie können dann aus den Listenfeldern ***Helle Töne*** und ***Dunkle Töne*** jeweils einen von sechs Farbtönen auswählen, mit denen die hellen und dunklen Tonwerte eingefärbt werden.

Im folgenden Beispiel wurden die hellen Tonwerte mit der Option ***Sepia-Gold*** ❷ – einem bräunlichen Ton – und die dunklen Tonwerte mit der ***Sepia***-Option ❸ eingefärbt. Das Ergebnis wirkt edel. Um ein blasseres Ergebnis zu erhalten – bei dem die Wirkung verstärkt wird –, wurde das ***HSL***-Werkzeug aktiviert. Hier wurde bei ***Vibrancy*** der Wert 50 und bei ***Sättigung*** der Wert −50 eingegeben ❹.

Das Endergebnis wurde mit zwei Farben eingefärbt.

7.5 Bilder optimieren und verfremden

Das ***HSL***-Werkzeug haben Sie in Kapitel 5 ab Seite 135 schon kennengelernt. Sie können es aber nicht nur einsetzen, wenn Sie Bildbereiche umfärben wollen, es lässt sich auch nutzen, um bestimmte Partien zu optimieren oder um Bilder zu verfremden.

Markieren Sie den blauen Kanal ❶, um im ersten Arbeitsschritt den Himmel zu optimieren ❷.

Wenn Sie die ***Sättigung*** auf den Wert 100 ❸ einstellen und den ***Luminanz***-Wert auf –30 ❹, erscheint der Himmel farbkräftiger und ein wenig dunkler. So kommt er besser zur Geltung.

Kap7_02.jpg

Bei diesem Bild soll zunächst der Bereich des Himmels optimiert werden.

Im zweiten Arbeitsschritt, den Sie im unteren Bild sehen, können Sie auch die grünen Tonwerte verbessern. Markieren Sie den *Grün*-Kanal ❺ und erhöhen Sie die *Sättigung* auf den Wert 20 ❻. Der grüne Farbbereich wird dem Wert 10 aufgehellt ❽.

Hier wurden die grünen Tonwerte angepasst.

Anpassungen

Alle Bereiche, die angepasst wurden, werden mit einem Punkt unter dem Farbsymbol ❼ gekennzeichnet.

Verfremdete Bilder erstellen

Sie können das *HSL*-Farbrad auch verwenden, wenn Sie die Farben des gesamten Bildes austauschen wollen, um einen gezielten Effekt zu erzeugen. Wechseln Sie dazu zum Gesamtbild ❶.

Ziehen Sie am Griffpunkt ❷ zum Austauschen der Farben. An den beiden Farbrädern erkennen Sie die Wirkung. Das innere Rad ❸ zeigt die Ausgangsfarbe, das äußere ❹ die Zielfarbe.

Ziehen Sie den Griffpunkt auf die gegenüberliegende Seite des Farbrads ❺, dann sehen Sie im Bild die sogenannten Komplementärfarben (Komplementärfarben liegen sich im Farbkreis gegenüber).

Hier wurden die Farben des Gesamtbildes gegen andere Farben im Farbrad ausgetauscht.

7.6 Schwarz-Weiß-Kanäle anpassen

Im folgenden Workshop wird Ihnen anhand dieses Ausgangsbildes ❶ das *Kanalmixer*-Werkzeug vorgestellt, das zum *DxO FilmPack* gehört.

An diesem Ausgangsbild soll das »Kanalmixer«-Werkzeug demonstriert werden.

Kap7_03.jpg

Sie können dieses Werkzeug beispielsweise einsetzen, um das Aussehen von Schwarz-Weiß-Bildern anzupassen. Dazu dienen die verschiedenen Farbregler ❹ in der Palette. Wandeln Sie das Bild mit dem Werkzeug ***Farb-/SW-Wiedergabe*** ❷ zunächst in eine schwarz-weiße Variante um ❸.

Alternativen

Sie können das Schwarz-Weiß-Bild auch erzeugen, indem Sie beim ***HSL***-Werkzeug eine Sättigung von –100 festlegen. Die Einstellungen, die Sie beim ***Kanalmixer***-Werkzeug vornehmen, wirken dann gleichermaßen.

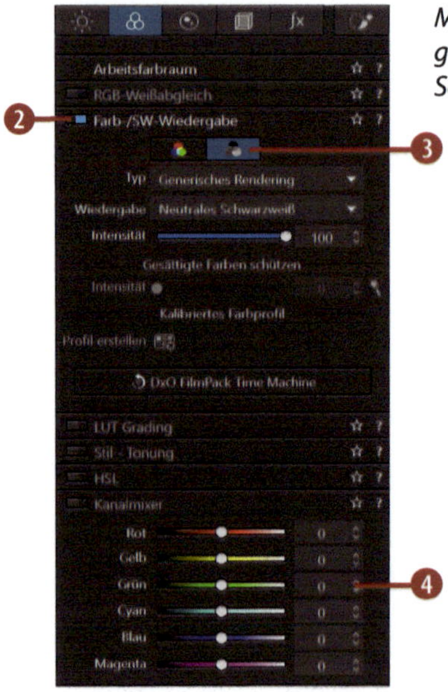

Machen Sie aus dem Ausgangsbild zunächst ein Schwarz-Weiß-Bild.

Nach dem Aktivieren des ***Kanalmixer***-Werkzeugs ❺ sehen Sie die folgende Schwarz-Weiß-Variante.

Beim unteren Bild wurde für die ***Rot***-Option der Maximalwert 100 eingestellt, wodurch der Hintergrund anders erscheint. Sie können zum Anpassen auch den Schieberegler ❻ verwenden. Wenn Sie zusätzlich für den ***Gelb***-Wert −20 ❼ wählen, wird der Frosch etwas abgedunkelt.

Dies sind zwei unterschiedliche Schwarz-Weiß-Varianten.

Hier wurde ein anderes Motiv in eine effektvolle Schwarz-Weiß-Variante umgewandelt.

Es lohnt sich, die Möglichkeiten dieses Werkzeugs einmal bei ganz unterschiedlichen Motiven auszuprobieren. So entsteht beim Ausgangsbild von Seite 165 das nachfolgend oben gezeigte Ergebnis. Hier wurde der Himmel durch den Minimalwert –100 ❽ beim *Blau*-Wert abgedunkelt, und das Gleiche passierte mit den grünen Tonwerten ❾. Der gelbe Raps wurde dagegen im unteren Bild mit dem Maximalwert 100 bei der *Gelb*-Option ❿ aufgehellt.

7.7 Farbnegative in Positive umwandeln

Das Werkzeug ***Filmscan-Optimierung*** können Sie einsetzen, wenn Sie gescannte Farbnegative in Positive umwandeln wollen. Das können Sie zwar auch mit dem ***Tonwertkurve***-Werkzeug erledigen, aber damit ist es schwieriger. Das nachfolgend im oberen Bild gezeigte Ausgangsfoto ❶ soll umgewandelt werden.

Aktivieren Sie das Werkzeug ***Filmscan-Optimierung*** ❷ und dann die Option ***Negativ invertieren*** ❸. Anschließend kann die Gradationskurve ❹ verformt werden.

Farbstich

Früher wurden die Fotos oft auf einer eingefärbten Filmemulsion belichtet – im Beispiel ist sie orangefarben bis rötlich. Beim einfachen Invertieren würde daher ein Farbstich entstehen. Das korrigiert das Werkzeug.

Dieses gescannte Farbnegativbild soll umgewandelt werden.

Kap7_04.jpg

Hier sehen Sie die Standardumwandlung.

Probieren Sie aus, ob eines der Presets zum gewünschten Ergebnis führt. Die Presets sind auf unterschiedliche Filmtypen abgestimmt. Im Beispiel eignet sich das Preset *9* ❺ gut.

Da das Ergebnis etwas zu dunkel erscheint, können Sie die Knotenpunkte der *RGB*-Option ❻, ❼ etwas nach oben links verschieben. Klicken Sie sie dazu an und verschieben Sie sie mit gedrückter linker Maustaste auf die neue Position.

Da das angewandte Preset ein recht dunkles ergab, wurden im unteren Bild die Knotenpunkte angepasst.

Mit der Option *Benutzerdefiniertes Preset speichern* ❽ sichern Sie die Einstellungen ❿. Vergeben Sie einen Namen ❾.

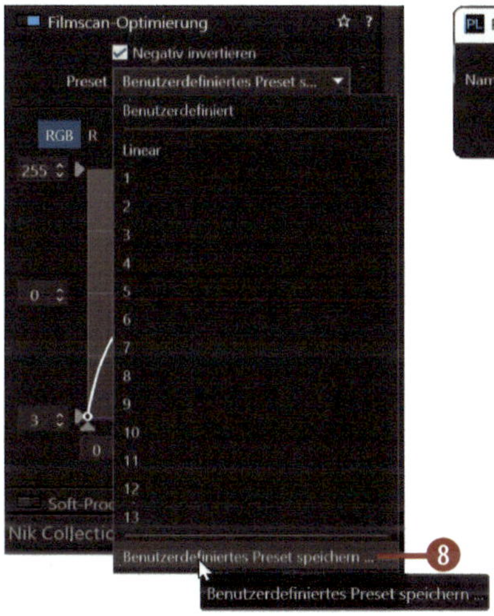

Speichern Sie die eigenen Einstellungen als Preset.

Bearbeitung

Das *Soft-Proofing* dient der zur Ansicht. Wollen Sie das Bild weiter bearbeiten, deaktivieren Sie das Werkzeug.

7.8 Soft-Proofing vor der Bildausgabe

Das letzte Werkzeug dieser Rubrik – *Soft-Proofing* – können Sie einsetzen, wenn Sie überprüfen wollen, wie Ihr Bild beim Ausdruck aussehen wird. In der Liste *ICC Profil* finden Sie verschiedene Vorgaben, Sie können auch ein eigenes Profil laden ❶. Aktivieren Sie dann die Option *Papier und Tinte* simulieren ❷.

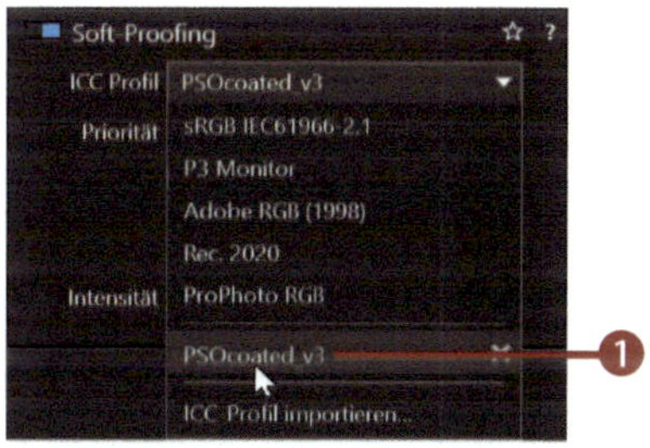

Laden Sie ein eigenes ICC-Profil.

Bildfehler beseitigen und schärfen

In der Details-Rubrik sind fünf Werkzeuge untergebracht, die Sie einsetzen können, um Bildfehler zu beseitigen oder das Foto zu schärfen. Dazu kommen zwei spezielle Werkzeuge für RAW-Bilder. Sie können mit den Werkzeugen beispielsweise Mängel von Objektiven beheben oder Bildfehler – wie etwa Fussel oder rote Augen – entfernen. Wie Sie mit den Werkzeugen am besten umgehen, erfahren Sie anhand verschiedener Workshops in diesem Kapitel.

8.1 Bildrauschen mit Denoising & Demosaicing mindern

Zusätzliche Werkzeuge

Wenn Sie RAW-Bilder bearbeiten, erhalten Sie zwei weitere Werkzeuge, ***Objektivschärfe*** und ***Moiré***.

In der *Details*-Rubrik ❶ gibt es fünf Werkzeuge ❷, die Sie nutzen können, um unterschiedliche Bildfehler zu beseitigen und das Bild zu schärfen.

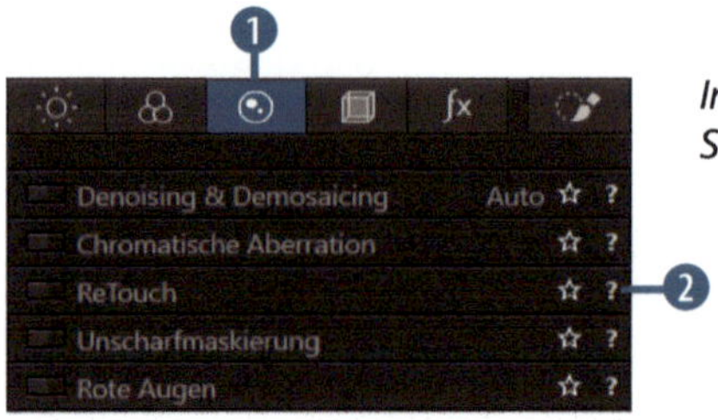

In der »Details«-Rubrik finden Sie fünf Werkzeuge.

Digitalkameras zeigen immer ein mehr oder weniger starkes Bildrauschen, das Sie mit dem Werkzeug ***Denoising & Demosaicing*** ❸ lindern können. Je höher die bei der Aufnahme verwendete ISO-Empfindlichkeit ist, desto eher fällt das lästige Bildrauschen auf. Beim Demosaicing wird das Bayer-Muster des Bildsensors durch Interpolation korrigiert.

Das folgende Ausgangsfoto wurde mit einer recht hohen Empfindlichkeit von ISO 1600 aufgenommen und zeigt daher ein deutliches Bildrauschen.

Dieses Ausgangsfoto wurde mit einer hohen Empfindlichkeit aufgenommen.

Wenn Sie in den Werkzeugoptionen eine andere Qualitätsstufe als ***Standard*** gewählt haben ❺, sehen Sie in der Kopfzeile des Werkzeugs dieses Symbol ❹.

Sie werden darauf hingewiesen, dass Sie mit dem Lupenwerkzeug – das Sie über die Symbolleiste oder per [S]-Taste aufrufen können – eine Vergrößerung einblenden können, um die Wirkung gut beurteilen zu können. Sie können das Fenster mit dem vergrößerten Bildausschnitt per Drag and Drop an die gewünschte Position im Bild verschieben ❻. Suchen Sie einen Bildausschnitt, bei dem das Rauschen deutlich zu sehen ist.

Standard

Die ***Standard***-Option kann sowohl auf RAW-Bilder als auch auf Bilder anderer Dateiformate angewendet werden. Die anderen Optionen lassen sich nur bei RAW-Bildern nutzen.

Nutzen Sie die Lupe für eine vergrößerte Ansicht.

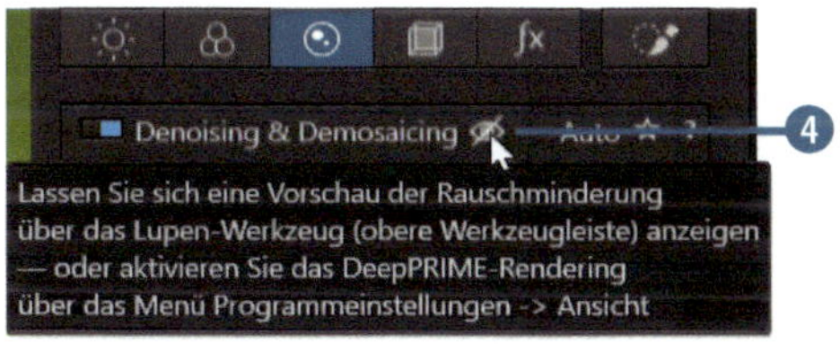

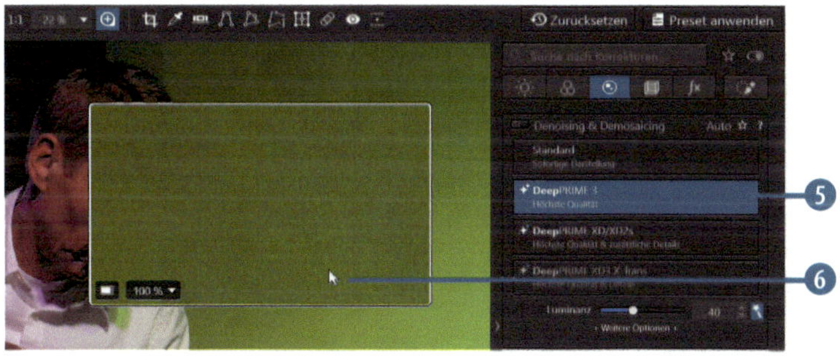

Mit diesem Symbol ❼ können Sie zwischen zwei Fenstergrößen umschalten. Die Vergrößerungsstufe wird in diesem ❽ Listenfeld ausgewählt.

Hier sehen Sie die große Variante des Fensters.

Hier sehen Sie die Auswirkungen der Option »Standard«.

Das Werkzeug ***Denoising & Demosaicing*** korrigiert das Bild standardmäßig mit der ***Standard***-Option 9 automatisch. Die passenden Werte werden dabei automatisch vorgenommen 10.

Die zweite Option heißt ***DeepPRIME 3*** 11. Diese erzeugt eine gute Rauschminderung. Die Berechnung ist schneller als die der nachfolgenden Optionen. Die Optimierung basiert auf KI und neuronalen Netzwerktechnologien (Deep Learning), deren Algorithmen mit Milliarden von Bildern trainiert wurden.

Dieses Ergebnis entsteht mit der »DeepPRIME 3«-Option.

Die dritte Option – *DeepPRIME XD/XD2s* ⓬ – bietet die ultimative Rauschminderung, ebenfalls basierend auf künstlicher Intelligenz. Es ist die fortschrittlichste Variante von *DeepPRIME*. Neben der Korrektur chromatischer Aberrationen – die auch bei *DeepPRIME 3* unterstützt wird – bleiben hier noch mehr Details erhalten, ohne dass Artefakte entstehen. So ist dieser Modus die beste Wahl, auch wenn die Berechnung etwas länger dauert.

DeepPRIME

Die vierte Option mit der Bezeichnung ***DeepPRIME XD3 X-Trans*** kann für Aufnahmen verwendet werden, die mit neueren Fujifilm-Kameras aufgenommen wurden. Sie ist speziell auf die Sensoren dieser Kameras abgestimmt. Sie können alternativ aber auch die anderen Optionen verwenden.

Optionen der Entrauschungsverfahren

Je nachdem, welches Verfahren Sie ausgewählt haben, gibt es verschiedene Möglichkeiten. Standardmäßig werden alle Werte automatisch eingestellt. Sie können die Parameter aber auch manuell verändern.

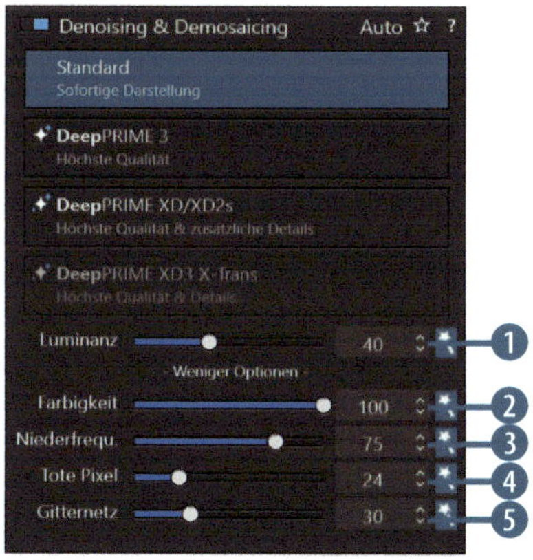

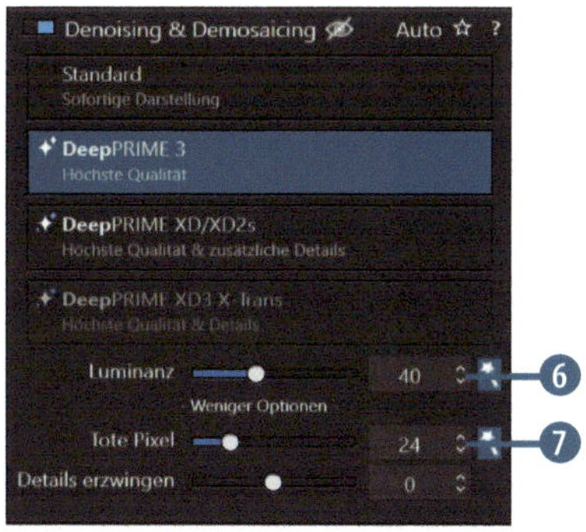

Je nach Entrauschungsverfahren werden unterschiedliche Optionen angeboten.

Details erzwingen

Für die Option ***Details erzwingen*** gibt es keine automatische Variante. Sie ist in den ***DeepPRIME***-Modi verfügbar. Je weiter Sie den Regler nach rechts verschieben, umso stärker werden Details extrahiert, was zu einem schärfen Ergebnis führt. Für ein natürlich wirkendes Ergebnis sollten Sie keinen zu hohen Wert einstellen. Wird der Regler dagegen nach links gezogen, ergibt sich ein weicheres Ergebnis.

- Mit der ***Luminanz*** ❶, ❻ wird Wert auf die Ausgewogenheit der Rauschminderung und das Erhalten der Bilddetails gelegt. Je höher der Wert ist, umso mehr wird das Rauschen entfernt – damit gehen aber mehr Details verloren.
- Mit dem ***Farbigkeit***-Wert ❷ wird festgelegt, wie farbige falsche Pixel bearbeitet werden.
- Die ***Niederfrequ.***-Option ❸ korrigiert das niederfrequente Rauschen. Bilden sich Rauschpixelgruppen, ist dies niederfrequentes Rauschen.
- Wenn bei einem Sensor einzelne Pixel kein Licht einfangen können, etwa weil sie defekt sind, entstehen sogenannte tote Pixel. Diese werden mit der Option ***Tote Pixel*** ❹, ❼ entfernt.
- Die ***Gitternetz***-Option ❺ reduziert den sogenannten Crosstalk-Effekt. Er entsteht durch die Art und Weise, wie nebeneinanderliegende Pixel unter bestimmten Bedingungen das Licht aufnehmen. So kann er beispielsweise bei Streulicht oder einem sehr kleinen Abstand zwischen Sensor und Objektiv erscheinen. Er äußert sich in einer ein Pixel breiten Struktur, die einem Gitternetz ähnelt.

Kap8_01.nef

8.2 Objektivschärfe gezielt anpassen

Die Auswirkungen des Werkzeugs ***Objektivschärfe*** sollen anhand des folgenden Ausgangsbildes gezeigt werden.

Bei diesem Ausgangsbild soll die Schärfe optimiert werden.

Das *Optimierung der Objektivschärfe*-Werkzeug ❶ wird nur angezeigt, wenn Sie ein Bild ausgewählt haben, für das es ein DxO-Modul gibt und das im RAW-Format vorliegt.

Stellen Sie eine Darstellungsgröße von mindestens 75 % ein ❷, um die Auswirkungen des Werkzeugs erkennen zu können. Andernfalls sehen Sie auch bei diesem Werkzeug ein Augensymbol in der Kopfzeile. Nachfolgend kamen die Standardeinstellungen ❸ zum Einsatz.

Korrekturen

In den optischen DxO-Modulen sind Messungen enthalten, die zeigen, wie sich die Schärfe in jedem Punkt des Bildes verhält. So kann das Bild beispielsweise an den Rändern stärker geschärft werden als in der Bildmitte.

Passen Sie die Darstellungsgröße an.

Das Werkzeug arbeitet »intelligent«. Damit werden beispielsweise Bildpartien mit Bildrauschen weniger angepasst und ebenso Aufnahmen, die mit höheren ISO-Werten aufgenommen wurden.

Mit dem *Stärke*-Wert regeln Sie den Grad der Schärfe. So wurde nachfolgend der Maximalwert 200 ❹ angewendet. Die Werte können von 0 bis 200 variieren, wobei 100 der Standardwert ist. Bei den niedrigeren Werten entsteht übrigens nicht etwa ein unschärferes Ergebnis, sondern nur ein weniger stark korrigiertes Ergebnis als bei höheren Werten.

Mit dem *Details*-Wert ❺ bestimmen Sie, wie stark der Mikrokontrast korrigiert werden soll. Je höher Sie den Wert einstellen, umso stärker werden die Konturen im Bild geschärft.

Hier wurde der maximale »Stärke«-Wert eingestellt.

Zerstreuungskreise

Die Abbildung auf der Sensorebene erfolgt in vielen »Punkten«. Je kleiner ein Punkt ist, umso schärfer wird an dieser Stelle das Objekt abgebildet. Außerhalb der Schärfeebene sind diese Punkte im Bild nicht mehr scharf, stattdessen erscheinen sie als mehr oder weniger runde Kreise – je nachdem, wie viele Lamellen die Blendenöffnung bilden. Die sich daraus ergebenden unscharfen Kreise werden Zerstreuungskreise genannt. Die Zerstreuungskreise beeinflussen die Eigenschaften des Bokehs.

Der *Bokeh*-Wert 6 dient dazu, die Artefakte zu reduzieren, die sich im sogenannten Bokeh befinden. Diese Artefakte können beim Schärfen des Bildes auftreten. Beim Reduzieren der Artefakte kann es allerdings passieren, dass die Schärfe des Hauptmotivs ebenfalls etwas reduziert wird.

Für dieses Bild gibt es kein DxO-Modul.

8.3 Chromatische Aberration korrigieren

Bei der chromatischen Aberration entstehen an kontrastreichen Stellen im Bild grüne und rote bis lilafarbene Farbsäume – wie Sie sie im Beispielbild 2 sehen. Ich habe ein Bild ausgewählt, das vor über 15 Jahren mit einer einfachen Kompaktkamera entstanden ist. Bei aktuellen digitalen Kameras finden Sie solche Fehler nur noch sehr selten.

Die violetten und grünen Farbsäume der chromatischen Aberration können Sie korrigieren.

Kap8_02.jpg

Vergrößern Sie die Darstellung – beispielsweise auf 200 % –, um die Fehler ③ erkennen zu können. Derartige Bildfehler sind leicht mit den Funktionen von DxO PhotoLab zu beheben – das gilt auch dann, wenn kein optisches DxO-Modul ① vorhanden ist. Dies trifft auf das Beispielbild zu, da die Kamera Olympus C-3000 bereits vor weit über 20 Jahren auf den Markt kam. Der Fehler kann mit dem Werkzeug ***Chromatische Aberration*** ④ behoben werden.

Vergrößern Sie die Darstellungsgröße, um die Details begutachten zu können.

Wenn Sie das Werkzeug aktivieren, wird die ***Intensität*** standardmäßig automatisch ❺ eingestellt. Aktivieren Sie zusätzlich das Kontrollkästchen ***Violette Farbsäume*** ❻, um auch dieses Manko zu beheben.

Hier wurde die automatische Korrektur aktiviert.

Auch der passende ***Größe***-Wert könnte automatisch eingestellt werden. Damit legen Sie die Breite des zu korrigierenden Saums fest.

Die chromatische Aberration wurde entfernt.

Im Beispiel wurde der geeignete Wert 8 (7) aber manuell festgelegt. Nach dem Auszoomen entsteht das zuvor gezeigte korrigierte Ergebnis.

Haben Sie ein RAW-Bild geöffnet, können Sie auch das Kontrollkästchen ***Farbquerfehler*** (8) aktivieren. Farbquerfehler treten besonders an den Bildrändern auf und äußern sich in grünen und roten beziehungsweise blauen und gelben Farbsäumen an den Konturen.

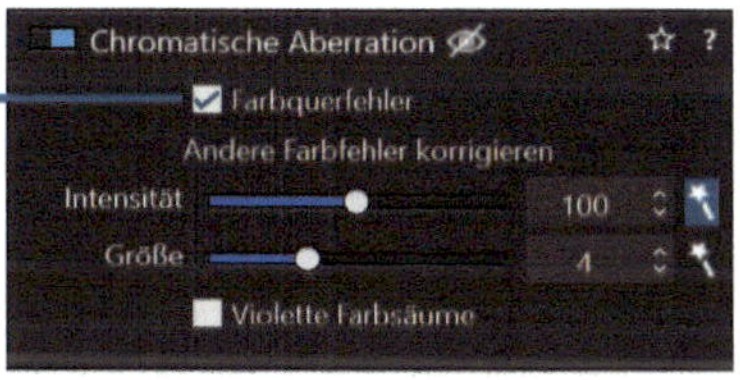

Diese Option ist nur bei RAW-Bildern verfügbar.

Neue Kameramodelle

Wenn Sie neuere Digitalkameras einsetzen, werden Ihnen derartige Bildfehler nur selten begegnen.

8.4 Fussel und Flecken entfernen

Aus dem folgenden Ausgangsbild soll der Fussel (1) entfernt werden, der durch Schmutz auf dem Sensor entstanden ist. Das können Sie mit dem *ReTouch*-Werkzeug schnell erledigen.

In diesem Ausgangsfoto stört ein Fussel, der entfernt werden soll.

Kap8_03.jpg

Wenn Sie das Werkzeug Werkzeug aktivieren und den Mauszeiger in das Bild halten, erscheint in der linken unteren Ecke des Bildes ein Bereich mit diversen Optionen. Mit einem Klick auf dieses Symbol unten links kann der Bereich auf- oder zugeklappt werden. Den Hinweisbereich rechts können Sie ausblenden.

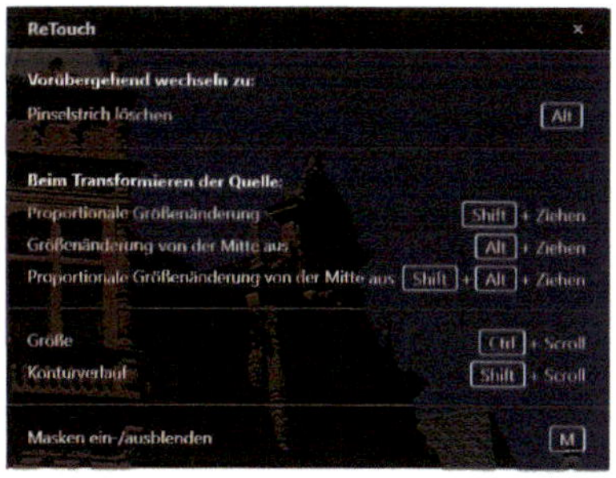

Dieser Hinweisbereich kann ausgeblendet werden.

Nach dem Aktivieren des Werkzeugs erscheint ein Optionsbereich.

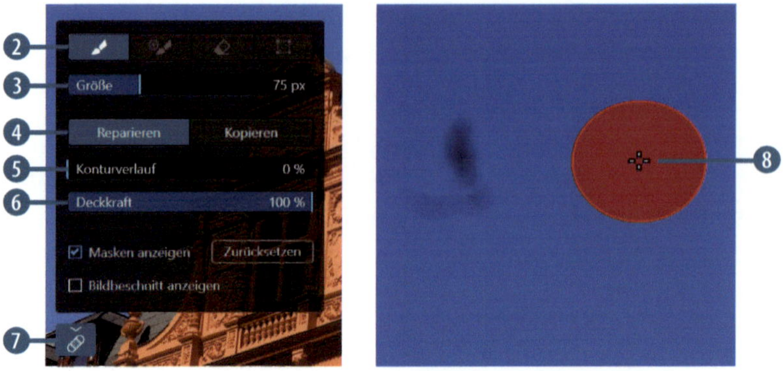

Stempelwerkzeug

Das ***Reparieren***-Werkzeug entspricht dem Kopierstempel, den Sie vielleicht aus anderen Bildbearbeitungsprogrammen wie etwa Photoshop schon kennen.

Tastenkürzel

Klicken Sie auf das Fragezeichensymbol ? in der unteren rechten Ecke, um einen Bereich einzublenden, in dem die zur Verfügung stehenden Tastenkürzel aufgelistet sind.

- Nutzen Sie die erste Option, um festzulegen, ob eine neue Maske ❷ erstellt oder eine bestehende erweitert werden soll.
- Der ***Größe***-Regler ❸ legt die Größe des Pinsels ❽ fest.
- Mit den beiden folgenden Schaltflächen legen Sie die Art der Korrektur fest. Mit der ***Reparieren***-Option ❹ wird ein Bildteil mit den gleichen Helligkeits-, Kontrast- und Farbeigenschaften aufgenommen, wie sie der zu reparierende Bereich zeigt. Mit der ***Kopieren***-Option wird dagegen nur der Ursprungsbereich dupliziert. Beim Beispielbild ist es wegen der einfarbigen Himmelsfläche egal, welche der beiden Varianten Sie nutzen, weil dasselbe Ergebnis entsteht. Zeigt das Bild dagegen viele Details, können Sie mit der ***Reparieren***-Option meist bessere Ergebnisse erzielen.
- Der ***Konturverlauf***-Wert ❺ legt fest, wie weich der Pinsel an den Rändern ausläuft. Damit die Korrektur nicht auffällt, ist es empfehlenswert, einen höheren Wert einzustellen. Um den Wert anzupassen, klicken Sie auf den Regler ❾. Eine numerisch präzise Festlegung ist dabei aber nicht möglich.

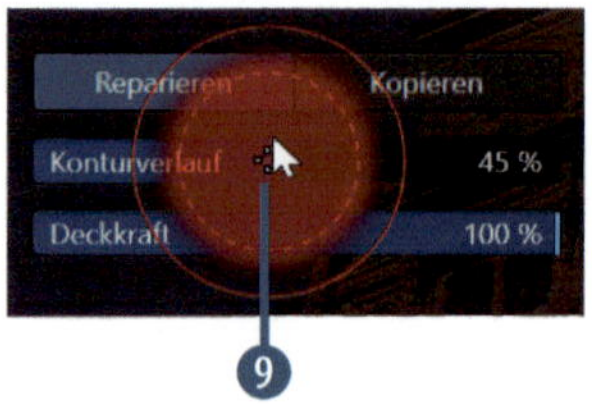

Legen Sie den »Konturverlauf« fest.

- Mit dem ***Deckkraft***-Regler ❻ bestimmen Sie, wie deckend der Pinselstrich ausgeführt werden soll. Damit der Bildfehler komplett beseitigt wird, sollte der Standardwert 100 % beibehalten werden.

- Nutzen Sie diese (7) Schaltfläche, wenn die Optionsleiste zugeklappt werden soll. Das kann nützlich sein, wenn Sie alle Einstellungen vorgenommen haben und die Leiste bildwichtige Details verdeckt.
- Mit der letzten Schaltfläche (10) werden die vorgenommenen Korrekturen zurückgesetzt.

Setzen Sie mit dieser Option die Änderungen zurück.

Um den Fussel zu beseitigen, klicken Sie auf die Position des Fussels. Der äußere Rahmen (11) kennzeichnet die Pinselgröße, der innere (12) den weichen Verlauf.

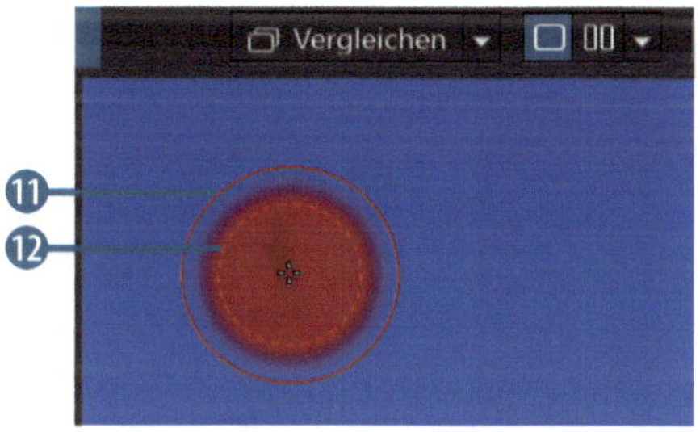

Tupfen Sie den Fussel zu.

Wenn Sie die Option ***Masken anzeigen*** (13) aktivieren, sehen Sie den Quell- (15) und den Zielbereich (14) im Bild.

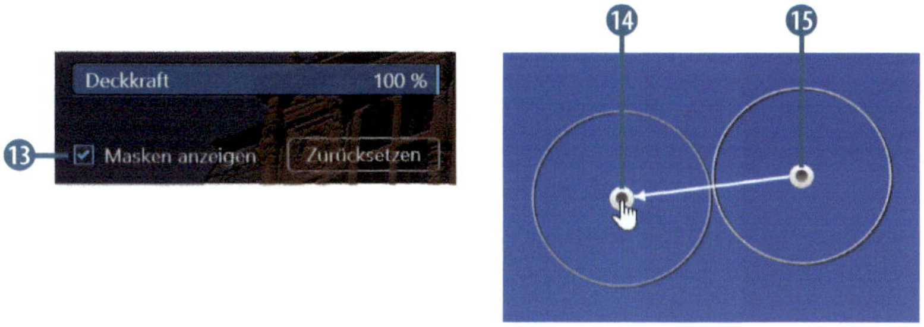

Blenden Sie die Maske ein.

Wollen Sie den Quell- oder den Zielbereich verschieben, klicken Sie auf den betreffenden Markierungspunkt (16) und verziehen ihn mit gedrückter linker Maustaste.

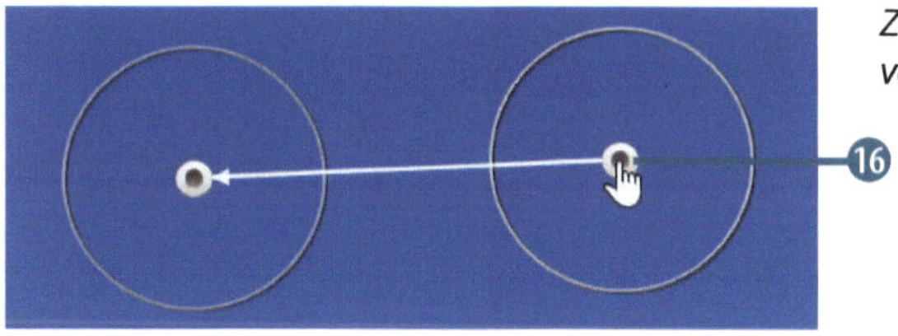

Ziel- und Quellbereich können verschoben werden.

Bildbeschnitt

Wenn Sie die Option ***Bildbeschnitt anzeigen*** aktiviert haben, werden auch diejenigen Bildteile angezeigt, die Sie zuvor abgeschnitten haben. Der Beschnitt betrifft aber nur das später exportierte Bild.

Quell- und Zielbereich

Der Bildfehler ist der Zielbereich. Er wird vom Quellbereich – der keinen Bildfehler zeigt – überdeckt.

Sie können mit dem *Reparieren*-Werkzeug auch größere Bereiche entfernen, indem Sie mit gedrückter linker Maustaste einen Strich über den betreffenden Bereich malen ⑰. Wenn Sie anschließend ⑲ einen anderen korrigierten Bereich markieren wollen, klicken Sie auf den betreffenden Markierungspunkt ⑱.

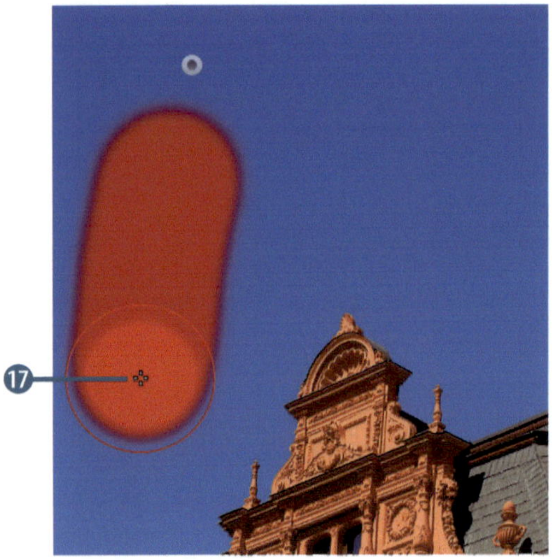

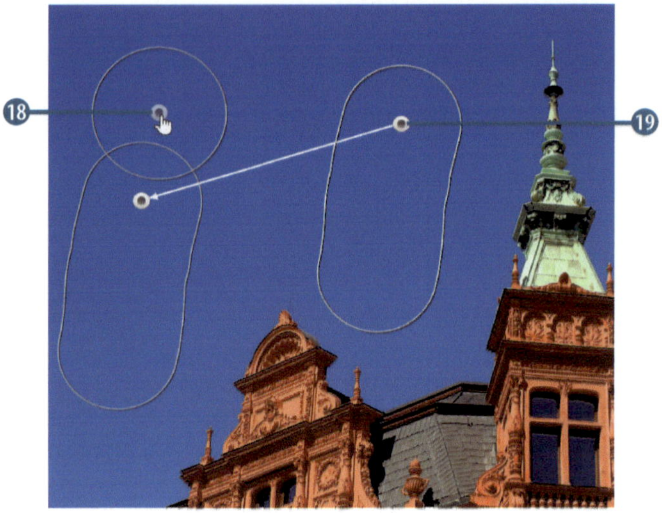

Sie können auch Striche zeichnen, um größere Bereiche zu korrigieren.

Ist der Mauszeiger außerhalb des Arbeitsbereichs, kann die Korrektur beurteilt werden. Um Änderungen vorzunehmen, markieren Sie das *Reparieren*-Werkzeug ⑳. Sobald Sie den Mauszeiger in das Bild halten, sehen Sie die Markierungen wieder.

Dies ist das korrigierte Endergebnis.

8.5 Schärfen mit der Unscharfmaskierung

Wenn Sie TIFF- oder JPEG-Bilder schärfen wollen, kann das *Objektivschärfe*-Werkzeug nicht verwendet werden. Und auch wenn es für ein RAW-Bild kein DxO-Modul gibt, ist das nicht möglich. In diesen Fällen können Sie alternativ das *Unscharfmaskierung*-Werkzeug zur Optimierung verwenden.

Schärfung

Das Werkzeug nutzt zum Scharfzeichnen eine unscharfe Kopie des entsprechenden Bildes. Diese Kopie wird vom Originalbild subtrahiert. Das führt dazu, dass nur die Konturen übrig bleiben, die dann geschärft werden.

Um die Auswirkungen im Bild sehen zu können, sollte eine Darstellungsgröße von mindestens 75 % eingestellt sein. Mit dem *Intensität*-Wert ❶ bestimmen Sie, wie stark das Bild geschärft werden soll. Der *Radius*-Wert ❷ legt die Stärke der Konturen fest, die geschärft werden.

Mit einem niedrigen *Schwellwert* ❸ bestimmen Sie, dass feine Details nicht geschärft werden. Der Wert *Offset Ecken* ❹ gleicht die Schärfe von der Bildmitte zu den Bildecken an.

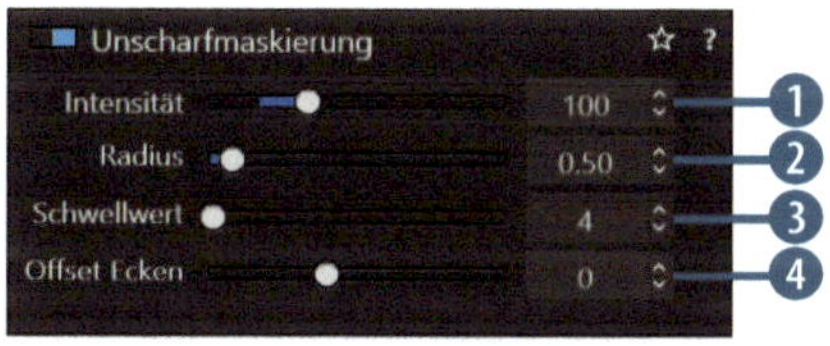

Dies sind die Optionen des Werkzeugs »Unscharfmaskierung«.

Im folgenden Beispiel wurde der *Radius*-Wert auf 1.00 ❺ erhöht.

Hier wurde das Bild geschärft.

8.6 Moirés bei RAW-Bildern beseitigen

Moirés

Auch wenn heutige Kameras oft ohne einen Tiefpassfilter arbeiten, werden Ihnen Moirés nur in sehr seltenen Ausnahmefällen begegnen. Grund dafür ist die hohe Megapixelzahl der aktuellen Kameramodelle, die dafür sorgt, dass auch sehr feine Details aufgelöst werden können.

Das *Moiré*-Werkzeug ist nur vorhanden, wenn Sie ein RAW-Bild bearbeiten. Sie können es nutzen, um unschöne Moirés aus dem Bild zu entfernen. Standardmäßig wird automatisch ❶ der passende *Intensität*-Wert eingestellt.

Moirés können beispielsweise bei feinen, gleichmäßigen Strukturen auftreten, wenn Sie mit einer Kamera ohne einen sogenannten Tiefpassfilter arbeiten. Viele aktuelle Spiegelreflexkameras verwenden keinen Tiefpassfilter mehr. Er wurde früher eingesetzt, um Moirés zu vermeiden. Dazu wurde das Bild leicht weichgezeichnet. Bei Kameras ohne diesen Filter ist meist keine nachträgliche Schärfung nötig.

Wenn Sie eine Darstellungsgröße kleiner als 75 % eingestellt haben, sehen Sie dieses ❷ Augensymbol. Verwenden Sie dann zum Vergrößern die Lupe.

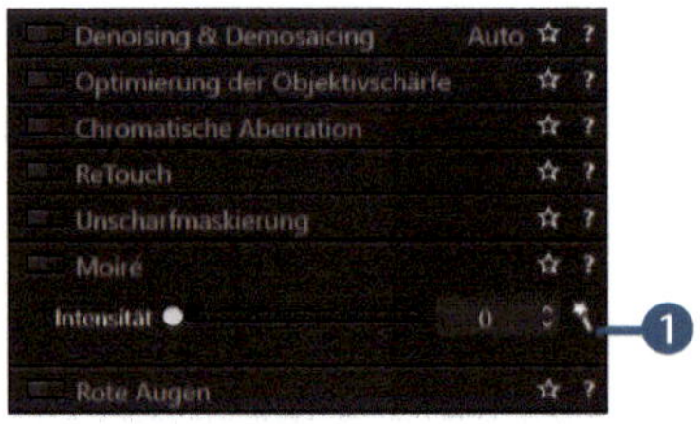

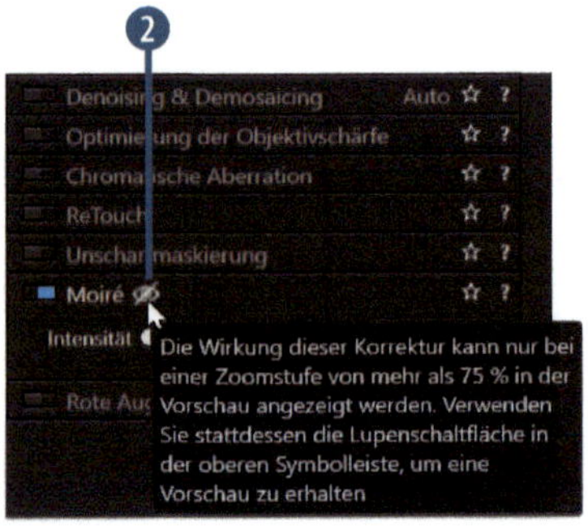

Dies ist das »Moiré«-Werkzeug.

8.7 Rote Augen korrigieren

Für Aufnahmen von Personen mit unschönen roten Augen ❶ können Sie das Werkzeug *Rote Augen* ❷ zur Korrektur einsetzen.

Rote Augen

Wenn das Objektiv des Fotoapparats und das Blitzlicht auf einer Achse liegen und die fotografierte Person in einem ungünstigen Winkel fotografiert wird, kann es vorkommen, dass unerwünschte »Flamingo-Augen« entstehen. Auch wenn heutige Kameras über Funktionen verfügen, die mit einem Vorblitz versuchen, die roten Augen zu vermeiden, wird es immer wieder mal passieren, dass sie dennoch entstehen.

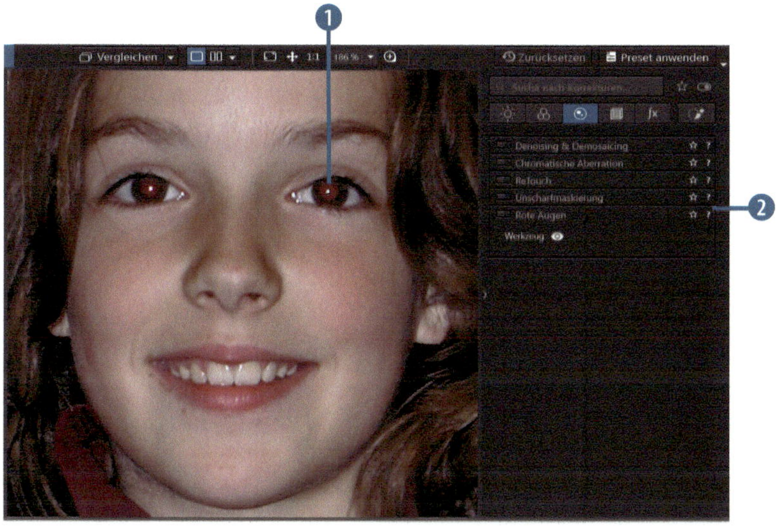

Bei diesem Ausgangsfoto sollen die roten Augen korrigiert werden.

Kap8_04.jpg

Nach dem Aktivieren dieses Werkzeugs 6 sucht DxO PhotoLab in dem Foto nach Augen 7 und korrigiert diese dann automatisch 5. Sie können das Werkzeug alternativ auch über die Symbolleiste aktivieren.

Falls die Markierungskreise für die Augen zu groß oder zu klein sind, können Sie sie mit den Markierungspunkten 4 skalieren. Mit diesem 3 Symbol wird der Bereich gelöscht. Um die Bereiche dauerhaft anzuzeigen, aktivieren Sie dieses 8 Kontrollkästchen. Schließen Sie das Fenster zum Abschluss mit dieser 9 Schaltfläche.

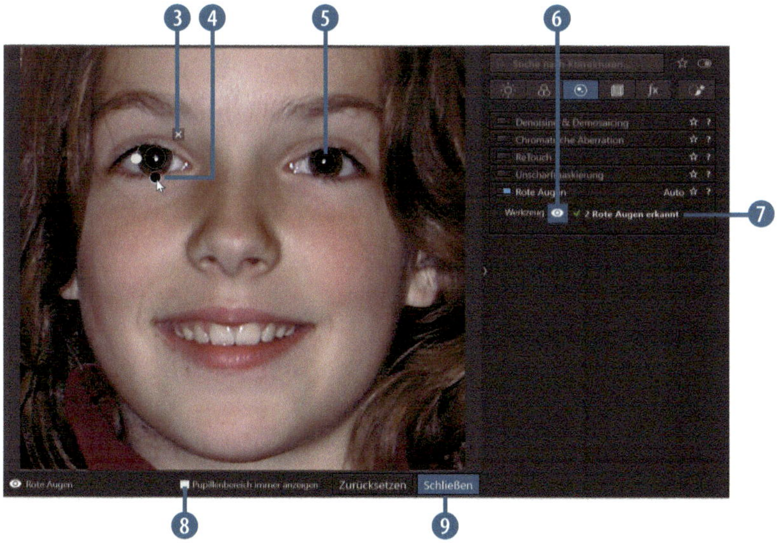

Hier wurden die roten Augen automatisch entfernt.

RGIE

Bearbeiten der Bildgeometrie

Die Geometrie-Rubrik bietet sechs Werkzeuge, wenn Sie das Programmmodul DxO ViewPoint zusätzlich erworben und installiert haben. Sie können die Werkzeuge beispielsweise einsetzen, wenn Sie einen schiefen Horizont korrigieren oder stürzende Linien entfernen wollen. Mit dem Zuschneiden-Werkzeug lassen sich überflüssige Bildbereiche abschneiden. Welche Möglichkeiten Sie mit den verschiedenen Werkzeugen haben, erfahren Sie in diesem Kapitel.

9.1 Entfernungseinstellung nutzen

In der *Geometrie*-Rubrik ❶ gibt es sechs Werkzeuge ❷, die Sie nutzen können, um unter anderem perspektivische Korrekturen vorzunehmen.

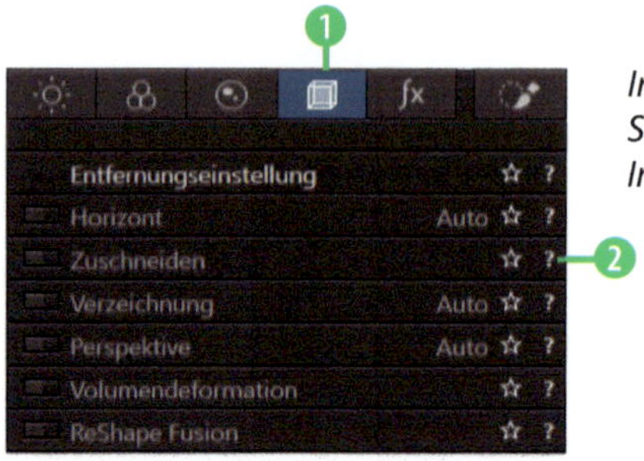

In der »Geometrie«-Rubrik finden Sie sechs Werkzeuge und ein Informationsfeld.

Die erste Option mit der Bezeichnung *Entfernungseinstellung* ❸ ist kein Werkzeug. Diese Informationsanzeige erscheint nur bei Bildern, für die ein DxO-Modul verfügbar ist und die nicht im RAW-Format vorliegen.

Die Entfernungseinstellung ist in den Exif-Daten des Fotos enthalten. Es kann aber passieren, dass die Information nicht korrekt ist. Das kann dazu führen, dass automatische optische Korrekturen nicht ganz präzise angewendet werden. In diesen Fällen können Sie die Entfernung manuell einstellen.

Legen Sie die Entfernungseinstellung fest.

Wählen Sie dazu aus der *Bereich*-Liste eine Vorgabe ❺ aus oder geben Sie den geeigneten Wert in das *Entfernung*-Feld ❹ ein.

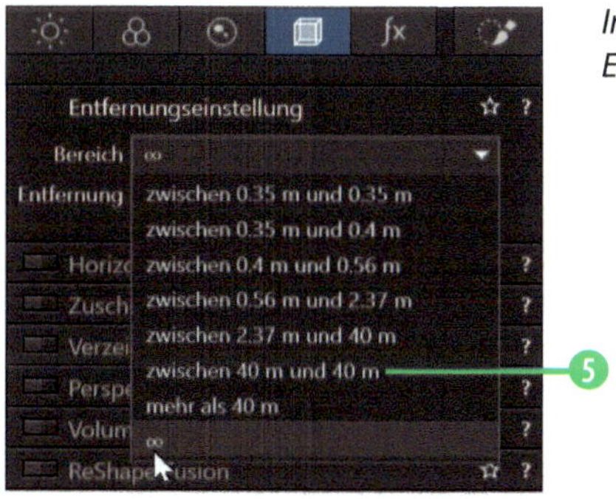

In der Liste finden Sie verschiedene Entfernungsvorgaben.

9.2 Horizont gerade ausrichten

Sollten Sie bei der Aufnahme die Kamera nicht präzise ausgerichtet haben und ist so ein unschöner schiefer Horizont entstanden, können Sie das *Horizont*-Werkzeug zum Geradeausrichten verwenden.

Kap9_01.jpg

Wenn Sie die Automatisch-Option ❶ aktivieren, erledigt DxO PhotoLab die Drehung selbstständig, den Drehungswert können Sie im Feld daneben ablesen.

Hier wurde das Bild automatisch gedreht.

Wenn Sie das *Werkzeug* (4) aktivieren, können Sie das Geradeausrichten manuell erledigen. Das ist sinnvoll, wenn die automatische Drehung nicht zum gewünschten Ergebnis führt.

Sie sehen dann im Bild zwei Markierungspunkte (2), (3) und eine gestrichelte Markierungslinie, die Sie zum Ausrichten nutzen können.

Sie können das Bild auch manuell gerade ausrichten.

Klicken Sie die Markierungspunkte (5) an und ziehen Sie sie mit gedrückter linker Maustaste über den auszurichtenden Bereich. Orientieren Sie sich an der Markierungslinie.

Verziehen Sie zum Begradigen die Markierungspunkte.

Ist die Linie nicht gut zu erkennen, können Sie den Farbton mit einem Klick auf das Farbfeld (6) im Windows-Farbwähler verändern. Um die Auswirkungen zu sehen, klicken Sie auf die *Vorschau*-Schaltfläche 7. Dann wird der Horizont gerade ausgerichtet. Den neuen Drehwinkel zeigt das *Horizont*-Eingabefeld 10. Mit der *Anwenden*-Schaltfläche 9 schließen Sie das gesonderte Arbeitsfenster. Wollen Sie die Drehung zurücknehmen, nutzen Sie die *Zurücksetzen*-Schaltfläche 8.

Hier wurde der Horizont gerade gerückt.

Leere Bildbereiche entfernen

Beim Geraderücken des Horizonts entstehen durch das Drehen rund um das Bild leere Bereiche 1, die im nächsten Arbeitsschritt entfernt werden sollen.

Die leeren Bereiche müssen entfernt werden.

Diese Aufgabe können Sie mit dem *Zuschneiden*-Werkzeug erledigen, das Sie ebenfalls in der *Geometrie*-Rubrik finden.

> **Passendes Zuschneiden**
>
> Bei der automatischen Variante schneidet DxO PhotoLab standardmäßig so zu, dass kein leerer Bereich mehr zu sehen ist und das Seitenverhältnis erhalten bleibt.

Wählen Sie aus der *Korrektur*-Liste die Option *Automatisch, basierend auf Perspektive/Horizont* ②, damit DxO PhotoLab das Bild automatisch zuschneidet.

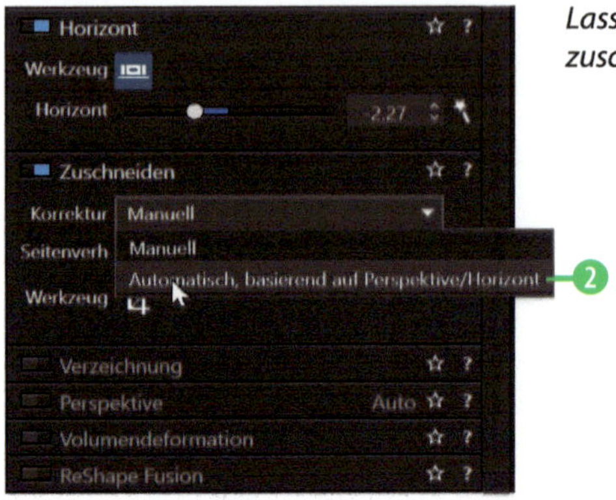

Lassen Sie das Bild automatisch zuschneiden.

Sie können alternativ auch das Werkzeug aktivieren ⑦, wenn Sie das Bild manuell zuschneiden wollen. Sie erkennen an den halb transparenten Bildteilen ⑤, wie viel vom Bild abgeschnitten wird.

Die *Deckkraft* kann mit diesem Regler ③ variiert werden. Wird das Gitter eingeblendet ④, haben Sie eine Orientierung beim Zuschneiden. Nach dem Drücken der *Schließen*-Schaltfläche ⑥ sehen Sie das zugeschnittene Bild ohne die außerhalb liegenden Bereiche.

Hier wurde das Bild automatisch passend zugeschnitten.

Wenn Sie das Werkzeug deaktivieren 9, wird das Bild ebenfalls zugeschnitten 8 angezeigt. Wollen Sie den Zuschnitt nachträglich verändern, aktivieren Sie einfach das Werkzeug erneut.

Dies ist das zugeschnittene Ergebnis.

9.3 Zuschneiden und Seitenverhältnis

Die Möglichkeiten des *Zuschneiden*-Werkzeugs haben Sie gerade kennengelernt. So legen Sie im *Korrektur*-Listenfeld 1 fest, ob das Zuschneiden manuell erfolgen soll oder anhand der vorgenommenen Perspektiv- oder Horizontkorrekturen. Aktivieren Sie zum Zuschneiden das Werkzeug 2. Im *Seitenverh*-Listenfeld finden Sie viele gängige Seitenverhältnisse 3.

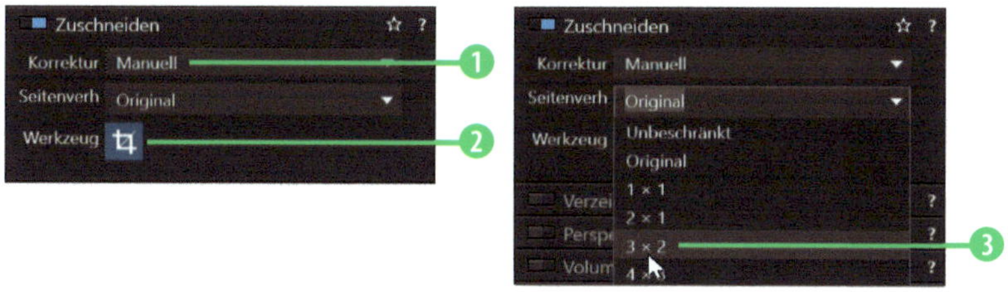

Wählen Sie ein Seitenverhältnis für das Zuschneiden aus.

9.4 Verzeichnungen entfernen

Wenn Sie mit Teleobjektiven fotografieren, können sich sogenannte kissenförmige Verzeichnungen bilden – das Bild scheint

> **DxO-Modul**
>
> Das *Verzeichnung*-Werkzeug arbeitet am effektivsten, wenn Sie es bei einem RAW-Bild anwenden, für das ein DxO-Modul zur Verfügung steht. Sie können auch Bilder anderer Dateiformate oder ohne DxO-Modul bearbeiten, Sie müssen die Einstellungen dann aber manuell vornehmen.

sich nach innen zu wölben. Beim Einsatz von Weitwinkelobjektiven kann dagegen eine tonnenförmige Verzeichnung entstehen – das Bild sieht aus, als wäre es nach außen gewölbt. Derartige Fehler können Sie mit dem *Verzeichnung*-Werkzeug korrigieren. Die Möglichkeiten sollen anhand des folgenden Ausgangsbildes 1 demonstriert werden. Das Bild liegt im RAW-Format vor, und es ist ein DxO-Modul für die verwendete Kamera-Objektiv-Kombination verfügbar.

Kap9_02.nef

Bei diesem Foto soll die Verzeichnung korrigiert werden.

Vor der weiteren Bearbeitung wird beim Ausgangsbild zunächst die Perspektive automatisch korrigiert 2, und das Bild wird automatisch zugeschnitten. Das Ergebnis sehen Sie nachfolgend.

Hier wurde die Perspektive selbsttätig korrigiert und das Bild zugeschnitten.

Um die Auswirkungen des *Verzeichnung*-Werkzeugs gut beurteilen zu können, wurde die Funktion *Ansicht*/*Gitteroverlay* aufgerufen. Das Bild wurde übrigens mit einer Brennweite von 24 mm aufgenommen und zeigt daher eine leicht tonnenförmige Verzeichnung. Aktivieren Sie beim *Verzeichnung*-Werkzeug die Automatisch-Option ❹. Auf diese Weise wird die Option *Automatisch mit DxO-Modul* ❸ im *Korrektur*-Listenfeld eingestellt, und die tonnenförmige Verzeichnung ist damit behoben.

Hier wurde die Verzeichnung automatisch korrigiert, und die Farbsättigung wurde verbessert.

Zum Abschluss wurde beim *HSL*-Werkzeug in der *Farbe*-Rubrik für eine bessere Farbsättigung der *Vibrancy*-Wert auf 100 (5) erhöht.

Erweiterte Korrekturoptionen

Im *Korrektur*-Listenfeld finden Sie zudem die *Manuell*-Option (1). Bei Bildern ohne DxO-Modul ist nur diese Variante auswählbar (2). Wurde die *Manuell*-Option ausgewählt, können Sie im *Typ*-Listenfeld einstellen, ob es sich um eine tonnen- (3) oder um eine kissenförmige Verzeichnung handelt. Zudem können Sie Verzeichnungen von Fisheye-Objektiven ausgleichen.

Hier sehen Sie die »Manuell«-Option.

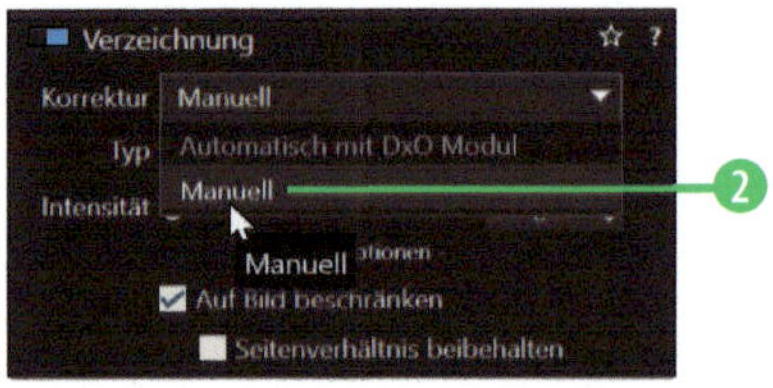

9.5 Perspektive und stürzende Linien

Das *Perspektive*-Werkzeug ist in PhotoLab 9 integriert. Die komplette Funktionalität war früher nur im Zusatzmodul *DxO ViewPoint* enthalten. Sie können das Werkzeug einsetzen, wenn Sie Perspektiven im Bild anpassen wollen. So sollen im Ausgangsbild (1) die unschönen stürzenden Linien korrigiert werden, die entstehen, wenn die Kamera bei der Aufnahme gekippt wurde.

Aus diesem Ausgangsfoto soll die perspektivische Verzerrung entfernt werden.

Kap9_03.jpg

Das Werkzeug finden Sie in der *Geometrie*-Rubrik ②. Klicken Sie auf den Link *Weitere Optionen* ③, um zusätzliche Optionen einzublenden ④.

Verschiedene Werkzeuge erreichen Sie übrigens auch über die Symbolleiste – neben dem *Perspektive*-Werkzeug ⑤ beispielsweise *ReTouch* und *ReShape Fusion* ⑥.

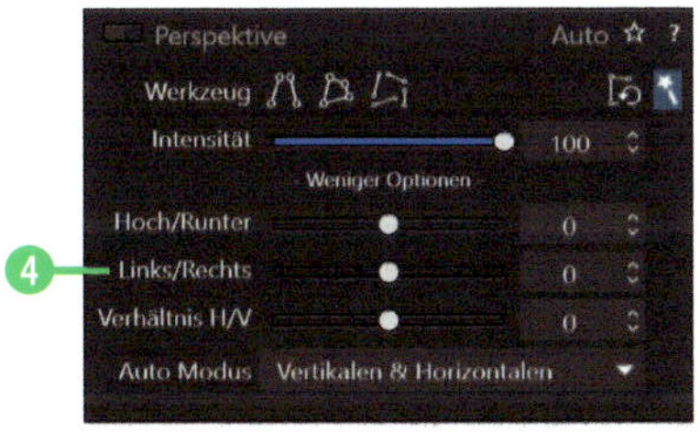

Dies sind die zusätzlichen Optionen des »Perspektive«-Werkzeugs.

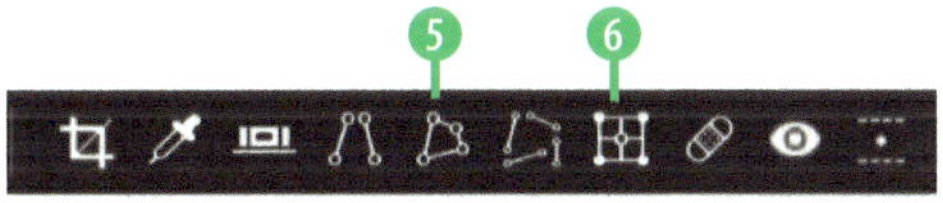

Wenn Sie das *Perspektive*-Werkzeug aktivieren, wird die Perspektive standardmäßig automatisch ⑨ korrigiert. So sind die vertikalen Linien des Gebäudes nun gerade ausgerichtet ⑦.

Möchten Sie die Korrektureinstellungen zurücknehmen, klicken Sie auf diese ⑧ Schaltfläche.

Hier wurde die Perspektive automatisch korrigiert.

Manuelle Perspektivkorrekturen

Mithilfe der verschiedenen Optionen des Werkzeugs können Sie die Perspektive auch manuell anpassen. Für das Beispielfoto eignet sich die Option *Parallelen erzwingen* ② am besten, da Sie damit die vertikalen Linien ausrichten können. Auch dieses Werkzeug kann direkt über die Symbolleiste ① aufgerufen werden.

Mit den Optionen lässt sich die Perspektive manuell anpassen.

Ziehen Sie zum Anpassen an den Markierungspunkten ④.

Bewegen Sie zum Anpassen der Perspektive die Markierungspunkte.

Platzieren Sie die Markierungspunkte so, dass die Markierungslinie parallel zur Gebäudekante verläuft.

Falls Sie die Linien nicht gut erkennen können, klicken Sie auf das Farbfeld ③ und stellen im Standard-Windows-Farbwähler eine andere Farbe ein.

Wiederholen Sie die Arbeitsschritte mit den beiden Markierungspunkten rechts ⑤. Platzieren Sie sie ebenfalls so, dass die dazugehörige Markierungslinie parallel zur Gebäudekante verläuft. Um die Auswirkungen zu sehen, nutzen Sie die *Vorschau*-Schaltfläche ⑥ und zum *Anwenden* diese ⑦.

Vorschau

Beim Aktivieren der *Vorschau*-Schaltfläche werden die verzogenen Markierungslinien so ausgerichtet, dass sie senkrecht erscheinen – das bewirkt die Perspektivkorrektur.

Passen Sie auch die beiden rechten Markierungspunkte an.

Hier wurde die Vorschau aktiviert.

Sie können zur Korrektur auch die Option *Hoch/Runter* nutzen, die Sie in den erweiterten Optionen finden. Da es bei dieser Variante keine Markierungslinien gibt, ist es empfehlenswert, die Funktion *Ansicht*/*Gitteroverlay* 8 zu aktivieren, die Sie auch mit der Tastenkombination Strg+G erreichen.

Aktivieren Sie die Gitternetzanzeige.

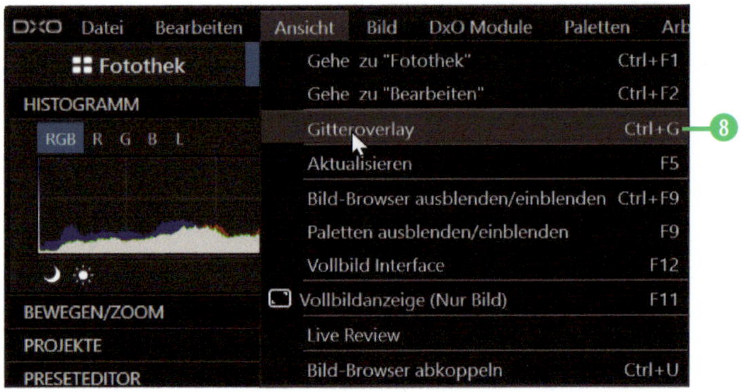

Ziehen Sie den Regler *Hoch/Runter* nach links, um die untere Bildkante »nach hinten« zu kippen. Orientieren Sie sich beim Ziehen des Reglers an den eingeblendeten Gitternetzlinien 9. Im Beispiel entsteht mit dem Wert –46 10 die korrekte Ausrichtung. Bei dieser Variante ist kein Bestätigen der Korrektur notwendig, wie es bei der zuvor vorgestellten Variante der Fall war.

Hier wurde die Korrektur mit dem Regler »Hoch/Runter« numerisch genau festgelegt.

Komplexe Perspektivkorrekturen

Im nächsten Workshop sind komplexere Korrekturen nötig, um die Perspektive des folgenden Ausgangsbildes (1) zu verbessern, da hier die Perspektive in mehrere Richtungen korrigiert werden muss.

Dieses Ausgangsfoto soll korrigiert werden.

Kap9_04.jpg

Sie könnten diese Aufgabe auch mit der automatischen Korrektur (2) des *Perspektive*-Werkzeugs erledigen. Das Bild soll in diesem Beispiel aber mit unterschiedlichen Werkzeugen manuell optimiert werden.

Dieses Ergebnis entsteht mit der automatischen Korrektur.

Im ersten Arbeitsschritt soll das Bild gerade ausgerichtet werden. Sie können das *Horizont*-Werkzeug auch über die Symbolleiste aufrufen ③. Ein Öffnen der Palette ist nicht nötig.

Um die Markierungslinie besser erkennen zu können, wurde sie in Magenta umgefärbt ④. Richten Sie die Markierungslinie beispielsweise an den Fensterkanten ⑥ aus. Schließen Sie die Bearbeitung mit der *Anwenden*-Schaltfläche ⑤ ab.

Rücken Sie das Bild gerade.

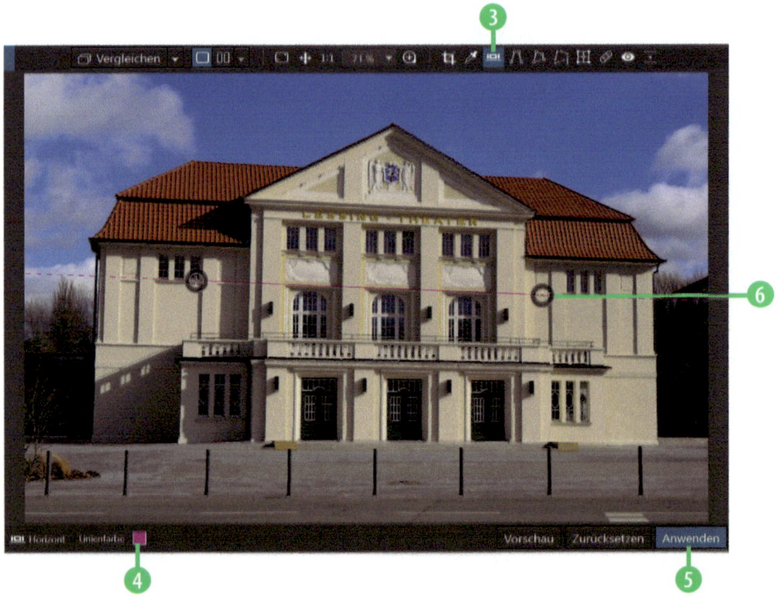

Hier wurde die Drehung mit der »Anwenden«-Schaltfläche zugewiesen.

Wechseln Sie zum *Perspektive*-Werkzeug und achten Sie darauf, dass die Automatisch-Option deaktiviert ist 7, da die folgenden Arbeitsschritte zur Demonstration manuell vorgenommen werden sollen.

Nutzen Sie den Regler *Links/Rechts*, um mit dem positiven Wert 22 den rechten Bildteil sozusagen nach vorne zu kippen. Sie können dazu entweder den Schieberegler nach rechts ziehen 8, den Wert in das Eingabefeld eintippen oder den oberen Pfeil nutzen, um den Wert zu erhöhen. Mit dem unteren Pfeil 9 reduzieren Sie den Wert.

Hier wurde der rechte Bildteil »nach vorne geklappt«.

Stellen Sie im nächsten Arbeitsschritt die Option *Hoch/Runter* 10 auf den Wert –20 ein, um den oberen Bildteil nach vorne zu klappen. Dadurch werden die vertikalen Linien gerade ausgerichtet.

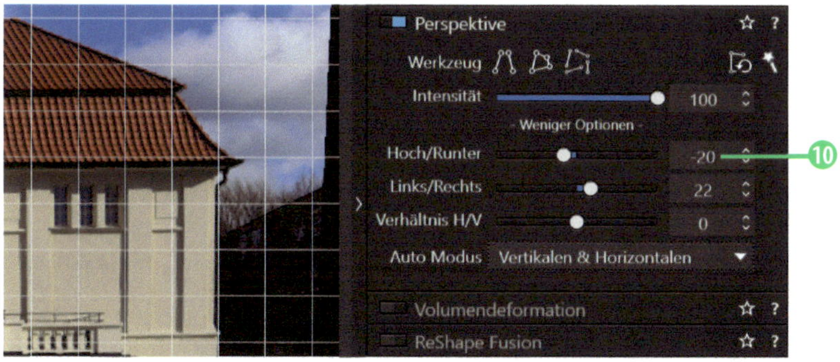

Kippen Sie den oberen Bildteil nach vorne.

Nach diesen Arbeitsschritten ist es erforderlich, die Drehung etwas zu korrigieren. Stellen Sie einen Wert von −1.75 ⑪ ein, was zum folgenden Zwischenergebnis führt.

Hier wurde die Drehung korrigiert.

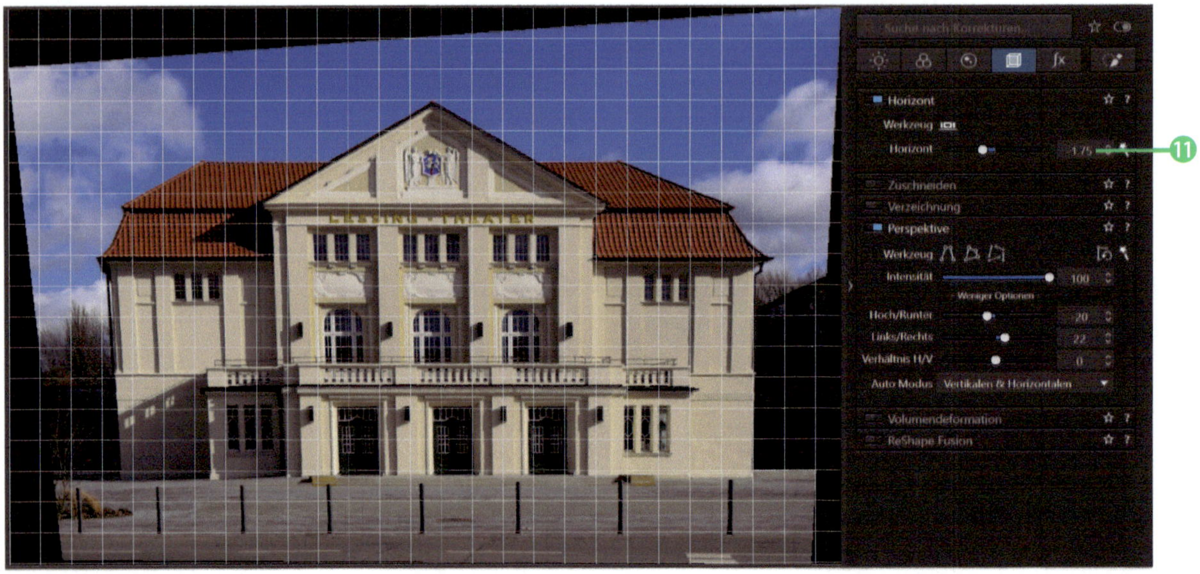

Beim Korrigieren der Perspektive kann es passieren, dass das Motiv gestaucht oder gestreckt erscheint. Das können Sie mit der Option *Verhältnis H/V* korrigieren. So wurde das Bild nachfolgend mit dem Wert 5 ⑫ in der Breite gestaucht.

Das Bild erscheint nun in der Breite gestaucht.

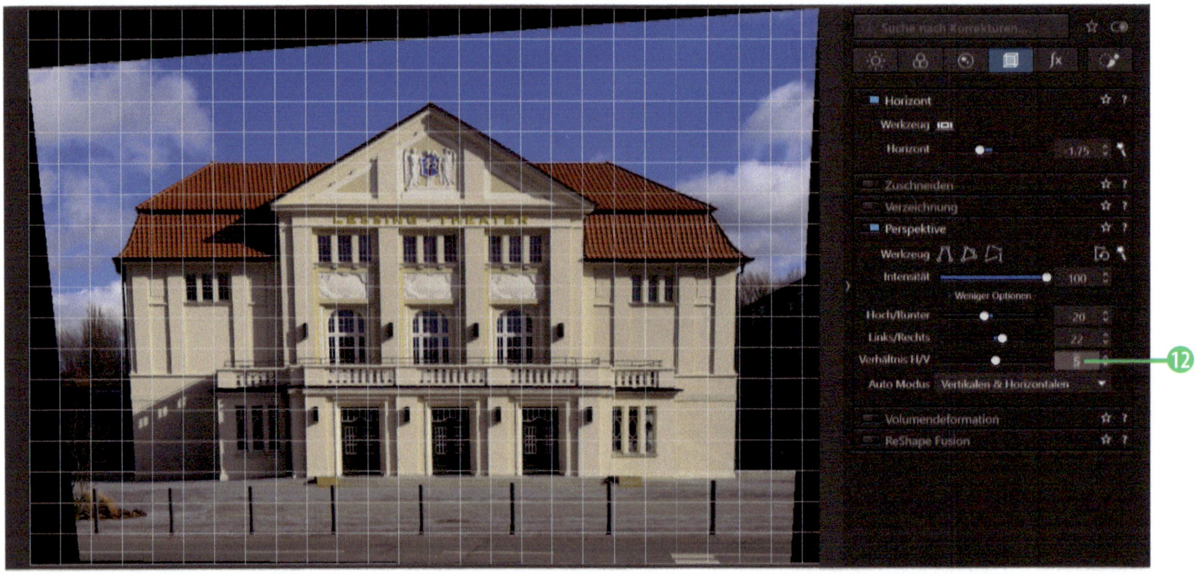

Den *Intensität*-Regler ⓭ können Sie nutzen, wenn Sie die Wirkung der vorgenommenen Einstellungen abschwächen wollen. Beim standardmäßigen Wert 100 kommen die Einstellungen komplett zur Wirkung.

Wenn Sie die automatische Perspektivkorrektur verwenden, können Sie im Listenfeld *Auto Modus* ⓮ festlegen, ob nur die vertikalen, nur die horizontalen oder beide Linien korrigiert werden sollen.

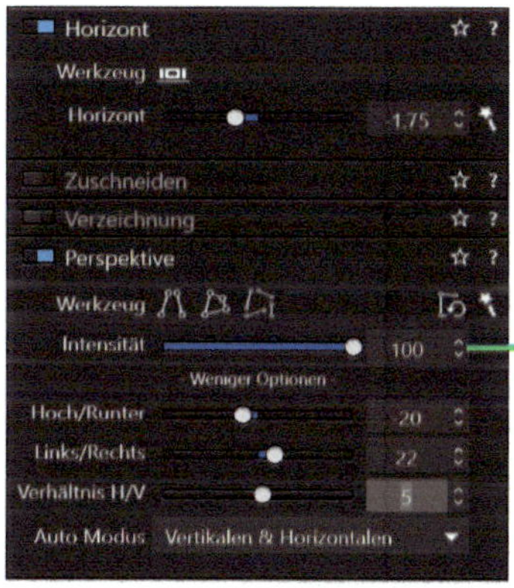

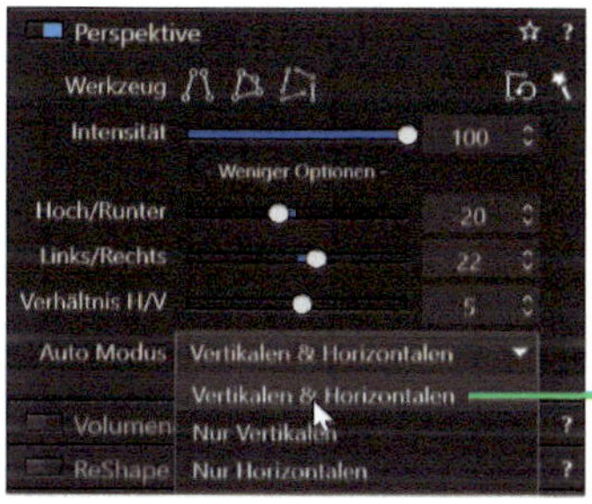

Mit dem »Intensität«-Wert bestimmen Sie die Stärke der Korrektur.

Nutzen Sie zum Abschluss der Bearbeitung das *Zuschneiden*-Werkzeug, um die leeren Bereiche, die entstanden sind, abzuschneiden. Verwenden Sie nach dem Aktivieren des Werkzeugs die Option *Automatisch, basierend auf Perspektive/Horizont* ⓯. Die Gitterlinien wurden nachfolgend ausgeblendet.

Das ist das Ergebnis der manuellen Bearbeitung.

Weitere Möglichkeiten

Das *Perspektive*-Werkzeug bietet weitere Möglichkeiten an, um das Bild zu korrigieren. So können Sie die *Rechteck*-Option 2 nutzen, um in »einem Rutsch« die horizontalen und vertikalen Linien 1 zu korrigieren.

Platzieren Sie dazu die vier Markierungspunkte an den markanten Gebäudeecken. Sie sehen das in der folgenden oberen Abbildung.

Hier sehen Sie zwei weitere Korrekturmöglichkeiten.

Mit der Option *8 Punkte* ③ können Sie acht Markierungspunkte setzen, um die Perspektive zu korrigieren. Bei Bedarf können Sie die Linienfarben für die vertikalen ④ und die horizontalen ⑤ Linien getrennt festlegen.

Nach dem Aktivieren der *Vorschau* ⑥ sehen Sie, dass die Perspektive mit dieser Option sehr effektiv korrigiert werden kann.

Hier kam die Option »8 Punkte« zum Einsatz.

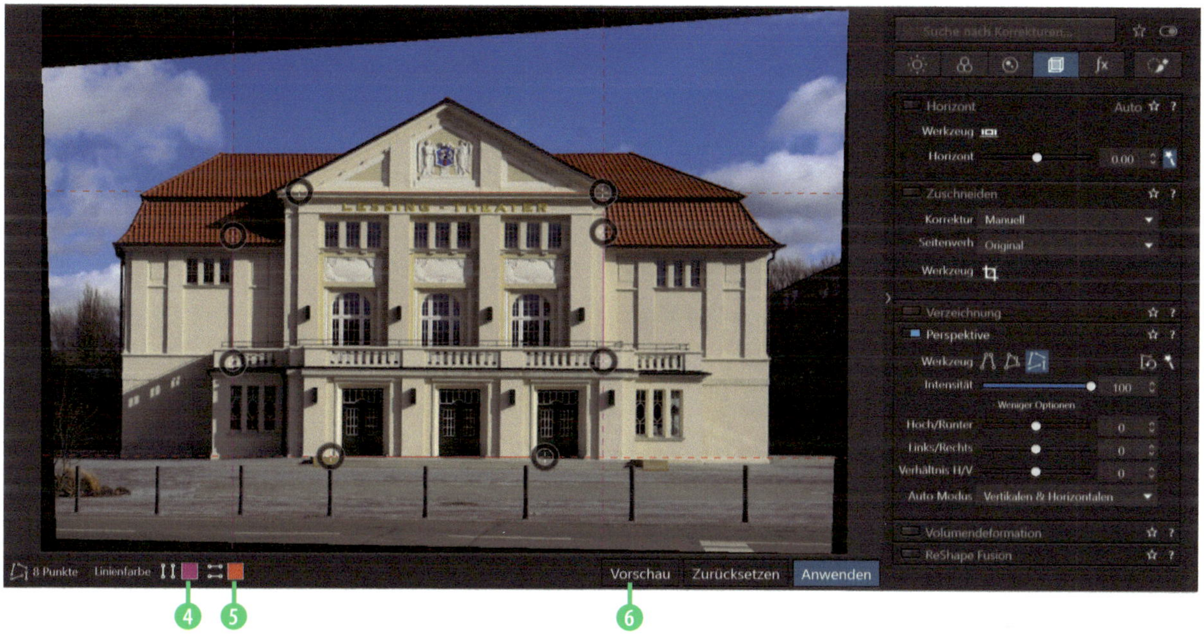

9.6 Volumendeformation mindern

Wenn Sie mit Weitwinkelobjektiven fotografieren, kann es vorkommen, dass Objekte an den Bildrändern oder in den Ecken verformt erscheinen. Das macht sich besonders bei Personengruppen negativ bemerkbar. So erscheinen die Personen am Rand des Bildes beispielsweise in der horizontalen oder vertikalen Achse zu breit oder zu flach.

Diese Besonderheit – Volumendeformation genannt – kann in Richtung der Bildecken auch zunehmen. Für beide Fehler bietet DxO PhotoLab mit dem *Volumendeformation*-Werkzeug eine Korrekturmöglichkeit an. Das soll anhand des folgenden Ausgangsbildes ① demonstriert werden.

Bei diesem Ausgangsfoto soll die Volumendeformation korrigiert werden.

Kap9_05.jpg

Für das folgende Ergebnis wurde nach dem Aktivieren des *Volumendeformation*-Werkzeugs im *Typ*-Listenfeld die Option *Horizontal/Vertikal* ② ausgewählt. Mit den Reglern können Sie die Stärke festlegen. Mit dem *Horizontal*-Wert 100 ③ erscheint besonders der Musiker links natürlicher.

Dies ist das korrigierte Ergebnis.

Die erste Option im *Typ*-Listenfeld nennt sich *Diagonal* ④. Diese lässt sich beispielsweise einsetzen, wenn Sie Volumendeformationen in den Bildecken erkennen. Probieren Sie einmal aus, bei welcher der Einstellungen das Ergebnis optimal erscheint.

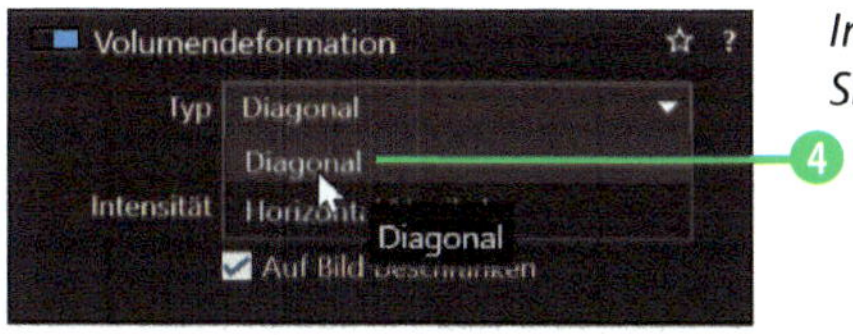

Im »Typ«-Listenfeld finden Sie zwei Optionen.

9.7 Bilder gezielt verformen

Das Werkzeug *ReShape Fusion* 8 können Sie einsetzen, um das Bild gezielt zu verformen, und zwar sowohl zur Bildoptimierung als auch zur Verfremdung des Bildes. Sie können das Werkzeug ebenfalls über die Symbolleiste 6 aufrufen.

Wenn Sie den Mauszeiger in das Bild halten, sehen Sie oben eine Symbolleiste, die Sie mit diesem 1 Symbol auf- oder zuklappen können. Mit den ersten vier Schaltflächen 2 können Sie die Größe des Rasters einstellen, oder Sie geben die Anzahl der Zeilen und Spalten 3 in die Eingabefelder ein. Mit den Schaltflächen *Zusammenführen* 4 und *Untergliedern* halbieren oder verdoppeln Sie die Anzahl der Knotenpunkte.

Mit den drei folgenden *Modus*-Schaltflächen wählen Sie aus, ob das Bild frei verformt 5 werden soll oder ob die *Perspektive* oder die *Volumendeformation* angepasst werden soll. Die beiden letzten Funktionen haben Sie bereits kennengelernt.

Gitterlinienfarbe

Sind die Gitternetzlinien schwer erkennbar, lässt sich mit einem Klick auf das Farbfeld 7 die Farbe in einem gesonderten Farbwähler ändern.

Mit dem »ReShape Fusion«-Werkzeug kann das Bild verformt werden.

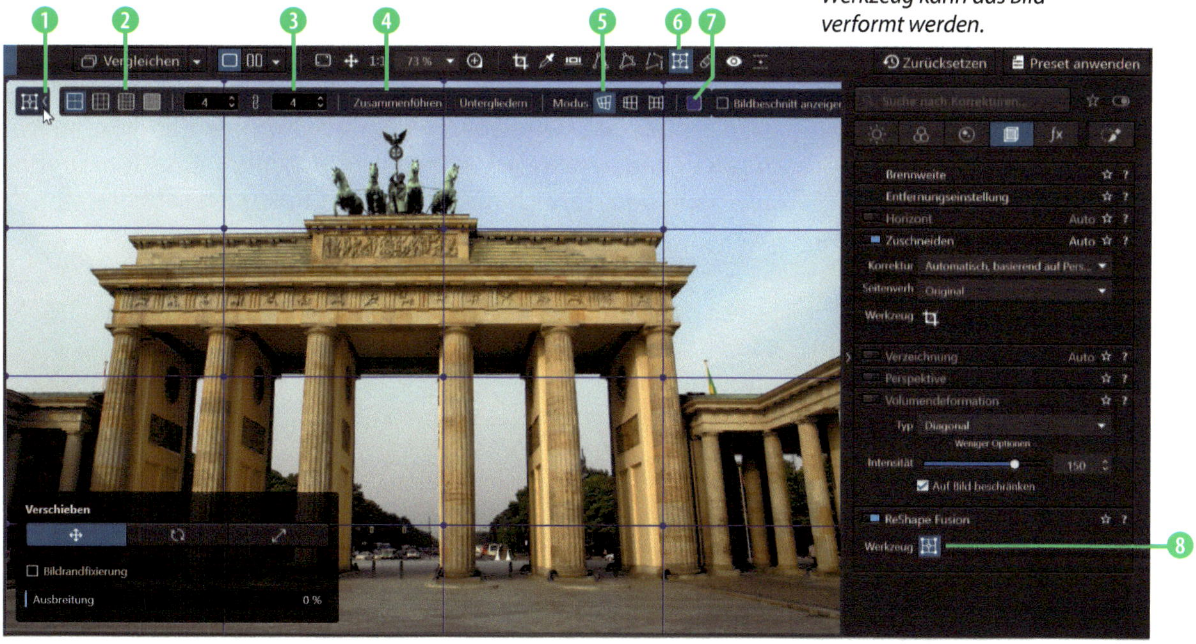

Wählen Sie den Modus *Freie Transformation* aus ⑨. Nachfolgend würde das *16 × 16*-Raster ⑩ eingeblendet. So können Sie das Bild sehr nuanciert verformen. Wenn Sie einen anderen Rastermodus einstellen, setzen Sie die Veränderungen nach der Bestätigung eines Hinweises übrigens zurück.

Verziehen Sie zum Verformen des Bildes die Markierungspunkte ⑪. Wenn Sie die ⇧-Taste drücken, können Sie mehrere Markierungspunkte auswählen und sie anschließend mit gedrückter linker Maustaste gleichzeitig verschieben. Das Aktualisieren der Bildvorschau dauert einen kurzen Moment.

Hier wurde die 16 × 16-Matrix eingestellt.

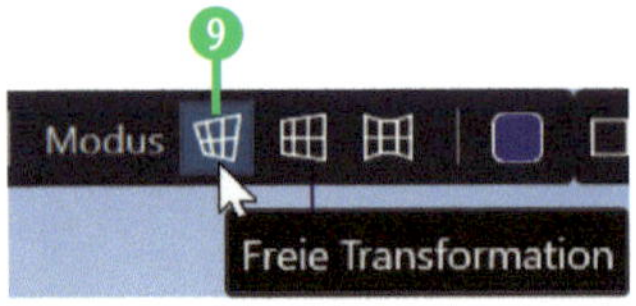

Verwenden Sie die *Drehen*-Option ⑫, wenn Sie Teile des Bildes »verdrehen« möchten. Sie können auch mit gedrückter linker Maustaste einen Rahmen um die Markierungspunkte aufziehen ⑬, die Sie verformen wollen. Halten Sie den Mauszeiger dann neben den Kreis, bis Sie das Drehsymbol ⑭ sehen. Drehen Sie dann den Bereich mit gedrückter linker Maustaste.

Bereiche lassen sich auch drehen.

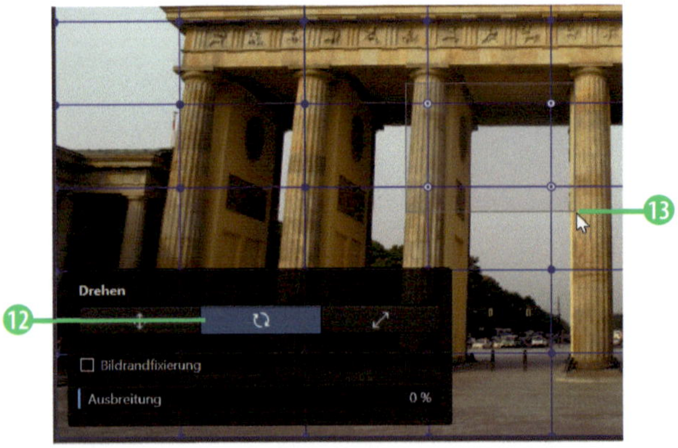

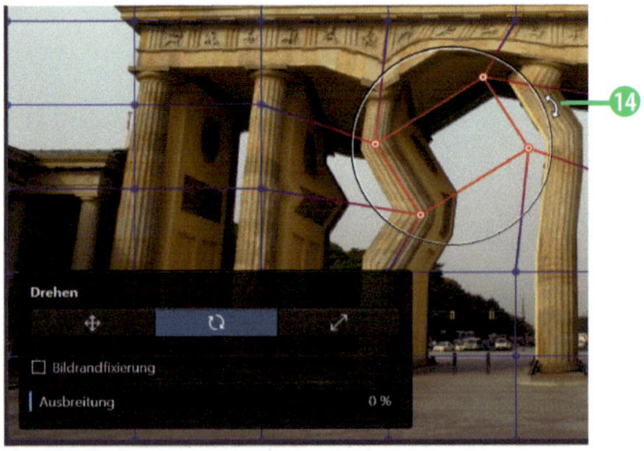

Die nächste Option nennt sich *Skalieren* (15). Wenn Sie mehrere Markierungspunkte ausgewählt haben, sehen Sie einen Markierungsrahmen. Mit den Markierungspunkten (16) lässt sich der Bereich dann skalieren oder dehnen. Wenn Sie beim Verziehen die [H]-Taste drücken, bleibt das Seitenverhältnis erhalten.

Mit dieser Option skalieren Sie den ausgewählten Bereich.

Verwenden Sie den *Ausbreitung*-Schieberegler (17), um den anzupassenden Bereich auszuweiten. Farbige Kennzeichnungen (18) markieren den Bereich, der verändert wird.

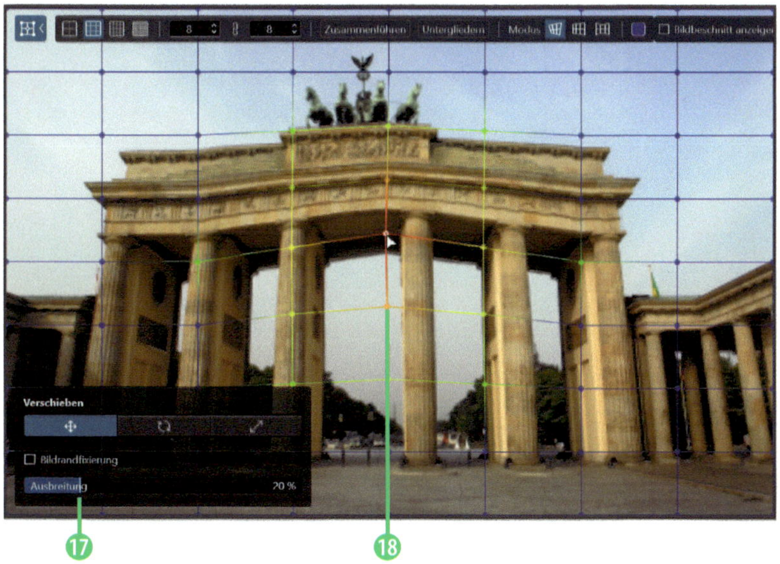

Der zu verändernde Bereich kann erweitert werden.

Wasserzeichen und Effekte

In der Rubrik Wasserzeichen & Effekte sind hauptsächlich Werkzeuge untergebracht, die zum – zusätzlich zu erwerbenden – Programmmodul DxO FilmPack gehören. Sie können sie beispielsweise nutzen, um ein Wasserzeichen über dem Bild zu platzieren oder einen Lichteinfall zu simulieren. Auch Rahmen oder Texturen können Sie anwenden. Welche Möglichkeiten Sie mit diesen Werkzeugen haben, lernen Sie in diesem Kapitel anhand vieler Beispiele kennen.

10.1 Bilder mit Wasserzeichen versehen

In der Rubrik *Wasserzeichen & Effekte* ❶ finden Sie neun Werkzeuge. Bis auf das Werkzeug *Instant Watermarking* gehören alle Werkzeuge zum gesondert zu erwerbenden Programmmodul *DxO FilmPack* ❷. Der *Miniatureffekt* gehört dagegen zu *ViewPoint*.

Sie können die Werkzeuge einsetzen, um das fertig bearbeitete Bild aufzuwerten, indem Sie es beispielsweise mit einem Rahmen oder einer Textur ausstatten. Wenn Sie das Bild im Internet publizieren wollen, können Sie es mit einem Wasserzeichen versehen.

Dies sind die Werkzeuge der Rubrik »Wasserzeichen & Effekte«.

Bilder

DxO PhotoLab unterstützt bei der *Bild*-Variante die gängigen Dateitypen, wie beispielsweise JPEG, TIFF oder PNG.

Das Werkzeug *Instant Watermarking* bietet Ihnen die Möglichkeit, ein Wasserzeichen über das Bild zu legen. Sie können dazu ein *Bild* ❸ oder einen *Text* ❹ einsetzen. Klicken Sie auf die *Durchsuchen*-Schaltfläche ❺, um ein zuvor vorbereitetes Bild zu laden.

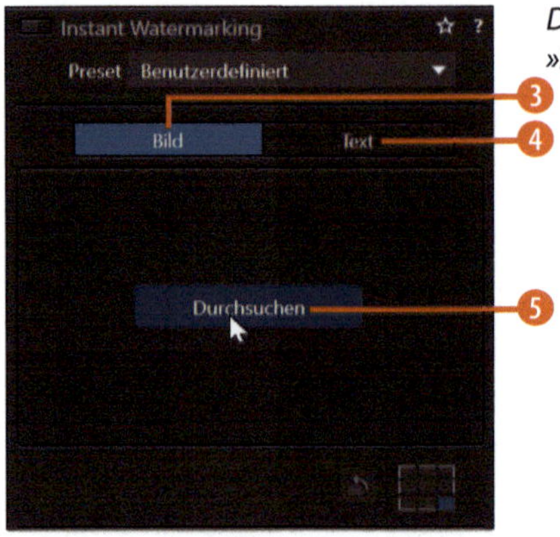

Dies ist das Werkzeug »Instant Watermarking«.

Wählen Sie im folgenden Dialogfeld das Bild ❻ aus, das Sie als Wasserzeichen verwenden wollen.

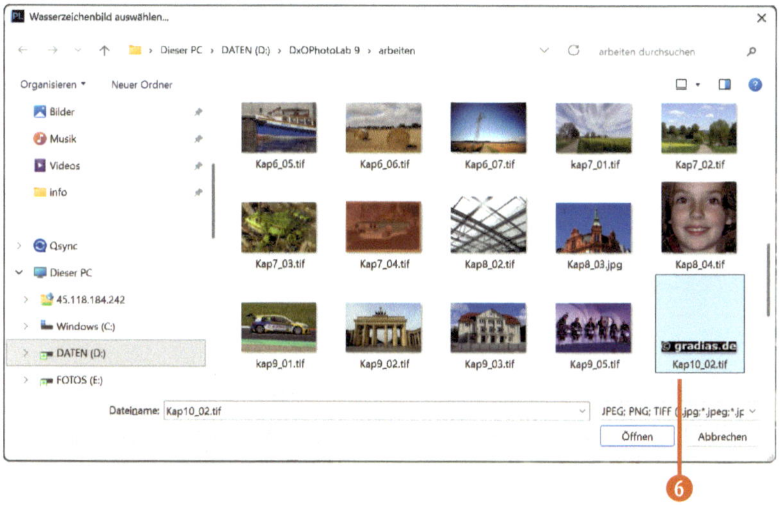

Wählen Sie das Bild aus, das als Wasserzeichen dienen soll.

Kap10_02.jpg

Sie sehen das Bild anschließend im Vorschaubereich ❼. Standardmäßig wird es als kleine Variante in der rechten unteren Bildecke platziert.

Mit diesen ❾ beiden Optionen legen Sie den Abstand zum Rand fest. Wo das Wasserzeichen angeordnet wird, bestimmen Sie in diesem ❽ Feld.

Standardmäßig wird das Wasserzeichen in der unteren rechten Bildecke platziert.

Kap8_03.jpg

Im unteren Bereich des Werkzeugs finden Sie viele verschiedene Optionen, um das Wasserzeichen anzupassen. So können Sie mit dem ***Skalieren***-Regler die Größe einstellen.

Im folgenden Beispiel wurde der Schriftzug mittig platziert ⑩ – in diesem Fall gibt es die ***Rand***-Optionen natürlich nicht mehr. Der ***Skalieren***-Wert wurde nachfolgend auf 80 ⑪ eingestellt, sodass der Schriftzug in der Breite 80 % der Bildbreite ausfüllt.

Hier wurde der Schriftzug skaliert und in der Bildmitte platziert.

Mit dem Mischmodus »Negativ multiplizieren« wird das Schwarz des Schriftzugs entfernt.

Im nächsten Arbeitsschritt wurde im ***Mischmodi***-Listenfeld die Option ***Negativ multiplizieren*** ⑫ eingestellt.

Die Mischmodi legen fest, wie die Pixel der beiden Bilder miteinander verrechnet werden. In der Liste finden Sie sechs unterschiedliche Mischmodi ⓮.

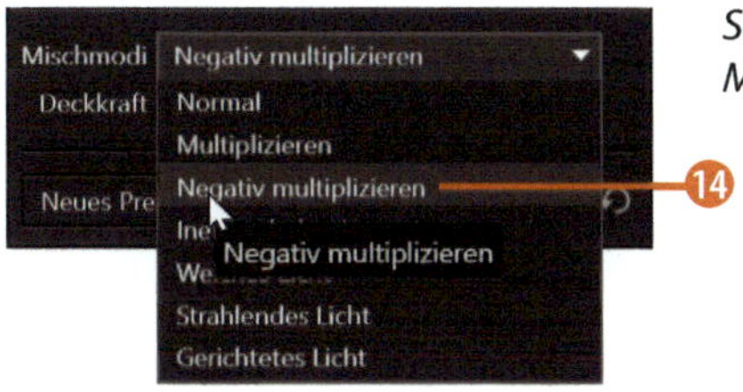

Sie haben in der Liste sechs Mischmodi zur Auswahl.

Außerdem wurde im Beispiel auf der gegenüberliegenden Seite die Deckkraft auf 25 ⓭ reduziert, sodass das Wasserzeichen nur schwach erscheint.

Wasserzeichen als Preset sichern

Wenn Sie verschiedene Bilder mit demselben Wasserzeichen versehen wollen, ist es empfehlenswert, die vorgenommenen Einstellungen als Preset zu speichern.

Nutzen Sie dazu in der Fußzeile des Werkzeugs die Schaltfläche ***Neues Preset erstellen*** ❶. Vergeben Sie im Dialogfeld, das dann geöffnet wird, einen Namen ❷ und bestätigen Sie die Eingabe mit der ***Sichern***-Schaltfläche ❸.

> **Speichern**
>
> Wenn Sie ein generelles Wasserzeichen besitzen, ist es empfehlenswert, die Einstellungen als Preset zu sichern.

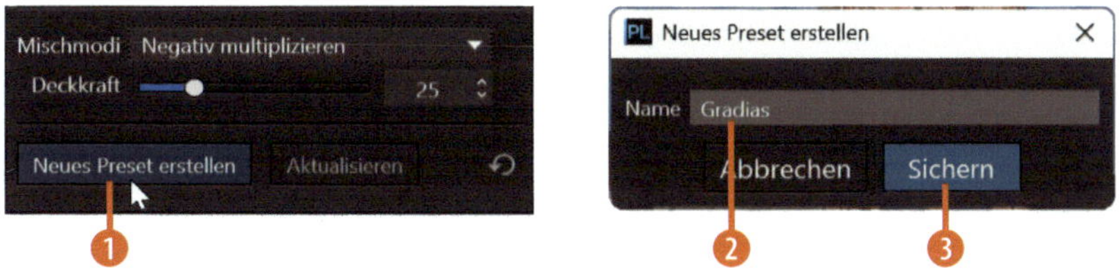

Speichern Sie die Einstellungen als neues Preset.

Sie finden die neue Vorgabe anschließend in der ***Preset***-Liste wieder ❹. Wollen Sie ein eigenes Preset löschen, klicken Sie auf das Mülleimersymbol ❺.

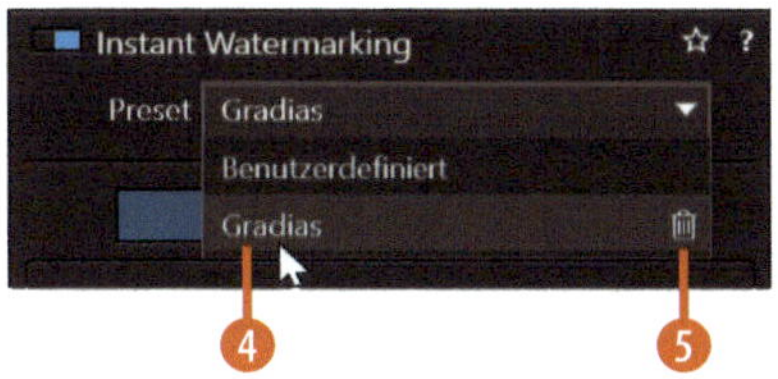

Hier sehen Sie das neue Preset.

Sie können das neue Preset nun nutzen, um diese Einstellungen auf andere Bilder zu übertragen.

Rufen Sie ein anderes Bild auf und wählen Sie das gespeicherte Preset aus der Liste aus 6. Sie sehen dann, dass die Einstellungen übernommen wurden 7.

Hier wurde das gespeicherte Wasserzeichen auf ein anderes Bild übertragen.

Darüber hinaus haben Sie die Möglichkeit, das Wasserzeichen gleichzeitig auf mehrere Bilder anzuwenden. Markieren Sie dazu die betreffenden Bilder im Filmstreifen 9 und rufen Sie das Preset aus der *Preset*-Liste auf. Das Zuweisen dauert einen kurzen Moment 8.

Sie können das gespeicherte Wasserzeichen auf mehrere Bilder gleichzeitig übertragen.

Sie haben dann die Möglichkeit, Werte zu verändern.

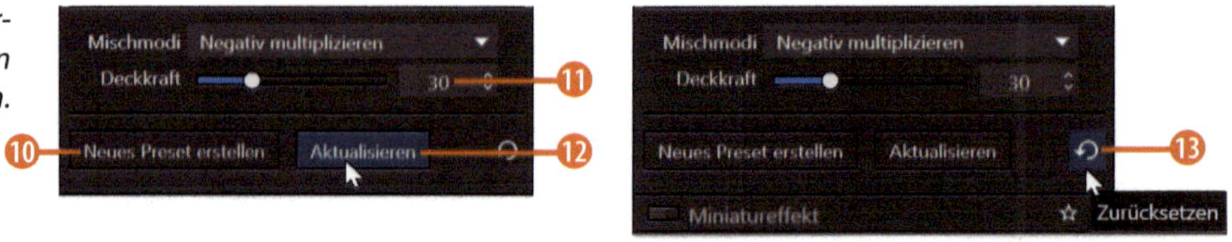

Sie können die übertragenen Einstellungen anpassen.

So wurde im Beispiel die *Deckkraft* ein wenig erhöht ⑪. Sie können nun wählen, ob Sie mit den veränderten Einstellungen ein neues Preset erstellen ⑩ wollen. Alternativ dazu kann das bestehende Preset aktualisiert ⑫ werden. Haben Sie die Einstellungen verändert, können Sie mit dieser ⑬ Schaltfläche zu den gespeicherten Einstellungen zurückzukehren.

Aktualisierung

Das Aktualisieren eines Presets ist nicht empfehlenswert. Haben Sie dieses Preset nämlich bereits anderen Bildern zugewiesen, müssen Sie dort das Zuweisen wiederholen, da es automatisch entfernt wird.

Mischmodi auf Bilder anwenden

Die verschiedenen Mischmodi, die Sie im *Mischmodi*-Listenfeld finden, werden anhand der folgenden Bilder demonstriert.

An diesem Ausgangsbild werden die Mischmodi vorgestellt.

Kap10_03.jpg

Kap10_04.jpg

Dieses Bild soll überblendet werden.

Laden Sie das Ausgangsbild ❶. Dieses soll nun mit einem anderen Bild – das in der gleichen Größe vorliegt – überlagert werden. Laden Sie dieses mit dem Werkzeug *Instant Watermarking* ❷ und skalieren Sie es auf 100 ❸, sodass es den gesamten Bildbereich ausfüllt.

Standardmäßig wird der *Normal*-Mischmodus ❹ verwendet. Das führt dazu, dass vom Ausgangsbild nichts mehr zu sehen ist. Wenn Sie die Deckkraft auf 50 ❺ senken, lässt das obere Bild das untere zur Hälfte durchscheinen.

Hier sehen Sie das Ausgangsbild und das überlagernde Bild zu gleichen Teilen.

Nachfolgend sehen Sie die Auswirkungen der anderen verfügbaren Mischmodi, wobei in allen Beispielen eine Deckkraft von 100 eingestellt wurde.

Diese Bilder zeigen die Mischmodi »Multiplizieren« und »Negativ multiplizieren«.

- **Multiplizieren** 6: Da bei diesem Modus unter anderem eine Multiplikation der Farbtonwerte erfolgt, entsteht immer ein sehr dunkles Ergebnis. Weiße Bildteile verändern das Ergebnis dagegen nicht.
- **Negativ multiplizieren** 7: Hier ist das Ergebnis stets heller, weil unter anderem eine Multiplikation der negativen Farbtonwerte vorgenommen wird. Schwarze und weiße Töne bleiben dabei unverändert.
- **Ineinanderkopieren** 8: Abhängig von der Ausgangsfarbe werden die Farbwerte multipliziert oder negativ multipliziert. Lichter und Tiefen bleiben so erhalten.
- **Weiches Licht** 9: Da die Farben, je nach Mischfarbe, aufgehellt oder abgedunkelt werden, entsteht eine Wirkung, als würde das Bild mit einem Scheinwerfer angestrahlt. Alle Mischfarben, die heller als ein mittleres Grau sind, werden aufgehellt, die anderen abgedunkelt.

Mischmodi

Die Mischmodi arbeiten mit mathematischen Formeln. So werden die Tonwerte des Ausgangsbildes und die des überlagernden Bildes mithilfe verschiedener Formeln berechnet. Dadurch entstehen sehr unterschiedliche Ergebnisse.

Hier sehen Sie von oben links nach unten rechts die Mischmodi »Ineinanderkopieren«, »Weiches Licht«, »Strahlendes Licht« und »Gerichtetes Licht«.

8

9

10

11

- **Strahlendes Licht** 10: Je nach Mischfarbe wird der Kontrast erhöht oder gesenkt. Alle Mischfarben, die heller als ein mittleres Grau sind, werden durch Verringerung des Kontrasts aufgehellt, die anderen durch Erhöhen des Kontrasts abgedunkelt.

- **Gerichtetes Licht** ⑪: Hier wird der Kontrast je nach Mischfarbe verändert. Alle Mischfarben, die heller als ein mittleres Grau sind, werden aufgehellt, die anderen abgedunkelt.

Text-Wasserzeichen verwenden

Alternativ zur Verwendung eines Pixelbildes können Sie auch zur *Text*-Rubrik ① wechseln und in das Eingabefeld ② den gewünschten Text eintippen.

Geben Sie den Text für das Wasserzeichen ein.

Standardmäßig wird der Text in einer kleinen Größe ⑥ in der unteren Bildmitte ③, ⑤ platziert. Als Farbe wird Weiß ④ verwendet. Mit einem Klick auf das Farbfeld können Sie die Farbe im Windows-Farbwähler austauschen.

Der Text wird standardmäßig in die untere Bildmitte gesetzt.

Stellen Sie in diesem 7 Listenfeld die gewünschte Schriftart ein. Im Beispiel kam die Schrift *Verdana* zum Einsatz. Im Listenfeld darunter wurde hier die *Fett*-Variante 9 ausgewählt. Richten Sie den Text mittig aus 8.

Hier wurde die Schrift »Verdana« ausgewählt und der Text mittig platziert.

Mit dieser 10 Schaltfläche kann der Schriftzug entgegen dem Uhrzeigersinn gedreht werden.

Mit dieser Schaltfläche wird der Text gedreht.

Mischen

Sie können auch Bilder und Texte als Wasserzeichen mischen. So könnten Sie beispielsweise ein Bild in einer Ecke und Text in einer anderen Ecke platzieren. Legen Sie die Einstellungen in der jeweiligen Rubrik fest und nutzen Sie das Positionierungssymbol für die Anordnung.

Im abschließenden Arbeitsschritt wurde für das ***Skalieren*** der Wert 50 ⓫ und für die ***Deckkraft*** 30 ⓬ eingestellt. Damit ergibt sich das folgende Endergebnis.

Dies ist das Endergebnis des Workshops.

10.2 Miniatureffekte simulieren

Das nächste Werkzeug können Sie einsetzen, um den sogenannten Miniatureffekt zu simulieren, bei dem lediglich ein festgelegter Teil des Bildes scharf erscheint. Das Werkzeug ***Miniatureffekt*** ❷ ist nur verfügbar, wenn Sie das Programmmodul ***DxO ViewPoint*** ❶ installiert haben.

Das Werkzeug »Miniatureffekt« gehört zum Programmmodul »DxO ViewPoint«.

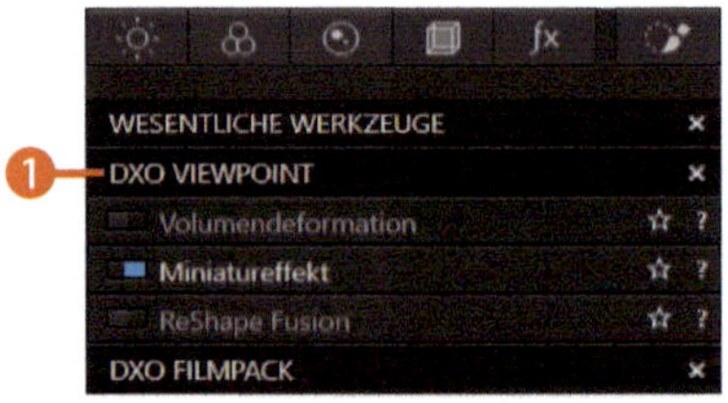

Wenn Sie das Werkzeug aktivieren, werden standardmäßig der obere und der untere Bildteil ❸ weichgezeichnet ❹.

Sobald Sie nach Aktivieren des Werkzeugs 9 den Mauszeiger in das Bild halten, sehen Sie darin verschiedene Markierungslinien 5, die die weichgezeichneten Bereiche kennzeichnen.

Mit den beiden Farbfeldern 6 können Sie die Farben der Markierungslinien anpassen.

Kap10_05.jpg

Dies sind die Standardeinstellungen des Werkzeugs »Miniatureffekt«.

Hier wurde das Werkzeug »Miniatureffekt« aktiviert.

Sollen die Markierungslinien nicht nur dann angezeigt werden, wenn Sie den Mauszeiger in das Bild halten, aktivieren Sie das Kontrollkästchen ***Werkzeug immer anzeigen*** (7). Ist die Bearbeitung abgeschlossen, nutzen Sie die ***Schließen***-Schaltfläche (8), um das Arbeitsfenster zu schließen.

Mit den beiden ***Bokeh***-Werten legen Sie die Stärke der Weichzeichnung für den oberen und unteren Bereich fest. Wenn das Schlosssymbol verschlossen ist (11), werden beide Bereiche gleich stark angepasst. Im Listenfeld ***Bokeh-Form*** finden Sie sechs verschiedene Möglichkeiten (12), um das Aussehen des Bokehs zu bestimmen.

Passen Sie die Optionen des Werkzeugs an.

Sie können die Bereiche verändern, indem Sie die Markierungslinien mit gedrückter linker Maustaste verziehen (13). Sollen oberer und unterer Bereich identisch ausgedehnt sein, aktivieren Sie das Kontrollkästchen ***Symmetrische Position*** (10).

Markierungslinien

Mit den durchgezogenen Linien wird der weichgezeichnete Bereich festgelegt. Die gestrichelten Linien bestimmen die Breite des Übergangsbereichs.

Sie können die Markierungslinien per Drag and Drop anpassen.

Klicken Sie auf den Markierungspunkt oben (14) oder unten (16), wenn Sie den Bereich mit gedrückter linker Maustaste drehen wollen. Mit dem mittleren Markierungspunkt (15) können Sie den Bereich verschieben.

Drehen Sie den Bereich.

10.3 Farbfilter und Bildwirkung

Im *Filter*-Listenfeld des *Filter*-Werkzeugs gibt es 18 Farbfilter. Diese sollen anhand des nachfolgend gezeigten Ausgangsbildes (1) vorgestellt werden.

Dieses Ausgangsbild soll bearbeitet werden.

Kap10_06.jpg

Zu analogen Zeiten haben Fotografen gern Farbfilter vor das Objektiv geschraubt, um eine bestimmte Bildwirkung zu erreichen. Das wird mit dem *Filter*-Werkzeug simuliert. So wurde nachfolgend das Bild mit der Option *Blau - DxO FilmPack* 2 eingefärbt.

Hier kam ein Blaufilter zum Einsatz.

Der *Dichte*-Wert legt fest, wie deutlich die Filterwirkung sein soll. Nachfolgend sehen Sie das Ergebnis des Werts 50 3.

Hier wurde der »Dichte«-Wert auf 50 reduziert.

Bei der nächsten gezeigten Variante – unter Anwendung der Option *Braun - DxO FilmPack* 4 – erhält das Foto eine Art Sepiafärbung.

Diese Variante wurde bräunlich eingefärbt.

10.4 Analoges Filmkorn simulieren

Das *Korn*-Werkzeug können Sie verwenden, um die Körnigkeit analoger Filme zu simulieren. Dafür steht eine lange Liste beliebter analoger Filme zur Verfügung, in der sowohl Negativfilme als auch Diapositivfilme angeboten werden.

1

Dieses Ausgangsbild 1 soll bearbeitet werden.

Kap10_07.jpg

Die Optionen, die Sie in der Liste finden, beziehen sich übrigens nur auf das Simulieren des Filmkorns. Wenn Sie also beispielsweise die *Schwarzweißfilm*-Kategorie 2 aufrufen, wird kein

Schwarz-Weiß-Bild erstellt, sondern nur das Filmkorn des ausgewählten Filmtyps nachgeahmt.

In der »Kategorie«-Liste gibt es unterschiedliche Optionen.

Daher ist eine Vorbereitung des Bildes sinnvoll, wenn Sie einen Schwarz-Weiß-Film simulieren wollen. Nutzen Sie zum Beispiel das Werkzeug ***Farb-/SW-Wiedergabe*** ❸ aus der *Farbe*-Rubrik mit der Option ***Neutrales Schwarzweiß*** ❹, um eine Schwarz-Weiß-Variante zu erstellen.

Hier wurde das Ausgangsbild in eine schwarz-weiße Variante umgewandelt.

Aktivieren Sie nun das *Korn*-Werkzeug aus der Rubrik ***Wasserzeichen & Effekte*** und stellen Sie die Kategorie ***Schwarzweißfilm*** ein.

In der *Film*-Liste finden Sie diverse Filmtypen – mit unterschiedlichen Empfindlichkeiten –, die zu analogen Zeiten beliebt waren.

Der auf der gegenüberliegenden Seite gezeigte Film *Ilford Delta™ 3200* ❻ hat eine sehr hohe Empfindlichkeit und zeigt daher ein deutliches Filmkorn.

Um die Wirkung der Körnung gut erkennen zu können, ist es empfehlenswert, in der Symbolleiste eine Darstellungsgröße von 100 % einzustellen ⑤.

Hier sehen Sie einen Filmtyp mit einer hohen Empfindlichkeit.

Im ***Format***-Listenfeld finden Sie mehrere Filmbildgrößen. Das ist nützlich, da das Filmkorn ja immer gleich groß ist. Es wirkt sich daher bei kleinem Filmmaterial viel deutlicher aus als bei großem. Die Formate orientieren sich an den am weitesten verbreiteten analogen Filmformaten 24 × 36 mm für das Kleinbildformat – das standardmäßig ausgewählt ist – sowie am Mittelformat und am Großformat. Wenn Sie die Größe des Filmkorns manuell festlegen wollen, aktivieren Sie die ***Manuell***-Option ⑦.

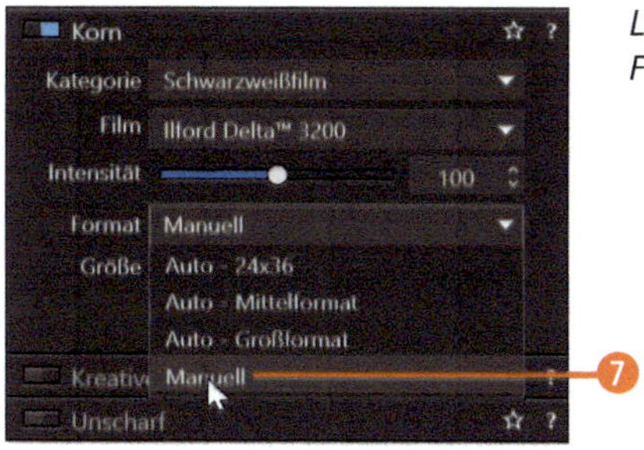

Legen Sie das Filmformat fest.

Nach der Auswahl der ***Manuell***-Option bestimmen Sie mit dem ***Größe***-Regler, wie dominant das Filmkorn sein soll. Im folgenden Beispiel wurde 3.0 **8** verwendet, was für ein grobes Filmkorn sorgt. Wenn Sie Bilder zugeschnitten haben, legen Sie mit dem Kontrollkästchen *An Ausschnitt anpassen* **9** fest, dass nur der zugeschnittene Bildbereich angepasst werden soll.

Hier wurde zur Verdeutlichung ein sehr grobes Filmkorn eingestellt.

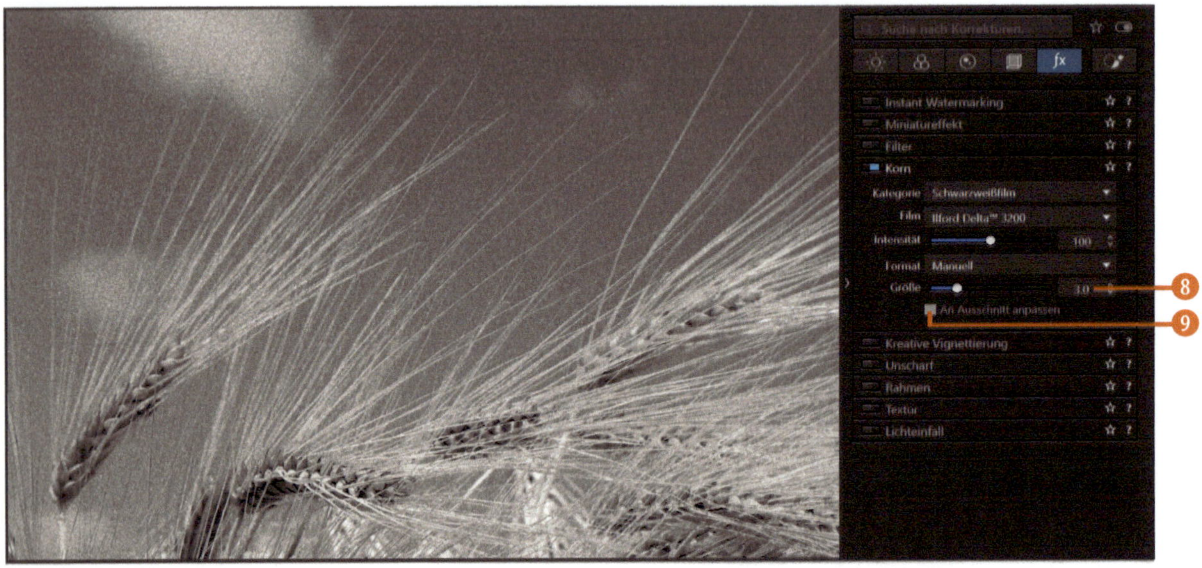

10.5 Kreative Vignettierungen

Das Werkzeug *Kreative Vignettierung* gehört ebenfalls zum Programmmodul *DxO FilmPack*.

Hier wurden die Bildecken abgedunkelt.

Mit dem Werkzeug haben Sie erweiterte Möglichkeiten gegenüber dem *Vignettierung*-Werkzeug, das in der *Belichtung*-Rubrik untergebracht ist. Nachfolgend wurden die Bildecken abgedunkelt.

Dafür stellen Sie einen negativen *Intensität*-Wert ein. Im oberen Beispiel auf der gegenüberliegenden Seite wurde der Wert –50 ❶ verwendet. Mit einem positiven Wert 50 werden die Ecken dagegen aufgehellt.

Mit dem *Mittelpunkt*-Wert ❷ bestimmen Sie, wie weit vom Mittelpunkt entfernt der Effekt zu wirken beginnt. Je höher der Wert eingestellt ist, umso weiter ragt die Vignettierung in Richtung Bildmitte.

Standardmäßig wird als Mittelpunkt die Bildmitte verwendet. Wenn Sie ein neues Zentrum festlegen wollen, aktivieren Sie das *Zentrum*-Werkzeug ❸ und klicken im Bild auf die gewünschte Position.

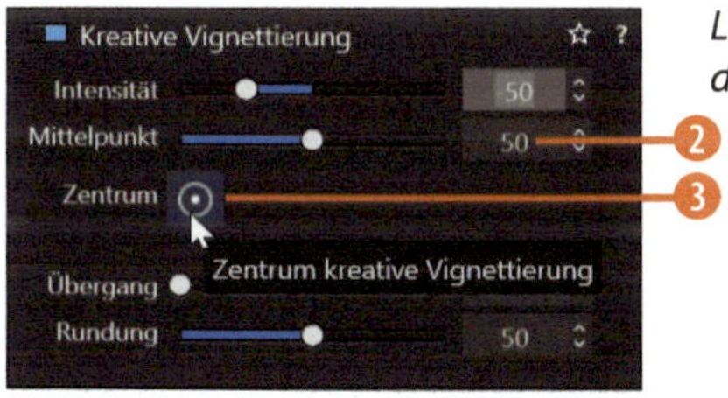

Legen Sie den Mittelpunkt der Vignettierung fest.

Hier wurde der »Übergang«-Wert auf 50 erhöht.

Wenn Sie die erweiterten Optionen einblenden, können Sie mit dem *Übergang*-Wert ❹ festlegen, wie weich die Vignettierung auslaufen soll. Je höher Sie den Wert einstellen, umso scharfkantiger erscheint die Vignettierung.

Der *Rundung*-Wert bestimmt, mit welcher Rundung die Vignettierung verläuft. Mit dem Minimalwert 0 ergibt sich ein Rechteck und mit dem Maximalwert 100 ein Kreis. Beim Standardwert 50 wird die Form der Vignettierung an das Bild angepasst. Nachfolgend wurde der Wert auf 20 ❺ reduziert.

Hier wurde der »Rundung«-Wert auf 20 reduziert.

10.6 Unschärfe und Weichzeichnung

Das *Unscharf*-Werkzeug können Sie nutzen, um das Bild auf zwei verschiedene Arten weichzuzeichnen. So werden mit der *Vignette*-Option ❶ die äußeren Bildbereiche unscharf wiedergegeben.

Auch das »Unscharf«-Werkzeug bietet erweiterte Möglichkeiten an.

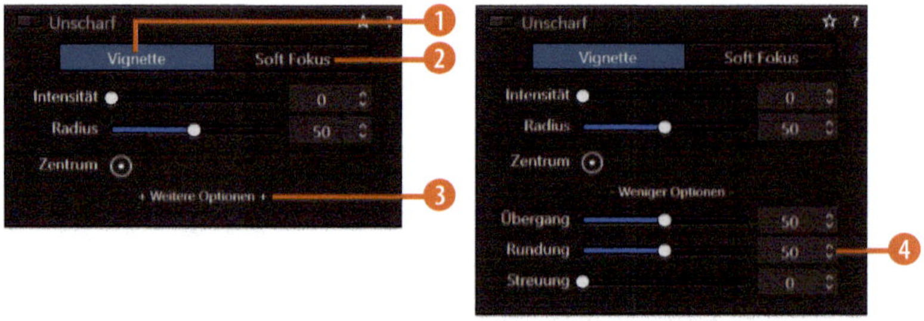

Mit der Variante ***Soft Fokus*** ❷ erzeugen Sie für das gesamte Bild ein »weiches« Ergebnis, bei dem die Konturen scharf erhalten bleiben. Klicken Sie auf den Link ***Weitere Optionen*** ❸, um zusätzliche Einstellungsmöglichkeiten ❹ einzublenden.

Stellen Sie im ***Vignette***-Bereich für die ***Intensität*** den Wert 20 ❺ ein, um das folgende Ergebnis zu erzielen, bei dem die Bildmitte scharf und das Umfeld weich erscheint. Sie können diese Option einsetzen, wenn Sie das Motiv, das sich in der Bildmitte befindet, effektvoll hervorheben wollen.

Hier wurden die äußeren Bildbereiche weichgezeichnet.

Standardmäßig wird die Bildmitte für den Effekt genutzt, mit dem ***Zentrum***-Werkzeug ❻ können Sie aber auch einen anderen Mittelpunkt festlegen. Klicken Sie nach dem Aufruf des Werkzeugs auf die Position im Bild, die als neuer Mittelpunkt verwendet werden soll.

Mit dem ***Radius***-Wert bestimmen Sie, wie groß der mittlere Bereich sein soll. Je höher Sie den Wert einstellen, umso mehr Bildteile bleiben vom Effekt unberührt. Wie weich der Übergang sein soll, legen Sie mit dem ***Übergang***-Wert fest.

Der ***Rundung***-Wert bestimmt die Form. Das kennen Sie bereits vom Werkzeug ***Kreative Vignettierung***. Je höher der ***Streuung***-Wert eingestellt wird, desto mehr Details bleiben erhalten. Beim Maximalwert 100 ist vom Effekt nichts mehr zu sehen.

Soft-Fokus anwenden

Wenn Sie zur Rubrik ***Soft Fokus*** **1** wechseln, wird das Gesamtbild weichgezeichnet, wobei aber die Details im Bild erhalten bleiben. Je höher Sie den ***Intensität***-Wert einstellen, umso mehr feine Details werden weichgezeichnet, und nur die deutlichen Konturen bleiben erhalten. Nachfolgend sehen Sie, dass mit dem Maximalwert 100 **2** ein sehr plakativ wirkendes Ergebnis entsteht. Unten wurde der ***Streuung***-Wert 30 **3** verwendet.

Porträts

Sie können diese Option zum Beispiel auch gut auf Porträts anwenden. Dabei werden die Hauttöne weichgezeichnet. So lassen sich etwa Hautunreinheiten abmildern.

Hier wurde der maximale »Intensität«-Wert eingesetzt.

10.7 Motive mit Rahmen versehen

Anhand des folgenden Ausgangsbildes ❶ wird das *Rahmen*-Werkzeug vorgestellt.

❶

An diesem Ausgangsbild soll das »Rahmen«-Werkzeug demonstriert werden.

Kap10_08.jpg

Mit dem *Rahmen*-Werkzeug können Sie Vorlagen ❷ nutzen, um das Bild mit einem Rahmen zu versehen.

Am Anfang der Liste finden Sie verschiedene sehr einfache Rahmen.

Die Liste startet mit Rahmen, die Dunkelkammerergebnisse oder analoge Diafilme simulieren. So sehen Sie im Bild auf der nächsten Seite die Variante *Dia 2* ❸, die einen analogen Diafilm nachempfindet.

Hier wird als Rahmen die Simulation eines analogen Diafilms verwendet.

Mit dem *Größe*-Regler 4 bestimmen Sie, wie weit der Rahmen in das Bild hineinragt. Diese 5 Schaltfläche bewirkt, dass das Bild in den Rahmen eingepasst wird.

Bei dieser Variante wurde der Rahmen um den »Größe«-Wert 80 verbreitert.

Nutzen Sie diese 6 Schaltfläche, wenn Sie den Rahmen entgegen dem Uhrzeigersinn drehen wollen. Das sorgt dafür, dass der rechte Rand dann oben erscheint und der obere Rand links. Das kann zum Beispiel für Bilder im Hochformat nützlich sein.

Weiter unten in der *Rahmen*-Liste gibt es unter anderem Optionen, um Glas (7) oder altes Papier zu simulieren. In der Liste finden Sie auch sehr einfache Rahmen.

So wurde im unteren Bild die *Glas*-Option (8) mit dem maximalen *Größe*-Wert 200 (9) eingesetzt. Die Wirkung fällt besonders oben links und unten rechts auf.

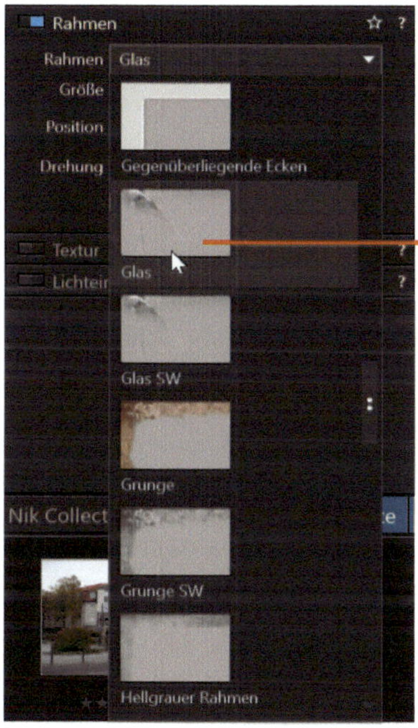

Am Ende der Liste finden Sie Vorlagen für Rahmen, die »Glas« und »Altes Papier« simulieren.

Einpassen oder überlagern

Mit den beiden *Position*-Schaltflächen legen Sie fest, ob der Rahmen über das Bild gelegt oder ob es in den Rahmen eingepasst wird, sodass es vollständig zu sehen ist. Da einige Rahmen bis zum Rand transparent sind, ist die zweite Variante bei diesen Rahmen deaktiviert.

Hier wurde ein Rahmen angewendet, der Glas simuliert.

10.8 Texturen über Bilder legen

Das *Textur*-Werkzeug können Sie einsetzen, um eine Textur über das Bild zu legen. So lassen sich beispielsweise verschiedene Papiersorten simulieren, die zu analogen Zeiten verwendet wurden. Auch beschädigte Oberflächen lassen sich nachempfinden. Das soll am folgenden Ausgangsbild ❶ gezeigt werden.

Dieses Ausgangsbild dient der Vorstellung des »Textur«-Werkzeugs.

Kap10_09.jpg

Im *Textur*-Listenfeld finden Sie sieben Optionen ❷.

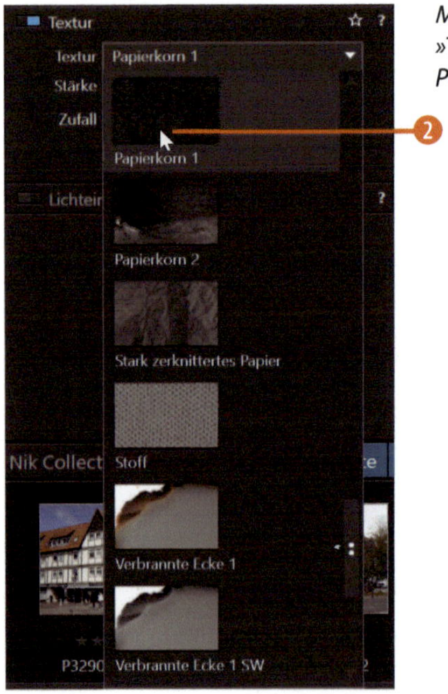

Mit den ersten Optionen im »Textur«-Listenfeld wird ein Papierkorn nachempfunden.

Im folgenden oberen Bild wurde die Textur *Papierkorn 1* 3 angewendet. Zum Verstärken der Wirkung dient der maximale *Stärke*-Wert 100 4.

Unter den Vorlagen finden Sie auch eine farbige Variante mit der Bezeichnung *Flecken 1* 5, die Sie unten sehen – ebenfalls in maximaler Stärke. Nutzen Sie die *Zufall*-Schaltfläche 6, um die Position der Textur zufällig festzulegen.

Hier sehen Sie eine schwarz-weiße und eine farbige Textur.

10.9 Lichteinfall wie zu analogen Zeiten

Das *Lichteinfall*-Werkzeug simuliert einen Lichteinfall bei einer analogen Filmrolle, weil beispielsweise die Filmpatrone nicht ganz dicht gewesen ist. Nachfolgend wurde die Standardeinstellung mit einem *Stärke*-Wert von 100 ① genutzt. Sie erkennen den Lichteinfall in diesem Beispiel am unteren Rand.

Dies ist die Standardvorgabe des »Lichteinfall«-Werkzeugs.

In der *Lichteinfall*-Liste gibt es verschiedene Vorlagen für farbige und schwarz-weiße Lichteinfälle.

Dies ist der Lichteinfall »Farbig 6«.

Im Beispiel wurde die Option *Farbig 6* ❷ gewählt, mit der sehr deutliche Lichtspuren in das Bild hineinragen. Mit dieser ❸ Schaltfläche legen Sie fest, dass die Lichtspuren oben im Bild platziert werden sollen. Die Effekte können mit den anderen Schaltflächen an jeder Bildkante platziert werden. Nutzen Sie diese ❹ Schaltfläche zum zufälligen Verschieben des Effekts.

Hier wurde der Lichteinfall oben platziert.

Am Ende der *Lichteinfall*-Liste finden Sie Vorlagen, mit denen schwarz-weiße Lichteinfälle entstehen. So sehen Sie nachfolgend die Option *Weiß 2* ❺.

Hier wurde ein weißer Lichteinfall simuliert.

Grundlegende RAW-Entwicklung

Sie können fast alle Werkzeuge, die DxO PhotoLab anbietet, sowohl bei Bildern im RAW-Format als auch beispielsweise bei Bildern der Dateiformate JPEG und TIFF anwenden. Wenn Sie RAW-Bilder bearbeiten, haben Sie aber verschiedene Vorteile. So können Sie etwa den Weißabgleich präziser einstellen. Auch etwaige Fehlbelichtungen lassen sich wirkungsvoller beheben, da mehr Tonwerte zur Verfügung stehen, denn RAW-Bilder werden in einer größeren Farbtiefe (16 Bit) aufgezeichnet als JPEG-Bilder. In diesem Kapitel werden Ihnen die typischen Arbeitsschritte beim Entwickeln eines RAW-Bildes vorgestellt.

11.1 Ein RAW-Bild bearbeiten

Für die Entwicklung eines RAW-Bildes wird das folgende Ausgangsfoto ❶ verwendet. Es wurde absichtlich ein Bild ausgewählt, das falsch belichtet ist.

Beim Einsatz des RAW-Formats haben Sie nämlich den Vorteil, dass Sie die Belichtung bei der Bearbeitung in DxO PhotoLab leicht korrigieren können.

Wenn die Fehlbelichtung etwa zwei Lichtwerte nicht überschreitet, kann sie in den meisten Fällen ohne Qualitätsverlust korrigiert werden.

Dieses unterbelichtete RAW-Bild soll bearbeitet werden.

Kap11_01.nef

RAW-Format

DxO PhotoLab unterstützt die RAW-Formate aller wichtigen Kameras. Das RAW-Format ist kein einheitliches Dateiformat – hier kocht jeder Hersteller sein »eigenes Süppchen«.

In der ***Metadaten***-Palette am rechten Rand des Arbeitsbereichs der ***Fotothek***-Rubrik finden Sie verschiedene Informationen zum ausgewählten RAW-Bild. Beim Beispielbild handelt es sich um eine NEF-Datei. Dieses RAW-Format ❸ wird von Nikon ❹ verwendet.

In der ***Histogramm***-Palette erkennen Sie die Unterbelichtung sehr gut: im rechten Bereich finden sich fast gar keine Tonwerte ❺ – links dagegen sehr viele.

Im rechts gezeigten Histogramm ist die Unterbelichtung gut erkennbar. Das Bild wurde mit ISO 1600 ❷ belichtet.

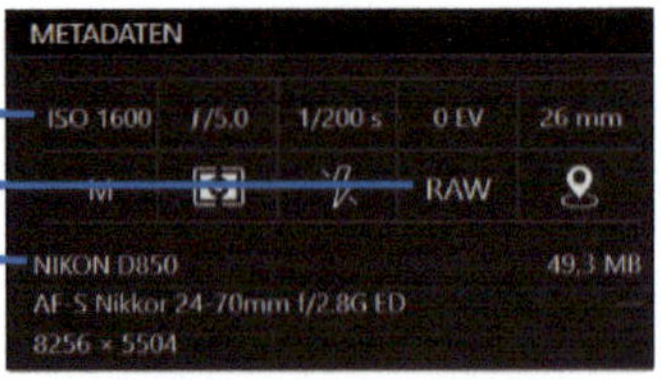

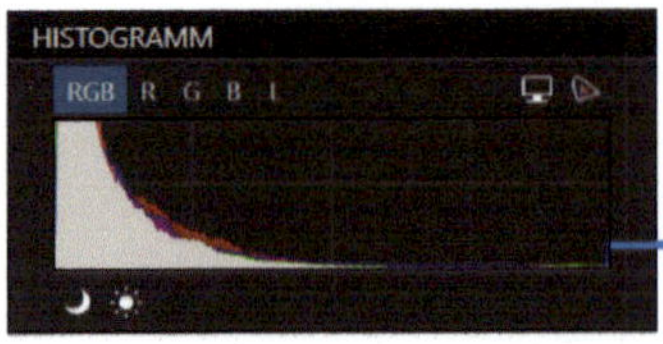

Wechseln Sie zur *Belichtung*-Rubrik und stellen Sie beim Werkzeug *Belichtung* eine *Belichtung* von 1.80 ⑥ ein, um das Bild deutlich aufzuhellen.

Setzen Sie außerdem beim Werkzeug *Selektive Tonwerte* für die *Spitzlichter* den Wert auf –20 ⑦ und für die *Schatten* den Wert auf 60 ⑧. Dadurch werden die Schattenbereiche des Bildes deutlich aufgehellt.

Beim oberen Bild wurde die Belichtung korrigiert.

Neben der Belichtungskorrektur bietet das RAW-Format den weiteren großen Vorteil, dass Sie die Weißabgleichseinstellungen sehr präzise bestimmen können.

Während Sie beim Bearbeiten von JPEG-Bildern im Werkzeug *RGB-Weißabgleich* fast keine Optionen zur Verfügung haben, können Sie bei Bildern im RAW-Format in der *Auswahl*-Liste zwischen verschiedenen Einstellungen wählen. Im Beispiel wurde die Option *Leuchtstoffröhre* ⑨ eingestellt, wodurch ein etwas kühler wirkendes Ergebnis entsteht.

Hier wurde eine andere Weißabgleichseinstellung verwendet.

Überflüssige Bildteile abschneiden

Bevor die weiteren Bearbeitungsschritte folgen, sollen erst die überflüssigen Bildteile abgeschnitten werden, da dann die nächsten Korrekturen besser beurteilt werden können.

Rufen Sie in der *Geometrie*-Rubrik das *Zuschneiden*-Werkzeug auf. Stellen Sie in der *Seitenverh*-Liste die Option *Original* ④ ein, damit das Seitenverhältnis beim Zuschneiden erhalten bleibt.

Ziehen Sie nach dem Aktivieren der *Zuschneiden*-Option ⑤ den Rahmen ① auf. Alle Bildteile außerhalb des Rahmens erscheinen abgedunkelt ②. Im Beispiel wird der angeschnittene Musiker links entfernt. Nutzen Sie abschließend die *Schließen*-Schaltfläche ③, um das Zuschneiden zuzuweisen.

Legen Sie den Zuschneidebereich fest.

Detaillierte Optimierungen vornehmen

Nachfolgend sehen Sie das fertig zugeschnittene Zwischenergebnis ①. So wurden besonders die leeren Bereiche rechts entfernt.

Hier sehen Sie das zugeschnittene Ergebnis.

Jetzt wird das Bild in Details noch weiter optimiert. Nutzen Sie im ersten Schritt das Werkzeug *DxO SmartLighting*, um die dunklen Bereiche aufzuhellen.

Stellen Sie in der *Homogen*-Rubrik ❷ einen sehr niedrigen *Intensität*-Wert von 5 ❸ ein, sodass die dunklen Bereiche nur wenig aufgehellt werden.

Für eine bessere Klarheit durch optimierte Kontrasteinstellungen wird nun das Werkzeug *DxO ClearView Plus* mit dem Standardwert 50 eingesetzt ❹. Das führt auch dazu, dass die hellen Bereiche der Strahler etwas eingegrenzt werden. Sie sehen das nachfolgend im unteren Bild.

Hier wurden die dunklen Bereiche und der Kontrast optimiert.

Unschönes Rauschen entfernen

Gehen bei einem digitalen Foto durch Bildstörungen Details des eigentlichen Motivs verloren, nennt man das »Bildrauschen«. An diesen Stellen haben die Pixel nicht die Farbe der benachbarten Pixel.

Beim Bildrauschen unterscheidet man zwischen dem Helligkeitsrauschen und dem Farbrauschen. Während man das Helligkeitsrauschen besonders in flächigen Motiven – wie etwa einem strahlend blauen Himmel – erkennen kann, fällt das Farbrauschen eher in dunklen Bildpartien auf. Das Helligkeitsrauschen empfindet der Betrachter in den allermeisten Fällen nicht als störend, da vollständig einfarbige Flächen eher unnatürlich wirken würden.

Bildrauschen

Bildrauschen entsteht am ehesten, wenn Sie sehr hohe ISO-Werte verwenden. Bei aktuellen Systemkameras tritt meistens ab etwa ISO 1600 ein sichtbares Bildrauschen auf.

Das Farbrauschen ist erheblich lästiger als das Helligkeitsrauschen. Es macht Bilder nämlich schnell unbrauchbar. Beim Farbrauschen sind die fehlfarbenen Pixel störend, die vornehmlich in den dunklen Bereichen des Fotos auftauchen. Davon betroffen sind beispielsweise besonders Nachtaufnahmen oder die Schattenbereiche von Aufnahmen.

Je höher die verwendete ISO-Empfindlichkeit ist, umso deutlicher fallen die fehlfarbenen Pixel auf. Das Beispielfoto wurde mit ISO 1600 aufgenommen und zeigt daher ein deutliches Bildrauschen. Stellen Sie eine Darstellungsgröße von 100 % (1) – oder mehr – ein, um das Bildrauschen (2) besser erkennen zu können.

Wählen Sie in der vergrößerten Ansicht einen Bildausschnitt aus, in dem das Rauschen in den dunklen Bildpartien zu erkennen ist.

Das effektive Entrauschen ist eine der großen Stärken von DxO PhotoLab im Vergleich zu anderen RAW-Entwicklern. Öffnen Sie das Werkzeug ***Denoising & Demosaicing***.

Auch wenn das Berechnen mit der ***DeepPRIME XD/XD2s***-Option ❸ am längsten dauert, sollten Sie sie auswählen, da damit die beste Qualität erzielt wird. Die passenden Werte für ***Luminanz*** ❹ und ***Tote Pixel*** ❺ werden automatisch ermittelt.

Hier sehen Sie das Ergebnis des Entrauschens.

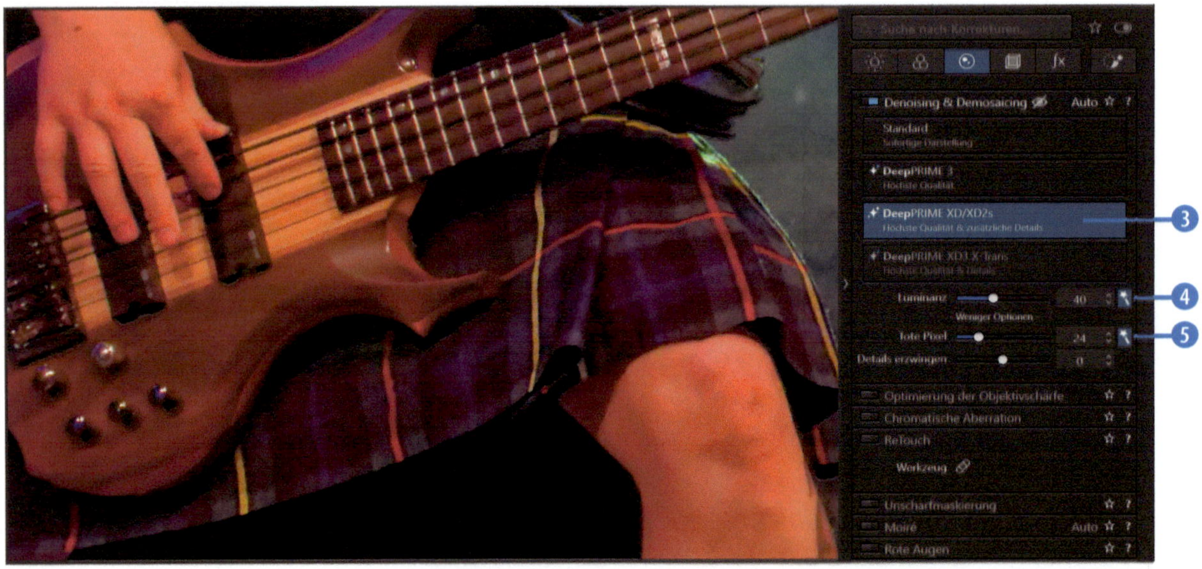

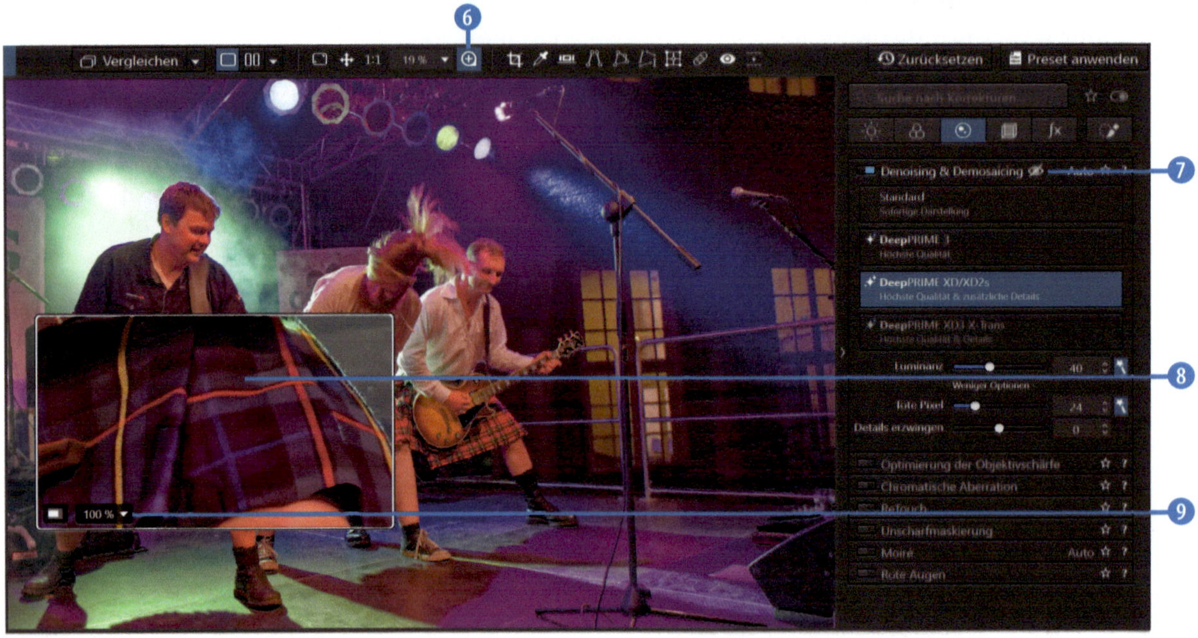

Wurde die Darstellungsgröße nicht auf 100 % eingestellt, erkennen Sie an diesem ❼ Symbol, dass Sie die Lupe in der Symbolleiste ❻ nutzen können. Schieben Sie das Fenster mit gedrückter linker Maustaste auf eine aussagekräftige Position im Bild ❽. In diesem ❾ Listenfeld kann die Größe geändert werden.

Rauschminderung

Das Entfernen des Bildrauschens wird erreicht, indem das Bild ein wenig weichgezeichnet wird. So verschwinden die sehr feinen Details. Beim Bildrauschen handelt es sich um fehlfarbene Pixel, die somit entfernt werden.

Hot Pixel

Wenn Sie hohe Empfindlichkeiten einsetzen, können sogenannte Hot Pixel entstehen. Das sind einzelne helle Pixel, die eigentlich dunkel sein müssten. Mit der Option *Tote Pixel* kann dieses Manko behoben werden. Sie sollten keine zu hohen Werte verwenden, da dann falsche Bereiche abgedunkelt erscheinen können.

Entrauschtes Bild nachschärfen

Es liegt in der Natur der Sache, dass beim Entrauschen ein etwas weichgezeichnetes – also unscharfes – Ergebnis entsteht. Das soll im nächsten Arbeitsschritt korrigiert werden. Rufen Sie dazu das *Unscharfmaskierung*-Werkzeug auf, das Sie ebenfalls in der *Details*-Rubrik finden.

Stellen Sie einen *Intensität*-Wert von 200 ❶ (Werte von −100 bis 500 sind möglich) und einen *Radius* von 1.00 ❷ ein. Werden höhere Werte verwendet, kann das Bildrauschen wieder auftauchen. Der *Schwellwert* bestimmt, ob kleinste Details geschärft werden sollen.

Hier wurde die Bildschärfe mit dem Werkzeug »Unscharfmaskierung« optimiert.

Schärfung

Auch wenn Sie Bilder schärfen, sollten Sie eine vergrößerte Darstellung wählen, um die Veränderungen gut erkennen zu können.

Je höher Sie den ***Schwellwert*** einstellen, umso mehr Details werden von der Schärfung ausgeschlossen. Der Wert ***Offset Ecken*** sorgt dafür, dass die Schärfe von der Bildmitte zu den Bildecken angeglichen wird.

Stellen Sie nun wieder die Gesamtansicht ein, um das Endergebnis ③ dieses Workshops komplett beurteilen zu können. Nutzen Sie dazu am besten diese ④ Schaltfläche in der Symbolleiste.

Dies ist das Endergebnis, das sich sehr deutlich vom Ausgangsbild auf Seite 260 unterscheidet.

11.2 Presets für Korrekturen nutzen

Im folgenden Workshop sollen schnelle Korrekturen mithilfe von Presets ② vorgenommen werden.

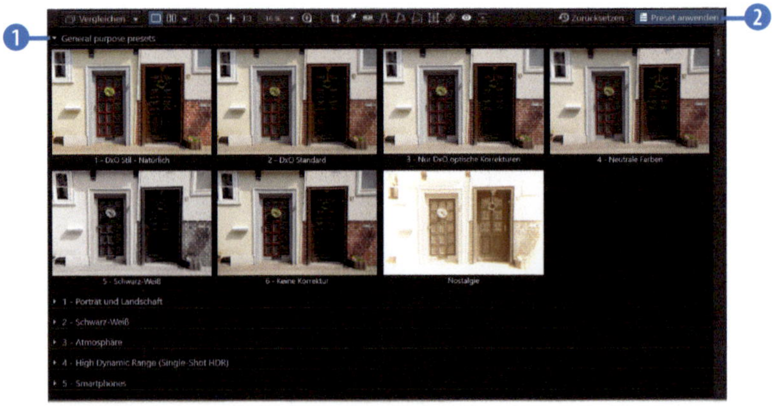

In den Presets finden Sie Optionen für grundlegende Korrekturen.

Die Auswirkungen sollen anhand des folgenden RAW-Bildes ❹ demonstriert werden, das mit einer Sony-Kamera aufgenommen wurde. Im Bild sehen Sie deutliche Verzeichnungen ❸.

An diesem Ausgangsbild soll ein Preset angewendet werden.

Kap11_02.arw

In der ***Preset***-Rubrik ***General purpose presets*** ❶ finden Sie unterschiedliche Voreinstellungen für allgemeine Korrekturen. So wurde nachfolgend beispielsweise die Option ***2 - DxO Standard*** angewendet.

Am deutlichsten fallen die Korrekturen des ***Verzeichnung***-Werkzeugs auf – die Verzeichnungen sind verschwunden.

Hier wurde ein Standard-Preset angewendet.

Um zu erkennen, welche Werkzeuge bei diesem Preset zum Einsatz kamen, klicken Sie auf den Regler *Aktive Korrekturen* 5. Dann werden nur noch die verwendeten Werkzeuge in der Liste angezeigt 7. Achten Sie darauf, dass keine der Rubriken 6 eingeblendet ist, da ansonsten nur die aktiven Werkzeuge dieser Rubrik angezeigt werden. Sie können die Einstellungen des Presets natürlich mithilfe weiterer Werkzeuge ausbauen. Deaktivieren Sie dazu zunächst die Option *Aktive Korrekturen* 8.

Im oberen Bild wurde die Perspektive korrigiert, im unteren Bild wurde die Farbsättigung auf den Maximalwert 100 erhöht.

Rufen Sie das *Perspektive*-Werkzeug aus der *Geometrie*-Rubrik ⑨ auf und aktivieren Sie die automatische Korrektur ⑩. Sie sehen am Ergebnis, dass nun die horizontalen und vertikalen Linien korrekt ausgerichtet erscheinen.

Zusätzlich wurde beim unteren Bild auf der gegenüberliegenden Seite beim *HSL*-Werkzeug in der *Farbe*-Rubrik der maximale *Vibrancy*-Wert 100 ⑪ eingestellt, um die Farbsättigung im Bild zu erhöhen.

Korrekturen als Preset sichern

Wenn Sie das Preset angepasst haben und später weitere RAW-Bilder mit denselben Einstellungen bearbeiten wollen, ist es empfehlenswert, es dauerhaft zu speichern. Rufen Sie dazu die Funktion ***Bild*/*Neues Preset aus Bildeinstellungen erstellen*** ① auf.

Speichern Sie die Einstellungen als Preset.

Legen Sie im Dialogfeld, das dann geöffnet wird, den Speicherort fest. Je nachdem, in welchem Unterordner Sie das Preset gesichert haben, finden Sie es anschließend im Dialogfeld ***Preset anwenden*** wieder ②.

Nach dem Speichern wird das neue Preset im Dialogfeld aufgelistet.

11.3 Für das letzte Quäntchen Qualität

DxO PhotoLab lässt sich prima nutzen, um das letzte Quäntchen an Qualität aus einem RAW-Foto herauszuholen. Das soll anhand dieses Ausgangsbildes ❶ gezeigt werden. Obwohl es korrekt belichtet wurde, kann es weiter verbessert werden.

Dieses RAW-Bild soll optimiert werden.

Kap11_03.nef

❶

Im ersten Arbeitsschritt wird das Werkzeug ***Belichtung*** genutzt, um das Bild mit einem ***Belichtung***-Wert von –0.30 ❷ ein wenig abzudunkeln.

Hier wurde eine negative Belichtungskorrektur eingestellt.

❷

Nutzen Sie das Werkzeug *DxO ClearView Plus* mit einem *Intensität*-Wert von 50 ❸, um die Kontraste im Bild zu optimieren.

Hier wurden die Kontraste optimiert.

Als Nächstes soll die Perspektive korrigiert werden. Dazu wird die Option *Parallelen erzwingen* ❽ gewählt, da die automatische Korrektur nicht zu einem optimalen Ergebnis führte. Blenden Sie mit der Tastenkombination [Strg]+[G] Gitterlinien ein.

Die Perspektive soll mit der Option »Parallelen erzwingen« korrigiert werden.

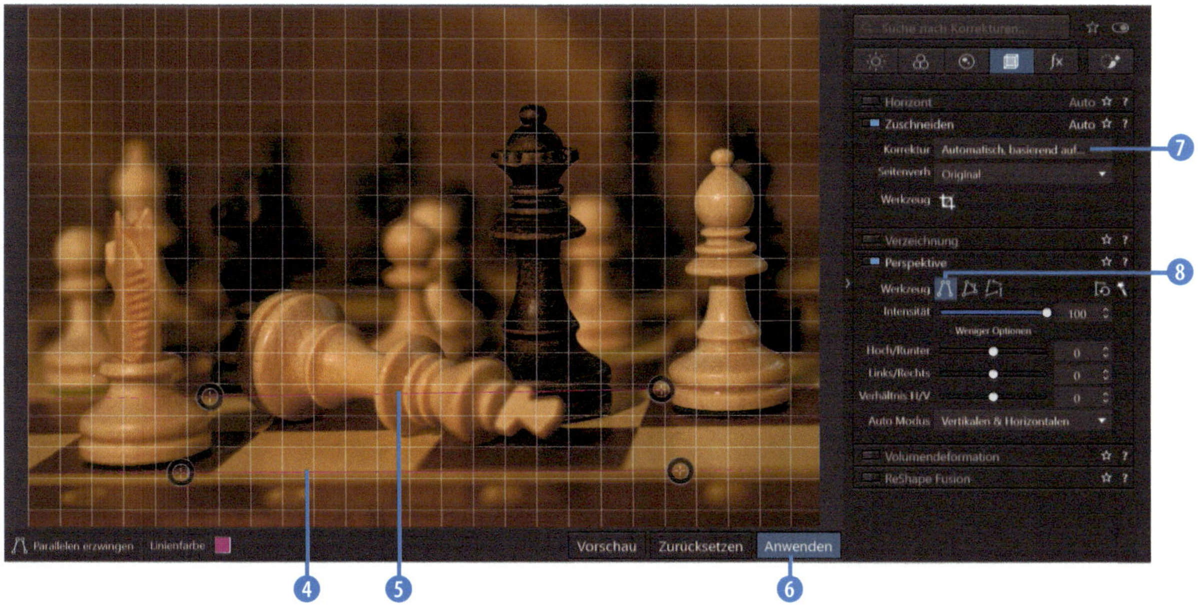

Rechteck-Option

Alternativ zur Option *Parallelen erzwingen* könnten Sie zur Korrektur auch die *Rechteck*-Option verwenden. Da im Bild aber keine eindeutigen vertikalen Linien zu sehen sind, eignet sich die andere Option besser.

Aktivieren Sie vor dem Korrigieren der Perspektive das *Zuschneiden*-Werkzeug und hier die Option *Automatisch, basierend auf Perspektive/Horizont* ❼, damit das Bild automatisch passend zugeschnitten wird.

Die Option *Parallelen erzwingen* wurde übrigens zur Demonstration der Möglichkeiten aktiviert. Sie können damit nämlich nicht nur die vertikalen Linien ausrichten.

Im Beispiel wurden die Markierungspunkte so verzogen, dass die Markierungslinien ❹, ❺ waagerecht ausgerichtet werden. Als Orientierung diente das Schachbrettmuster. Bestätigen Sie die Korrektur mit der *Anwenden*-Schaltfläche ❻.

Anschließend sehen Sie die folgende korrigierte Variante ❾. Zur Verdeutlichung wurden die Gitterlinien wieder ausgeblendet.

Hier sehen Sie die korrigierte Perspektive.

Im letzten Arbeitsschritt wird das *HSL*-Werkzeug in der *Farbe*-Rubrik eingesetzt, um die Farben des Bildes zu verstärken. Dabei kommt ein *Vibrancy*-Wert von 50 ❿ zum Einsatz. Das Endergebnis unterscheidet sich deutlich vom Ausgangsbild, das Sie auf Seite 272 sehen. Wenn Ihnen die Farben zu kräftig erscheinen, können Sie alternativ einen negativen *Vibrancy*-Wert ausprobieren.

Hier sehen Sie das Endergebnis des Workshops.

Variierende Weißabgleichseinstellungen

Ein großer Vorteil des RAW-Formats ist, dass Sie die Einstellungen für den Weißabgleich nachträglich variieren können. Das Beispielfoto wurde absichtlich mit einem warmen Licht ausgeleuchtet. Wollen Sie lieber den Originalcharakter der Szene wiedergeben, können Sie beim Werkzeug *RAW-Weißabgleich* die Option *Warm Weiß Fluoreszierend* 1 ausprobieren.

Hier wurde eine andere Weißabgleichseinstellung genutzt, die den Originalcharakter der Szene wiedergibt.

Lokale Anpassungen

In den bisherigen Beispielen wurde stets das Gesamtbild bearbeitet. DxO PhotoLab bietet Ihnen aber auch die Möglichkeit, sich nur auf bestimmte Bildpartien zu konzentrieren Dazu dient die Rubrik »Lokale Anpassungen«. Sie können dabei Kontrollpunkte oder einen Verlaufsfilter nutzen. Außerdem gibt es ein Pinsel-Werkzeug, das Sie einsetzen können, um die gewünschten Bildteile zu »ermalen«. Sie können sogar KI-Masken verwenden. In diesem Kapitel erfahren Sie, wie Sie diese Werkzeuge einsetzen können.

12.1 Teilbereiche bearbeiten

Bisher bezogen sich alle Veränderungen immer auf das gesamte Foto. DxO PhotoLab bietet Ihnen aber auch die Möglichkeit, festzulegen, dass nur bestimmte Teile des Bildes verändert werden sollen. In der letzten Rubrik namens ***Lokale Anpassungen*** ❶ finden Sie diverse Werkzeuge, um Teilbereiche des Bildes ganz gezielt anzupassen. Sie kennen das vielleicht von anderen Bildbearbeitungsprogrammen wie beispielsweise Photoshop.

In der aktuellen Version wurden die Möglichkeiten deutlich erweitert. So können Sie nun beispielsweise auch automatisch KI-Masken erstellen. In der Symbolleiste ❸ des Werkzeugs ***Lokale Anpassungen*** ❷ werden unterschiedliche Optionen bereitgestellt.

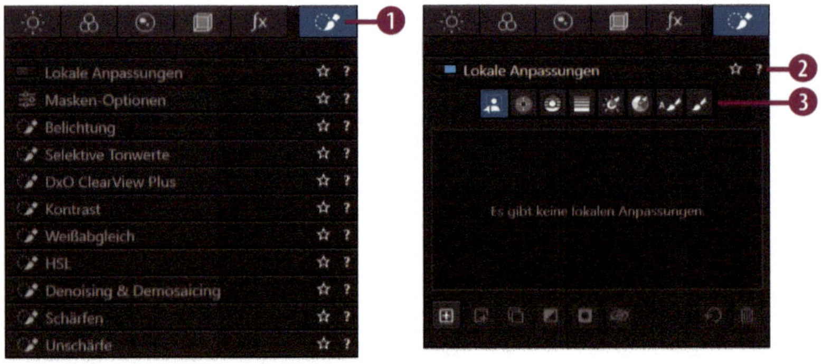

Dies sind die Werkzeuge der Rubrik »Lokale Anpassungen«.

Die Möglichkeiten, die Sie mit den lokalen Anpassungen haben, werden anhand des folgenden Ausgangsbildes ❹ vorgestellt.

Dieses Ausgangsbild soll partiell bearbeitet werden.

Kap12_01.jpg

Maskierung

Die lokalen Anpassungen werden erreicht, indem DxO PhotoLab eine Maske erstellt, die den Rest des Bildes vor Veränderungen schützt.

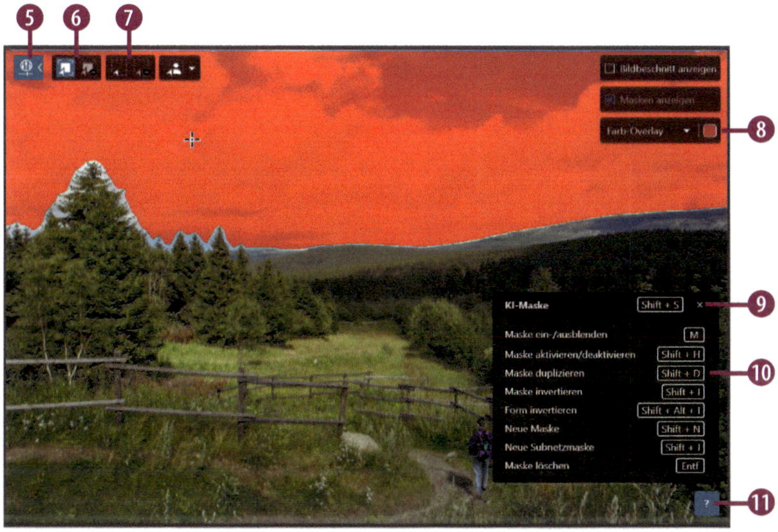

Diese Ansicht sehen Sie, wenn Sie den Mauszeiger in das Bild halten.

Rufen Sie in der Symbolleiste des Werkzeugs ***Lokale Anpassungen*** die erste Option mit der Bezeichnung ***KI-Maske*** auf. Wenn Sie den Mauszeiger in das Bild halten, sehen Sie obige Ansicht. Oben links gibt es eine Symbolleiste, die Sie mit dieser ❺ Schaltfläche auf- und zuklappen können. Unten rechts wird eine Übersicht der verfügbaren Tastenkürzel ❿ angezeigt, die Sie mit dieser ❾ Schaltfläche aus- oder dieser ⓫ wieder einblenden können. Die Farbe der Hervorhebung bestimmen Sie mit dieser ❽ Option.

Mit diesen beiden Optionen ❻ fügen Sie ein Objekt zur Auswahl hinzu oder entfernen es. Die beiden folgenden Schaltflächen ❼ dienen dazu, einen rechteckigen Bereich aufzuziehen, in dem Objekte erkannt und hinzugefügt oder daraus entfernt werden. In der Liste finden Sie unterschiedliche Optionen zur Erkennung.

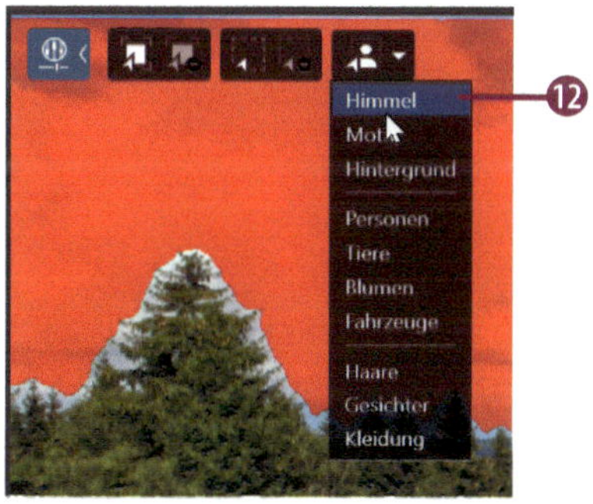

Für die KI-Maske gibt es vielfältige Optionen.

Dies ist der maskierte Himmel.

Im Beispiel auf der vorherigen Seite wurde die ***Himmel***-Option (12) ausgewählt. DxO PhotoLab sucht dann alle Himmelspartien und erstellt automatisch eine Maske. Sie erkennen das an diesem Symbol (13). Die Maske wird in die Liste (14) aufgenommen. In der Fußzeile (15) gibt es verschiedene Optionen für die ausgewählte Maske, die Sie alternativ auch über das Kontextmenü erreichen. Im Bild erkennen Sie die neue Maske an der roten Hervorhebung.

Bekannte Werkzeuge

Die verfügbaren Optionen entsprechen – bis auf die ***Schärfe/Unschärfe***-Optionen – den Werkzeugen, die Sie bereits ausführlich in den vergangenen Kapiteln kennengelernt haben.

Maskierte Bereiche bearbeiten

Den maskierten Bereich können Sie nutzen, um den Himmel zu optimieren. Die Einstellungen werden mit den neun Optionen in der Rubrik ***Lokale Anpassungen*** vorgenommen. Die beiden Optionen ***Weißabgleich*** sowie ***Denoising & Demosaicing*** sind allerdings nur bei RAW-Bildern verfügbar.

Die können Masken ausblenden.

Da Sie mehrere Masken erstellen können, müssen Sie darauf achten, dass die gewünschte Maske ausgewählt ist (2) – das erkennen Sie an der grauen Unterlegung. Halten Sie den Mauszeiger über den Eintrag, sehen Sie rechts ein Augensymbol (1), mit dem Sie die Maske ein- oder ausblenden können.

Für das Beispiel eignet sich die Option ***DxO ClearView Plus*** gut, da sie sowohl blauen Himmel als auch grüne Landschaften optimiert. Im folgenden Beispiel wurde der ***Intensität***-Wert 40 verwendet (3).

In diesem Beispiel wurde der Himmel verstärkt.

Im Kontextmenü finden Sie unterschiedliche Optionen für die Maske. So können Sie sie beispielsweise ***Umbenennen*** oder die ***Maske löschen***. Mit der Option ***Form invertieren*** lässt sich ein Bereich von Korrekturen ausnehmen.

Für das Beispiel soll ein Duplikat der Himmelsmaske erstellt werden. Nutzen Sie dazu die Option ***Maske duplizieren*** ❹. Da im folgenden Schritt die Landschaft optimiert werden soll, rufen Sie die Funktion ***Maske invertieren*** auf ❺.

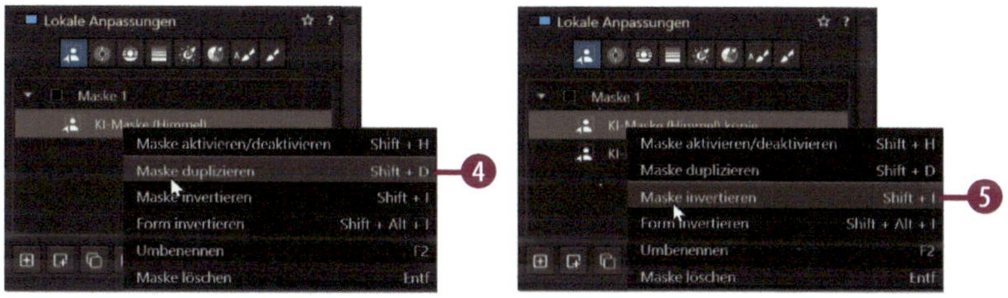

Duplizieren und invertieren Sie die Maske.

Die duplizierte Maske erhält standardmäßig den Namenszusatz ***kopie*** ❼. An diesem ❻ Symbol erkennen Sie das Invertieren. Auch für die Landschaft wird die Option ***DxO ClearView Plus*** angewendet – hier aber mit dem Wert 70 ❾. Dadurch entstehen lebendigere Farben.

Sie können bei Bedarf mit dem ***Deckkraft***-Regler ❽ festlegen, ob die aktivierten Optionen nur teilweise wirken sollen. Standardmäßig ist aber der Maximalwert 100 eingestellt.

Hier wurde zusätzlich der Vordergrund optimiert.

Im letzten Arbeitsschritt dieses Workshops soll der Bereich der dunklen Bäume in der Bildmitte aufgehellt werden. Wenn Sie den Mauszeiger in das Bild halten und verschieben, werden verschiedene Objekte oder Bereiche automatisch vorgeschlagen und farbig hervorgehoben ⑩.

Hier soll ein weiterer Bereich aufgenommen werden.

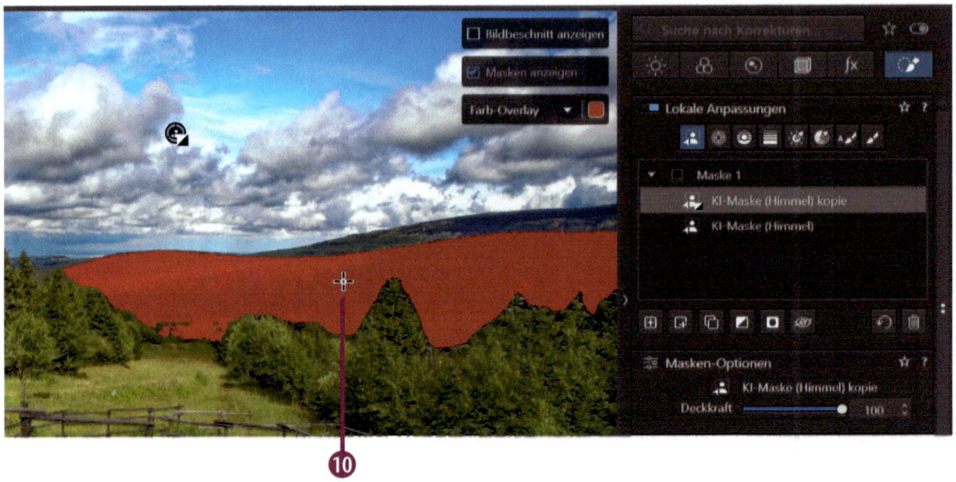

> **Hierarchien**
>
> Die Masken werden in der Liste in der Reihenfolge der Erstellung übereinandergestapelt. Sie können auch innerhalb einer Maske weitere Masken erstellen, die man ***Subnetzmaske*** nennt. Sie wirken sich dann nur innerhalb des Maskenbereichs aus.

Wird der gewünschte Bereich markiert, klicken Sie dort. Auf diese Weise wird automatisch eine neue Maske erstellt ⑬. Sie sehen dann im Bild diese Markierung ⑪. Sind mehrere Masken im Bild vorhanden, können Sie diese Markierung übrigens zur Auswahl einer Maske nutzen.

Sie erkennen in der nachfolgend gezeigten Abbildung, dass beim Erstellen der Maskierung detaillierte, weiche Übergänge zu den angrenzenden Bereichen errechnet werden ⑫. So fallen die späteren Anpassungen nicht negativ auf, da es keine »harten« Kanten gibt.

Die nächste Maske wurde erstellt.

Zur Korrektur wird die ***Belichtung***-Option genutzt. Ziehen Sie den Schieberegler auf den Wert 1.02 ⓮, um den Bereich deutlich aufzuhellen. Während Sie den Schieberegler ziehen, wird die Maskierung ausgeblendet, damit die Wirkung beurteilt werden kann. Da das Ergebnis immer erst berechnet werden muss, erscheint das Bild zunächst »unscharf«.

Hellen Sie den Bereich der Bäume auf.

Sie können die Maskierungen übrigens vorübergehend ausblenden, indem Sie die M-Taste drücken. Dabei darf sich der Mauszeiger jedoch nicht innerhalb des Bildes befinden. Das Endergebnis sehen Sie in folgender Abbildung ⓯.

15

Hier sehen Sie das Endergebnis des Workshops.

Masken ausblenden

Um die Masken und deren Kontrollpunkte auszublenden, können Sie auch einfach das Werkzeug ausschalten. Die Einstellungen lassen sich dann dennoch anpassen.

Bildbereiche mit KI-Maske maskieren

Die Option ***KI-Maske*** bietet in der Liste viele Bereiche an, die automatisch erkannt werden können. Während Sie den Mauszeiger über einen Eintrag halten, wird die automatisch ermittelte Maske sofort angezeigt. Beim folgenden Foto wird der Musiker sowohl mit der ***Motiv***- ❶ als auch mit der ***Personen***-Option ❷ komplett erkannt. Unten sehen Sie die ***Gesichter***-Option ❸.

Die KI erkennt viele verschiedene Motivsituationen.

Hier wurde das Gesicht des Musikers erkannt.

12.2 Weitere Maskierungswerkzeuge

In der Palette ***Lokale Anpassungen*** finden Sie weitere interessante Optionen für die Maskierung.

Im folgenden Ausgangsbild ❶ sollen verschiedene Bildpartien angepasst werden.

Dieses Ausgangsfoto soll optimiert werden.

Kap12_02.jpg

Mit der Option ***Kontrollpunkt*** ❹ können Sie einen runden Bereich festlegen, der bearbeitet werden soll. Klicken Sie auf die betreffende Position und ziehen Sie den Kreis auf. In der Palette ***Lokale Anpassungen*** finden Sie dann einen neuen Eintrag für den ***Kontrollpunkt*** ❺. Mit diesem ❷ Markierungspunkt kann der Bereich verschoben werden. Ziehen Sie mit gedrückter linker Maustaste am Rand ❸, um die Größe zu verändern.

Ziehen Sie bei gedrückter linker Maustaste einen runden Bereich auf.

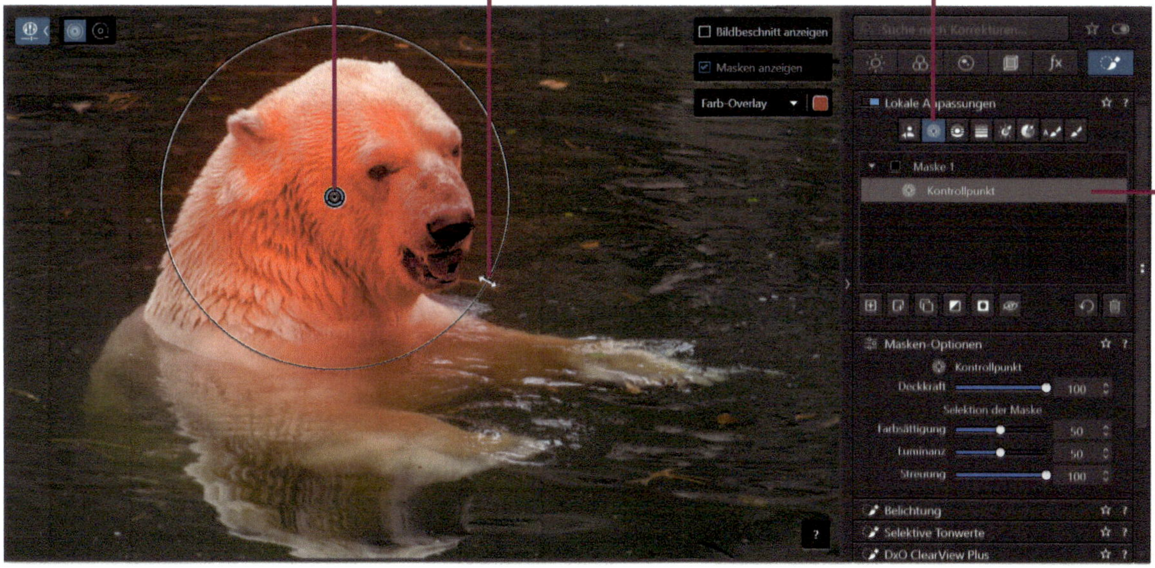

Beim markierten Bereich sollen die Tonwerte angepasst werden. Dazu wird die Option ***Selektive Tonwerte*** ❻ benötigt. Um die hellen Bereiche abzudunkeln, wird für die ***Spitzlichter***-Option der Wert –50 eingestellt.

Die dunklen Bereiche werden mithilfe der Optionen ***Schatten*** und ***Tiefen*** mit dem Wert 40 jeweils aufgehellt. Um die ***Mitteltöne*** ein wenig abzudunkeln, wird der Wert –15 genutzt. So ergibt sich das folgende Zwischenergebnis, bei dem das Fell des Eisbären deutlich besser zur Geltung kommt.

Hier wurde das Bärenfell optimiert.

Die erstellte Subnetzmaske soll nun weiterverwendet werden. Da eine weitere Subnetzmaske aber nur innerhalb des maskierten Bereichs wirkt, muss der ***Maske***-Eintrag dupliziert ❼ werden. Alternativ können Sie auch den Eintrag ***Maske 1*** anklicken und ihn mit gedrückter [Alt]-Taste nach oben ziehen. Auch damit wird ein Duplikat erstellt.

Duplizieren und invertieren Sie die Maske.

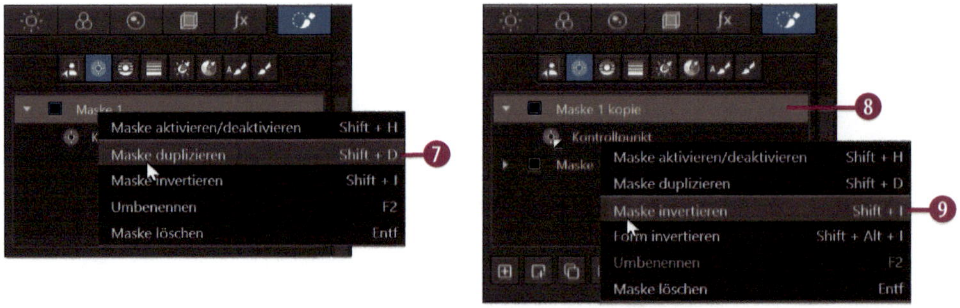

Markieren Sie die duplizierte Maske ❽ und rufen Sie aus dem Kontextmenü die ***Maske Invertieren***-Option auf ❾. So wirken sich die kommenden Arbeitsschritte auf den Rest des Bildes aus.

Da beim Kopieren der Maske auch die Einstellungen mit übernommen werden, müssen Sie im ersten Schritt die Tonwerte zurücksetzen ❿. Als Nächstes sollen die ***Masken-Optionen*** ⓫ angepasst werden.

Werte zurücksetzen

Wenn Sie einen Wert eingestellt haben, können Sie ihn schnell zurücksetzen, indem Sie doppelt auf den Balken klicken.

Setzen Sie die Werte zurück.

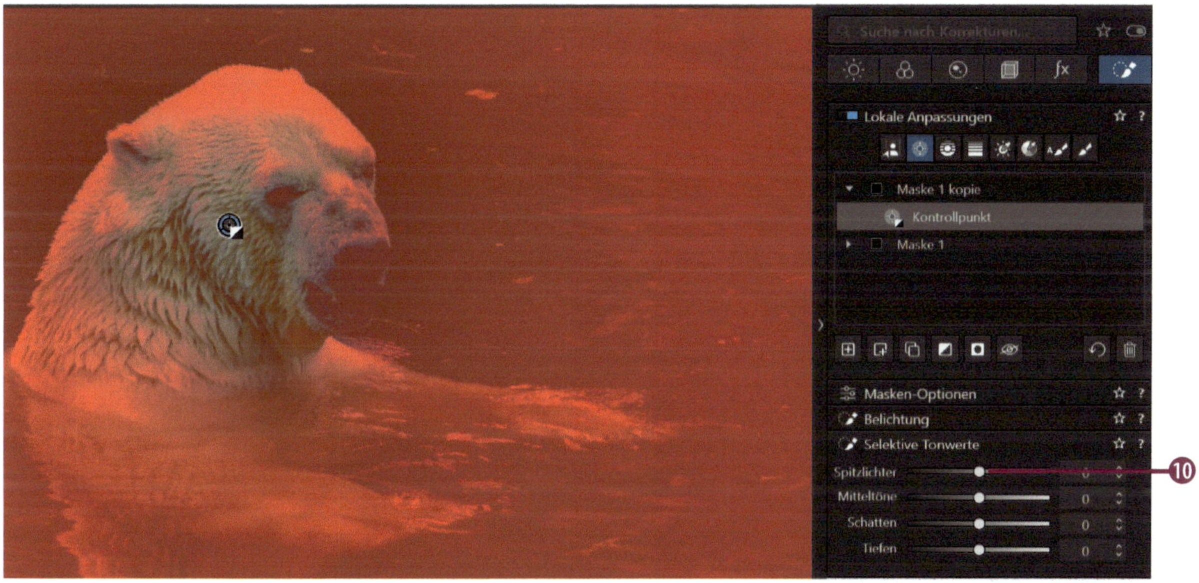

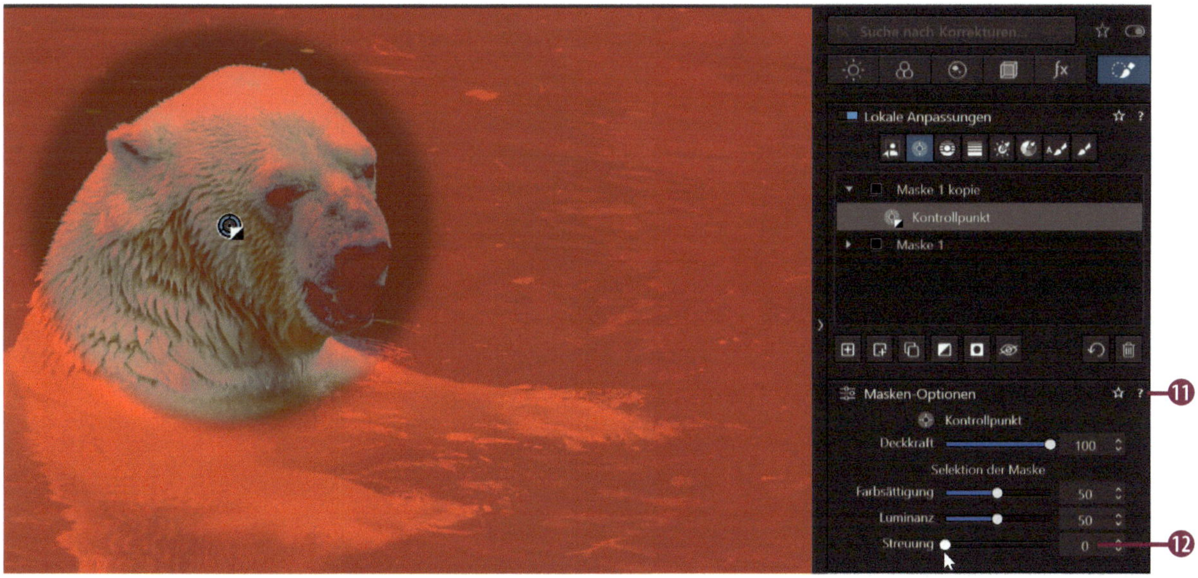

Neben dem ***Deckkraft***-Wert, den Sie bereits kennengelernt haben, gibt es beim ***Kontrollpunkt*** drei weitere Optionen.

Im Bild auf der vorherigen Seite wurde zunächst der ***Streuung***-Wert auf 0 ⓬ gesetzt, um ein weiches Auslaufen der Maske zu verhindern. Der ***Farbsättigung***-Regler ⓭ bestimmt, wie ähnlich Farben sein müssen, um in die Maske einbezogen zu werden. Der ***Luminanz***-Wert legt die Helligkeitsunterschiede fest. Stellen Sie für beide Optionen den Wert 0 ein.

Bei diesem Bild wurden alle drei Selektionswerte auf 0 gestellt, sodass nur das Umfeld des Bärenkopfs berücksichtigt wird.

Um den Hintergrund weichzuzeichnen, stellen Sie bei der *Unschärfe*-Option den Wert 30 ⓮ ein. Wenn Sie die Maske präzise beurteilen wollen, markieren Sie die Ebene ⓱ und rufen die *Schwarz-Weiß*-Option ⓰ auf. Zur Auswahl der Maske klicken Sie auf den Markierungspunkt ⓯.

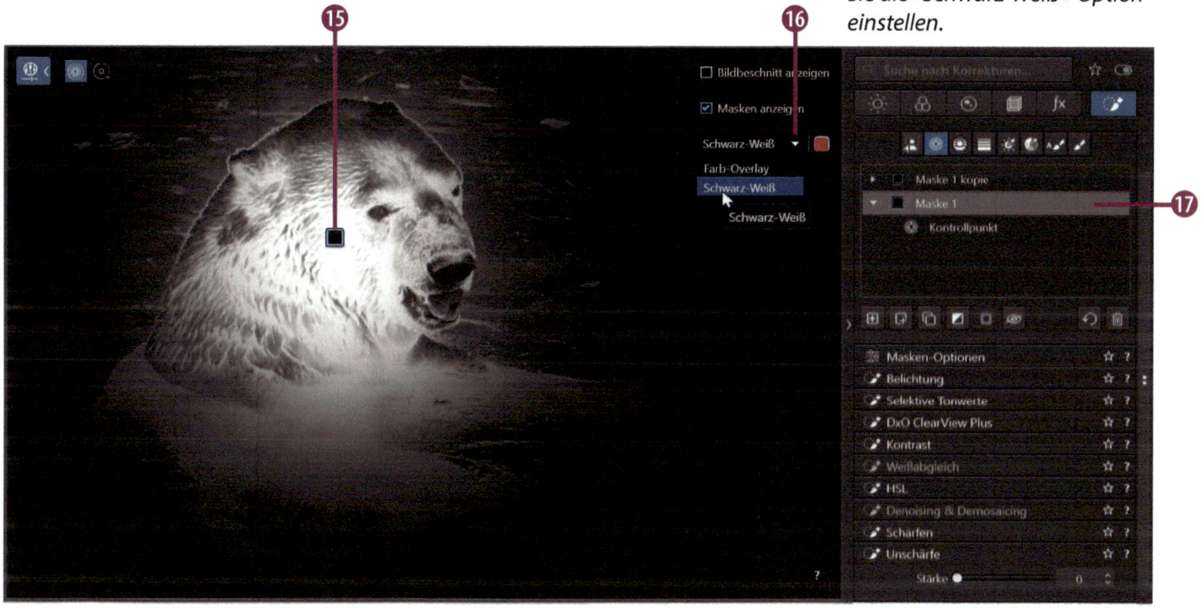

Zur besseren Prüfung können Sie die »Schwarz-Weiß«-Option einstellen.

Maskierung mit Kontrolllinie

Das nächste Werkzeug ist die ***Kontrolllinie***, die anhand des folgenden Ausgangsbildes ❶ vorgestellt wird.

❶

Dieses Ausgangsbild soll mit der Kontrolllinie bearbeitet werden.

Kap12_03.jpg

Wählen Sie die Option ***Kontrolllinie*** ❷ aus, die Sie einsetzen können, um einen Bereich halb automatisch zu erstellen. Ziehen Sie den Bereich von oben nach unten auf ❸, damit der untere Bereich geschützt wird.

Ziehen Sie die Kontrolllinie mit gedrückter linker Maustaste auf.

❷

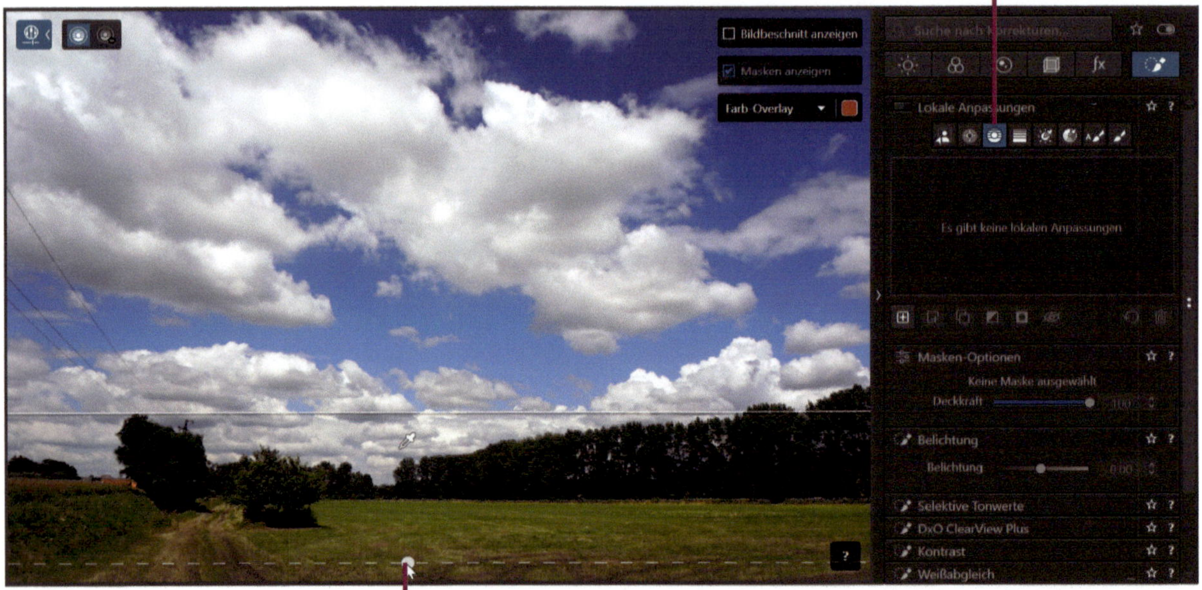

❸

Bei Bedarf kann der Bereich nachträglich skaliert werden, indem Sie eine der beiden Linien anklicken und dann ziehen ❹.

Der aufgezogene Bereich kann vergrößert oder verkleinert werden.

❹

An der unteren gestrichelten Markierungslinie erkennen Sie, wie weich der Verlauf ausläuft.

Klicken Sie auf die Pipette und ziehen Sie sie mit gedrückter linker Maustaste auf eine Stelle im Bild, die die anzupassende Farbe zeigt ❺. Beachten Sie dabei den rot hervorgehobenen Bearbeitungsbereich.

Platzieren Sie die Pipette auf einen Farbton, der bearbeitet werden soll.

Farbton

Wenn Sie einen Farbton festlegen, werden innerhalb des aufgezogenen Bereichs nur diese Farbtöne verändert. Alle anderen Farbtöne bleiben unverändert.

Die zu dunkle Baumreihe wird mit der ***Belichtung***-Option ❻ deutlich aufgehellt. Stellen Sie dazu den hohen Wert 2.50 ein – Werte bis zu 4.0 sind möglich.

Hellen Sie die Baumreihe deutlich auf.

Verlaufsmasken mit weichem Übergang

Im folgenden Arbeitsschritt kommt der ***Verlaufsfilter*** ❷ zum Einsatz. Sie können ihn beispielsweise einsetzen, um den oberen oder unteren Bildteil zu bearbeiten. Im Beispiel soll der Himmel optimiert werden. Ziehen Sie den Verlauf dazu von oben nach unten ❶ auf. Mit den beiden Markierungslinien können Sie den Verlauf nachträglich anpassen.

Erstellen Sie einen Verlaufsfilter.

Verlaufsfilter

Nutzen Sie die Option ***Verlaufsfilter***, wenn Sie eine einfache Verlaufsmaske mit einem weichen Übergang verwenden wollen, bei der beispielsweise nur der obere oder untere Bildteil verändert wird.

Nutzen Sie den oberen Markierungspunkt ❸, wenn Sie den ***Verlaufsfilter*** verschieben wollen. Mit dem unteren Markierungspunkt ❹ kann der Verlauf mit gedrückter linker Maustaste gedreht werden.

Passen Sie den »Verlaufsfilter« an.

Der obere Bereich wird mit der Option ***Selektive Tonwerte*** verändert. Damit die hellen Bereiche abgedunkelt werden, wird der ***Spitzlichter***-Wert auf –50 ❺ eingestellt.

Hier sehen Sie das Endergebnis des Workshops.

Tonwerte mit einer Helligkeitsmaske erfassen

Eine weitere Möglichkeit zur Anpassung ist die ***Helligkeitsmaske*** ❶. Nach dem Aufruf können Sie mit der Pipette einen Tonwert aus dem Bild aufnehmen ❷. Der aufgenommene sowie die angrenzenden Tonwerte lassen sich dann anpassen.

Nehmen Sie einen Farbton für die »Helligkeitsmaske« auf.

Da sie die Bereiche, die bearbeitet werden, an der roten Markierung sofort erkennen, können Sie durch Verziehen des Markierungspunkts ❸ einen anderen Tonwert bestimmen, falls der bisherige Bereich nicht die Tonwerte erfasst, die Sie verändern wollen.

Platzieren Sie den Markierungspunkt an der gewünschten Position.

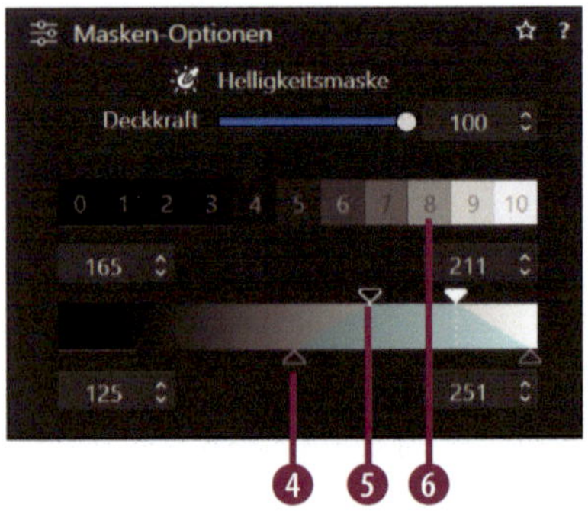

Das sind die »Masken-Optionen«.

In den ***Masken-Optionen*** finden Sie die links gezeigte Ansicht. Hier können Sie sehr präzise einstellen, welche Helligkeitsstufen in den Bereich aufgenommen werden sollen.

Oben ❻ kann eine Helligkeitsstufe ausgewählt werden. Die beiden Griffe über dem Trapez ❺ bestimmen die Grenzen des Helligkeitsbereichs. Mit den Griffen unten ❹ wird die Übergangszone eingestellt. Sie können alternativ auch die Eingabefelder verwenden.

Wenn Sie den gewünschten Bereich festgelegt haben, lässt er sich anpassen. So wurden beim Beispielbild die Mitteltöne mit dem Wert –30 ❼ abgedunkelt.

Farben gezielt maskieren

Die folgende Option namens ***Farbton-Maske*** ❸ soll anhand dieses Ausgangsbildes ❶ vorgestellt werden. Klicken Sie auf den Farbton ❷, den Sie aufnehmen wollen.

Nehmen Sie Farbtöne auf, die bearbeitet werden sollen.

Bestimmen Sie eine weitere Farbe.

In den ***Masken-Optionen*** können Sie alternativ wahlweise einen Farbton einstellen ❹ oder im Spektrum einen Bereich festlegen ❺. Wenn Sie die ⇧-Taste drücken, können Sie weitere Farbtöne aufnehmen ❻. So wurden beim Beispielbild neben den blauen auch die orangefarbenen Töne aufgenommen, was zur folgenden Maske führt. Markieren Sie die Maskengruppe ❼.

Öffnen Sie das ***HSL***-Werkzeug. Ändern Sie mit dem Regler ❽ die beiden Farbtöne.

Im oberen Bild sehen Sie die fertige Maske, im unteren Beispiel wurden die beiden Farbtöne verändert.

Objektkonturen automatisch erkennen

Die Option ***Automatischer Pinsel*** ❷ erkennt beim Übermalen automatisch Objektkonturen. Mit dieser ❶ Option legen Sie die Größe des Pinsels fest. Der innere rote Punkt zeigt die aktuelle Größe an. Sie können auch die [Alt]-Taste drücken und das Mausrad drehen, um die Größe zu verändern.

Hier sehen Sie das Ausgangsbild, bei dem der automatische Pinsel genutzt werden soll.

Ummalen Sie mit gedrückter linker Maustaste den Schimpansen ❷. Sie können das in einem Strich erledigenerledigen, aber mehrere Striche oder »Tupfer« sind ebenfalls möglich.

Ummalen Sie den Körper.

Radierer

Auch beim automatischen Pinsel können zu viel erfasste Bereiche mit dem Radierer korrigiert werden, wenn Sie die [Alt]-Taste drücken.

Beim Übermalen der Kontur werden die inneren Bereiche nicht automatisch mit in die Auswahl aufgenommen – das müssen Sie manuell erledigen ❸. Bei Bedarf können Sie dazu die Pinselgröße vergrößern. So könnte zum Abschluss die nachfolgend gezeigte Auswahl entstehen.

In dieser Abbildung sehen Sie die fertiggestellte Maskierung.

Für die Bildoptimierung wird die ***Schärfen***-Option benötigt. Stellen Sie den Maximalwert 100 ❹ ein, mit dem das folgende Ergebnis entsteht.

Hier wurde der Schimpanse geschärft, ohne dass der Hintergrund von der Schärfung betroffen wäre.

Teilbereiche mit dem Pinsel bearbeiten

Eine weitere Möglichkeit, um einen Teilbereich zu bearbeiten, stellt der ***Pinsel*** 8 dar.

Nach dem Aufruf sehen Sie am oberen Bildrand eine Optionsleiste, mit der Sie die Eigenschaften des Pinsels festlegen können. Mit der ersten Schaltfläche 1 kann die Leiste zugeklappt werden. Das ist beispielsweise sinnvoll, wenn bildwichtige Details verdeckt werden. Die beiden folgenden Optionen benötigen Sie, um zwischen dem Pinsel und dem Radierer zu wechseln 2.

Legen Sie mit dem ***Größe***-Regler 4 die Größe des Pinsels fest. Sie können dazu auch die Strg-Taste drücken und das Mausrad drehen. Der ***Konturverlauf*** 5 bestimmt, wie weich der Pinsel an den Rändern ausläuft. Je niedriger der Wert ist, umso scharfkantiger ist der Pinsel.

Damit die Bearbeitung nicht negativ auffällt, ist ein weicher Übergang empfehlenswert. Sie können den Wert auch variieren, indem Sie die ⇧-Taste drücken und das Mausrad drehen. Mit dem ***Fluss***-Wert 6 bestimmen Sie, wie viel »Farbe« mit einem Pinselstrich aufgetragen wird. Der ***Deckkraft***-Regler 7 legt fest, wie deckend der Pinselstrich ist. Malen Sie dann mit gedrückter linker Maustaste über die Partie, die Sie anpassen wollen 3.

Wechsel

Sie können auch zwischen dem Radierer und dem Pinsel wechseln, indem Sie die Alt-Taste drücken.

Fluss-Wert

Wenn Sie einen niedrigeren ***Fluss***-Wert einstellen, müssen Sie mehrfach über eine Stelle malen, ehe die komplette Deckkraft erreicht ist.

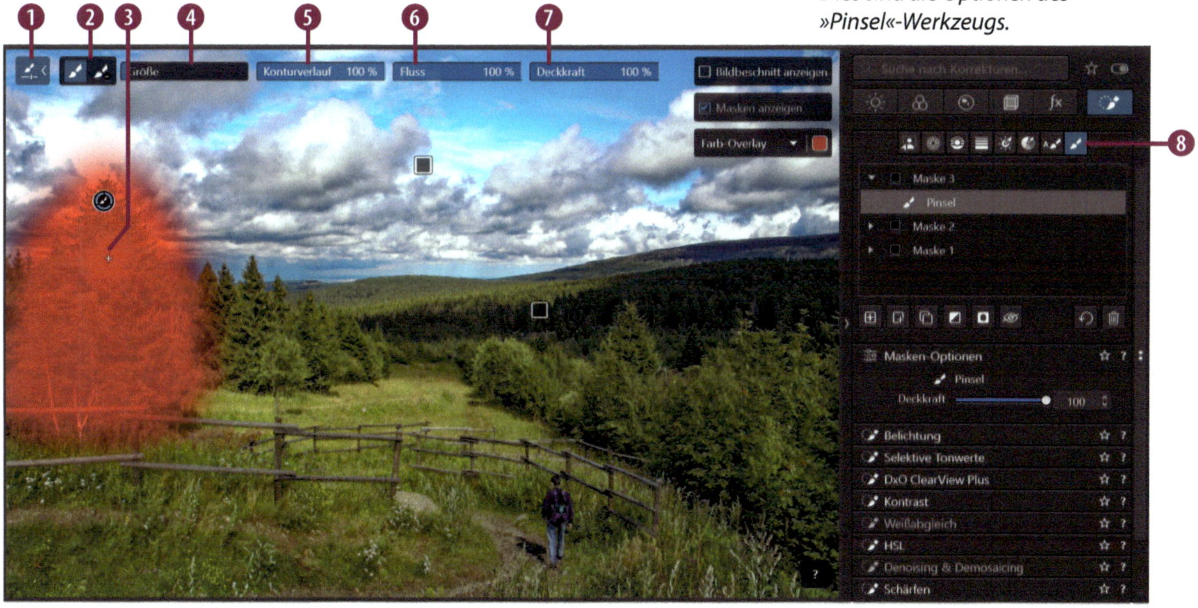

Dies sind die Optionen des »Pinsel«-Werkzeugs.

PhotoLab als Plug-in nutzen

Sie können DxO PhotoLab nicht nur als eigenständiges Programm verwenden. Wenn Sie viel mit Lightroom Classic und DxO PhotoLab arbeiten, kann das Programm auch als Plug-in-Modul genutzt werden. Ein großer Teil der Möglichkeiten ist identisch mit denen des eigenständigen Programms. Haben Sie die Zusatzmodule DxO FilmPack und DxO ViewPoint installiert, können Sie diese auch als Plug-ins in Photoshop CC einsetzen. Wie Sie dabei vorgehen, erfahren Sie in diesem Kapitel.

13.1 Plug-in für Adobe Lightroom

DxO PhotoLab bietet Ihnen die Möglichkeit an, es als Plug-in-Modul zusammen mit Lightroom einzusetzen. Wenn Sie DxO PhotoLab installieren, können Sie wählen, ob das Plug-in-Modul für Lightroom mitinstalliert werden soll ❶. Standardmäßig wird das Modul installiert.

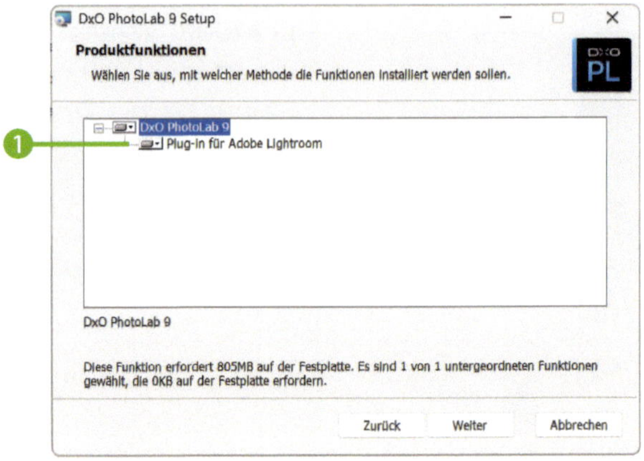

Installieren Sie das Plug-in-Modul für Lightroom.

13.2 Bilder in Lightroom weitergeben

Markieren Sie zunächst in Lightroom Classic das Bild, das Sie in DxO PhotoLab 9 weiterbearbeiten wollen. Rufen Sie dazu die Funktion *Datei*/*Plug-in-Extras*/*Übergeben an DxO PhotoLab 9* ❶ auf.

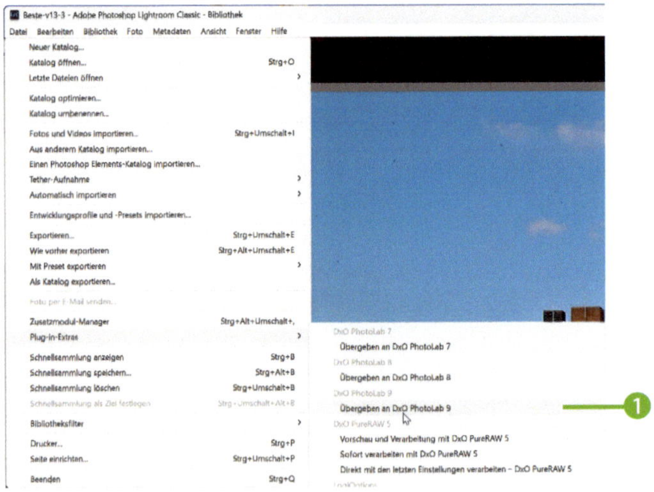

Übergeben Sie das Bild mit dieser Funktion an DxO PhotoLab.

Mit dem automatischen Start von DxO PhotoLab wird auch direkt ein Projekt in der *Fotothek*-Rubrik 2 erstellt.

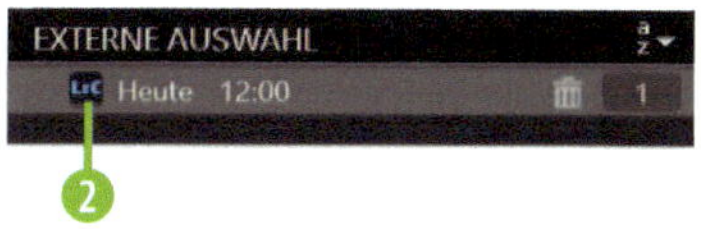

DxO PhotoLab erstellt automatisch ein Projekt für die Bearbeitung.

Bearbeiten Sie das Bild auf die gewohnte Art und Weise 4. Rufen Sie zum Abschluss der Bearbeitung die Funktion *Datei*/*Export nach Lightroom* 3 auf oder verwenden Sie diese 5 Schaltfläche.

Bearbeiten Sie das Bild wie gewohnt.

Legen Sie im Dialogfeld, das dann geöffnet wird, im *Aktion*-Listenfeld den Dateityp 6 fest. Wenn Sie ein gespeichertes Wasserzeichen-Preset hinzufügen wollen, aktivieren Sie dieses Kontrollkästchen 7.

Kap13_01.jpg

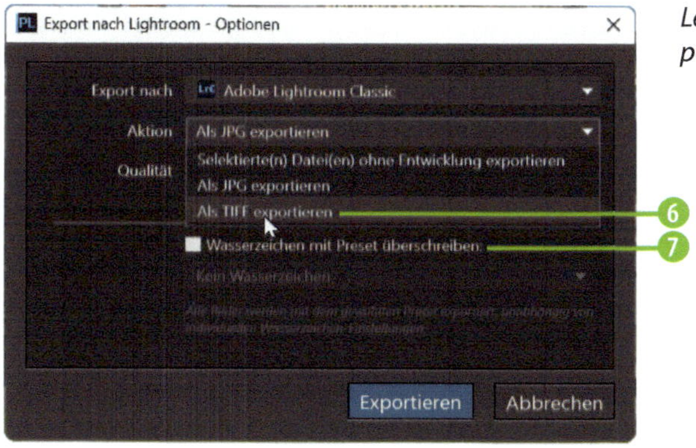

Legen Sie die Exportoptionen fest.

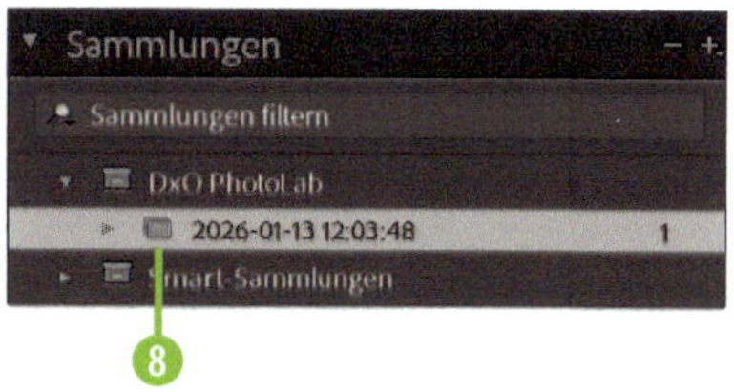

In Lightroom wird automatisch eine Sammlung erstellt, in der alle Bilder enthalten sind, die Sie in DxO PhotoLab bearbeitet haben 8.

Die in DxO PhotoLab bearbeiteten Bilder werden in einer gesonderten Sammlung aufgelistet.

Beim Export erstellt DxO PhotoLab automatisch ein Duplikat des Fotos und versieht es mit dem Namenszusatz _*DxO* 9. Das Duplikat wird im selben Ordner gesichert wie das Originalbild.

Es wird automatisch ein Duplikat erstellt.

Bilder als DNG exportieren

2004 stellte Adobe das Rohdatenformat DNG mit dem Ziel vor, die kameraspezifischen Formate zu vereinheitlichen. DNG steht übrigens für **D**igital **N**egative **F**ormat. Bisher unterstützen aber nur sehr wenige Kamerahersteller dieses Format – Leica beispielsweise.

> **RAW-Bilder**
>
> Bei RAW-Fotos kochen die Hersteller alle ihr eigenes Süppchen. Daher gibt es kein einheitliches RAW-Format. So heißen beispielsweise die RAW-Bilder, die mit einer Nikon geschossen wurden, NEF, Canon nennt seine RAW-Dateien CR2/3. Diverse weitere Formate anderer Hersteller kommen noch hinzu.

Richtig »durchsetzen« konnte sich das DNG-Format bis jetzt allerdings nicht. Ein Vorteil des DNG-Formats besteht darin, dass dieses Dateiformat von unterschiedlichen Bildbearbeitungsprogrammen unterstützt wird. Das ist nicht bei allen RAW-Bildern so.

DxO PhotoLab bietet beim Export ebenfalls DNG-Optionen an, wenn Sie ein RAW-Bild bearbeitet haben. So können Sie wählen, ob das Bild mit allen angewendeten Korrekturen übergeben werden soll oder ob nur die Rauschminderung und die optischen Korrekturen 1 berücksichtigt werden sollen.

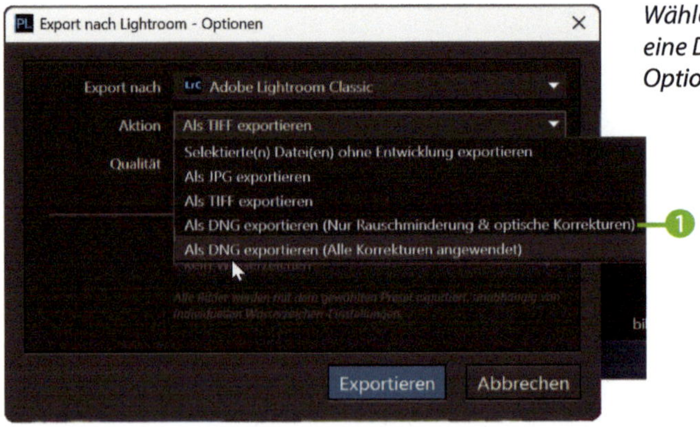

Wählen Sie eine DNG-Option aus.

13.3 Weitere Plug-in-Module

Wenn Sie die beiden zusätzlichen Programmmodule *DxO FilmPack* und/oder *DxO ViewPoint* installiert haben, können Sie diese beispielsweise im Zusammenspiel mit Photoshop CC einsetzen.

Sie finden sie im Menü *Filter/DxO Labs* ❶. Nach dem Start sehen Sie in Photoshop diesen ❷ Hinweis.

Rufen Sie ein Plug-in-Modul auf.

Nach dem Start des Plug-ins erscheint in Photoshop dieser Hinweis.

Anschließend öffnet sich der Arbeitsbereich von *DxO FilmPack*. Rechts sehen Sie die diversen Presets ❸, die Sie in DxO PhotoLab im Menü *Preset anwenden* finden.

Dies ist der Arbeitsbereich von »DxO FilmPack«.

Weisen Sie ein Preset zu ⑥. Links wird dann ein Schild mit einer ausführlichen Beschreibung ④ eingeblendet, das Sie mit dieser ⑤ Schaltfläche schließen können. Mit der *Bearbeiten*-Schaltfläche ⑦ blenden Sie die Werkzeuge ⑧ ein.

Hier wurde ein Preset zugewiesen.

Sie können das Preset anpassen.

Geben Sie das bearbeitete Ergebnis an Photoshop zurück, indem Sie aus dem Menü ⑨ die Funktion *Speichern und zurück zu Photoshop* aufrufen, oder nutzen Sie die Tastenkombination Strg+Alt+S.

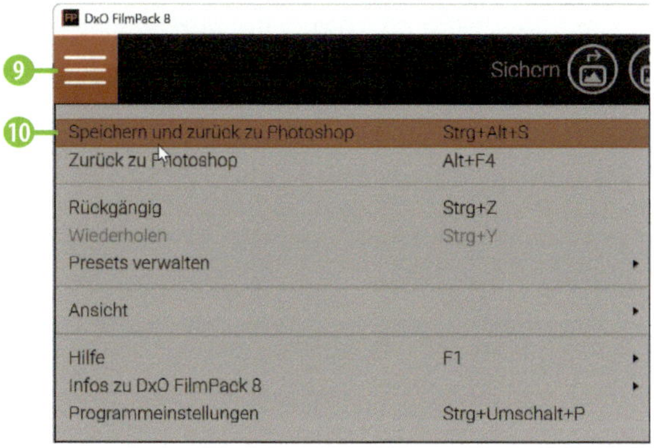

Speichern Sie die Bearbeitung.

DxO ViewPoint in Photoshop

Auch das Programmmodul *DxO ViewPoint* ist als Plug-in für Photoshop CC verfügbar. Nachfolgend sehen Sie den Arbeitsbereich 1 des Plug-ins.

Kap13_02.jpg

Dies ist der Arbeitsbereich von »DxO ViewPoint«.

Auf der rechten Seite des Arbeitsbereichs finden Sie die bereits bekannten Werkzeuge. Beim folgenden Bild wurde die *Perspektive* automatisch angepasst ❷, und anschließend wurde das Bild mit dem *Zuschneiden*-Werkzeug ❸ zugeschnitten.

Nutzen Sie zum Zuweisen die *Anwenden*-Schaltfläche ❹. Mit der *Sichern*-Schaltfläche ❺ wird das bearbeitete Ergebnis nach Photoshop CC übertragen.

Hier wurde die Perspektive automatisch korrigiert.

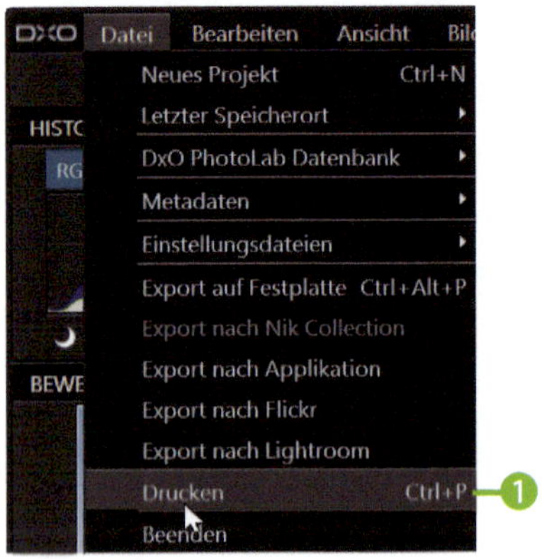

Drucken Sie das Bild aus.

13.4 Bearbeitete Bilder drucken

Sie können das Bild nach der Bearbeitung in DxO PhotoLab beispielsweise ausdrucken. Rufen Sie dazu die Funktion *Datei/Drucken* ❶ auf. Sie erreichen diese Funktion alternativ über die Tastenkombination [Strg]+[P].

Die zahlreichen Druckoptionen werden im auf der nächsten Seite gezeigten Arbeitsbereich bereitgestellt. Die sechs Paletten, die Sie am rechten Rand sehen ❻, können mit einem Klick auf das Dreieck ❺ auf- oder zugeklappt werden. Im linken Bereich sehen Sie eine Vorschau ❷ des Bildes.

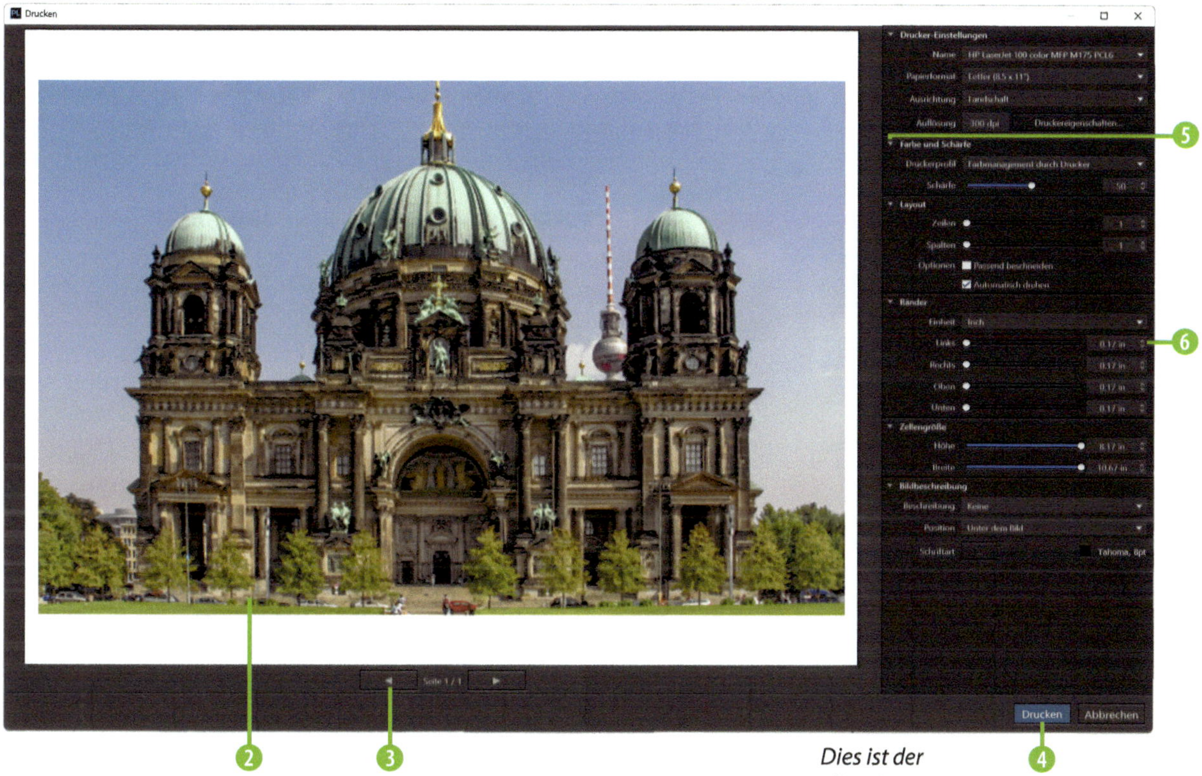

Dies ist der »Drucken«-Arbeitsbereich.

Sie können auch mehrere Bilder im Filmstreifen auswählen. Wenn Sie dann die *Drucken*-Option aufrufen, können Sie mit diesen 3 Schaltflächen zwischen den Bildern navigieren.

Stellen Sie im *Layout*-Bereich ein 7, ob mehrere Bilder auf eine Seite gedruckt werden sollen. Mit der *Drucken*-Schaltfläche 4 starten Sie den Druckvorgang.

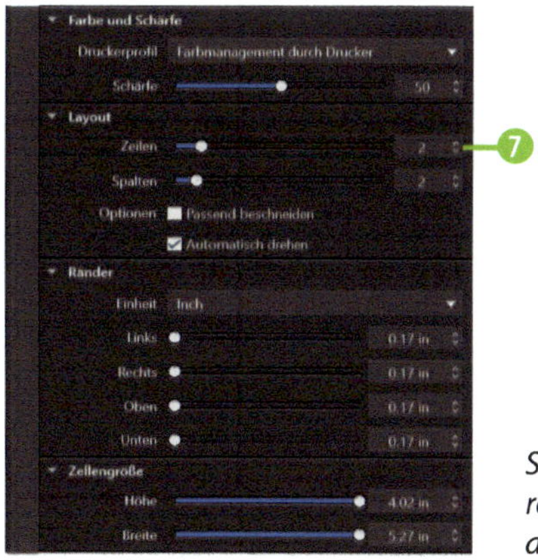

Sie können auch mehrere Bilder auf einer Seite ausdrucken.

13.5 Voreinstellungen anpassen

Es ist möglich, einige Standardvorgaben anzupassen, wenn Sie die Funktion *Bearbeiten*/*Programmeinstellungen* 1 aufrufen, die Sie auch über die Tastenkombination Strg+⇧+P erreichen.

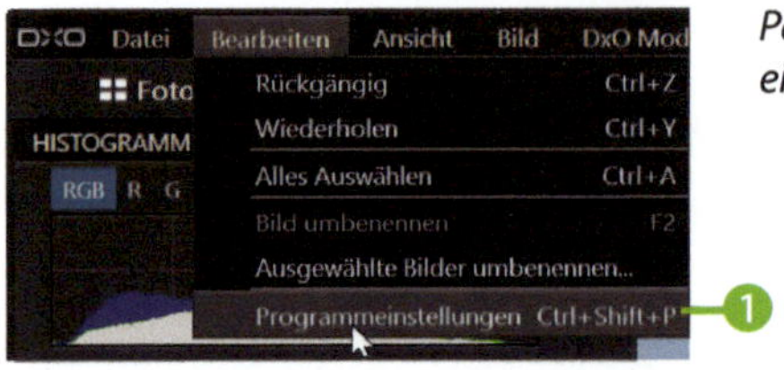

Passen Sie die Voreinstellungen an.

DxO PhotoLab erstellt standardmäßig automatisch eine ».dop«-Datei, die die Einstellungen enthält.

Mit dem Aktivieren dieses 3 Kontrollkästchens wird festgelegt, dass automatisch eine Einstellungsdatei mit der Dateiendung *.dop* 2 erstellt wird, wenn Sie ein Bild bearbeiten.

Mit diesen beiden 4 Optionen können Sie festlegen, ob automatisch ein bestimmtes Preset an RAW-Bildern oder Bildern anderer Dateiformate angewendet werden soll. Bei 5 können Sie ablesen, in welchem Verzeichnis die Datenbank zu finden ist, in der alle Änderungen gespeichert werden, die Sie an den Bildern vornehmen.

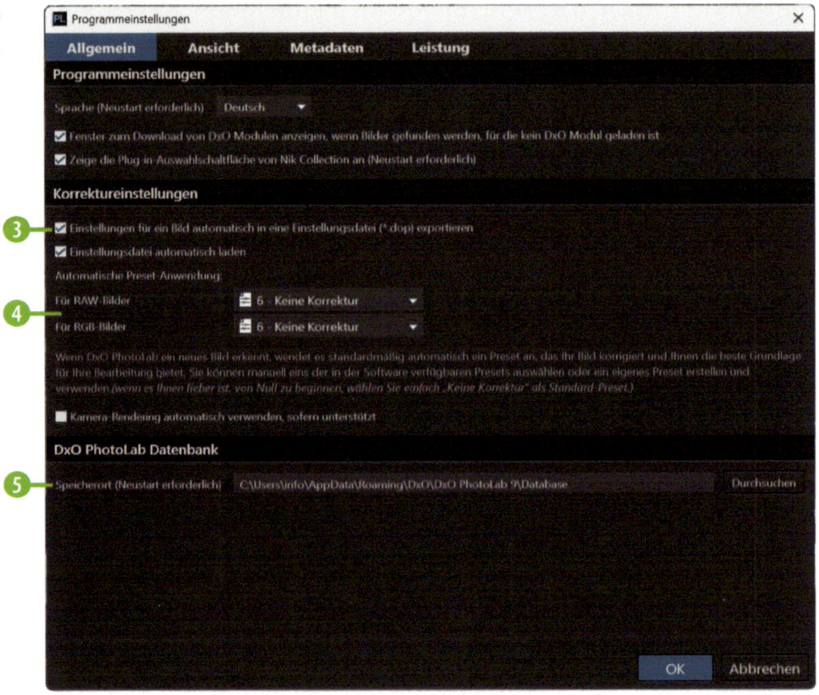

Legen Sie die Voreinstellungen fest.

13.6 Eigene Paletten zusammenstellen

DxO PhotoLab bietet Ihnen auch die Möglichkeit an, eigene Paletten zusammenzustellen. Das ist beispielsweise hilfreich, wenn Sie verschiedene Werkzeuge aus unterschiedlichen Rubriken sehr häufig einsetzen.

Rufen Sie dazu die Funktion *Paletten*/*Anwenderpalette erstellen* ❶ auf. Geben Sie im Dialogfeld, das dann geöffnet wird, einen Namen ❸ ein und bestätigen Sie diesen mit der *OK*-Schaltfläche ❷.

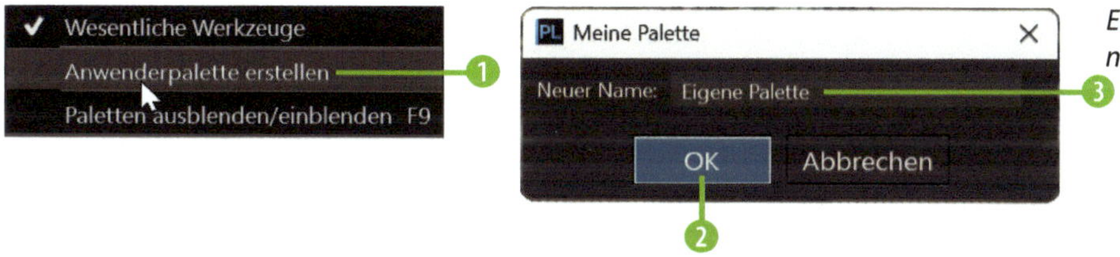

Erstellen Sie eine neue Palette.

Wenn keine Rubrik aktiviert wurde ❹, sehen Sie die neue Palette am Ende der Liste. Ein Hinweis ❺ zeigt an, dass dort die gewünschten Werkzeuge untergebracht werden können. Ziehen Sie sie per Drag and Drop ❻ in die neue Palette ❼.

Fügen Sie Werkzeuge per Drag and Drop in die neue Palette ein.

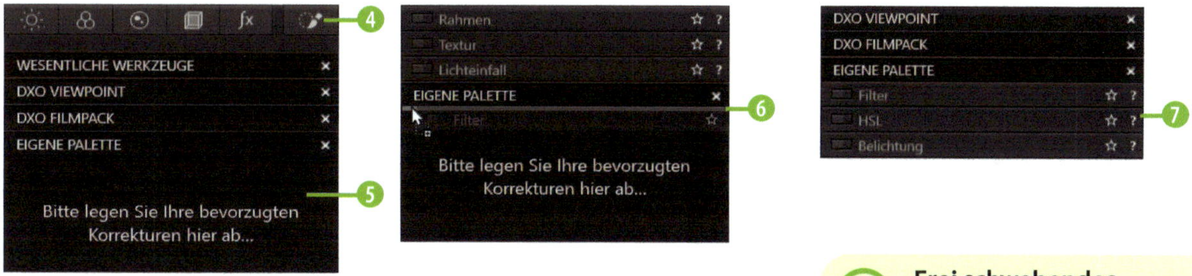

Frei schwebendes Fenster

Klicken Sie in die Titelzeile der Palette und ziehen Sie sie nach links aus dem Bereich heraus, um ein frei schwebendes Fenster zu erzeugen.

Wollen Sie Werkzeuge aus einer anderen Rubrik einfügen, wandeln Sie die eigene Palette in ein frei schwebendes Fenster um und ziehen das betreffende Werkzeug ❾ dann in die neue Palette. Ein Steg zeigt an, wo das Werkzeug nach dem Loslassen der linken Maustaste platziert wird ❽.

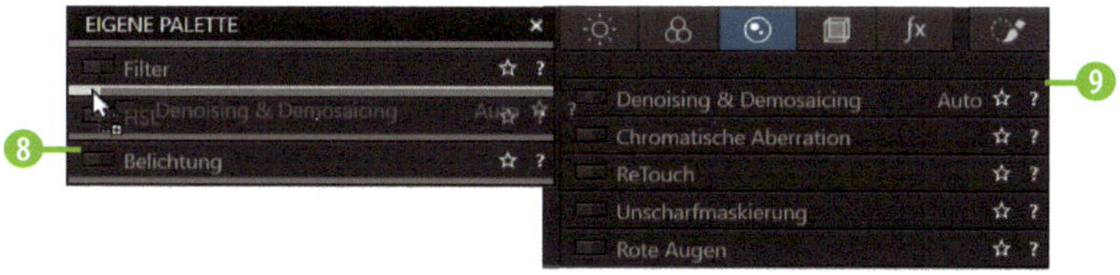

Fügen Sie ein weiteres Werkzeug in die frei schwebende Palette ein.

Geheimtipp Nik Collection

1995 gründete Nils Kokemohr in Hamburg die Softwareschmiede Nik Multimedia. 1999 erschienen die Filtersammlung Nik Color Efex! und das Schärfungswerkzeug Nik Sharpener. Die Filtersammlung wurde stetig erweitert. 2006 änderte man den Namen der Sammlung in Nik Software um. Ende 2012 übernahm Google die Firma und bot die Nik Collection lange Zeit kostenlos an. Aktualisierungen gab es zu dieser Zeit nicht mehr. Ende 2017 wurde dann bekannt gegeben, dass der Fotosoftwarehersteller DxO Labs die Nik Collection übernommen hat. Mitte 2025 erschien die neue Programmversion 8, in der vor allem viele Arbeitsbereiche modernisiert wurden. Da das Zusammenspiel mit PhotoLab 9 sehr interessant ist, lernen Sie die Möglichkeiten der einzelnen Module in diesem Kapitel kurz kennen.

14.1 Vorstellung der Nik-Module

CMYK

Die Nik Collection kann nur mit RGB-Bildern umgehen. Wenn Sie CMYK-Bilder benötigen, weil Sie das Ergebnis beispielsweise in Druckerzeugnissen weiterverwenden wollen, müssen Sie zunächst eine RGB-Variante bearbeiten. Nach der Anwendung der gewünschten Filter können Sie das Bild im Bildbearbeitungsprogramm in den CMYK-Modus umwandeln.

Bei der Nik Collection handelt es sich um Plug-in-Module, die in Bildbearbeitungsprogramme wie Photoshop oder Lightroom eingegliedert und von dort aufgerufen werden. Alternativ können Sie die verschiedenen Tools auch direkt starten und ohne ein Bildbearbeitungsprogramm einsetzen.

Die Tools mauserten sich nach ihrem Erscheinen schnell zu einem Geheimtipp unter Einsteigern und Profis. Ein Grund für die Beliebtheit war sicherlich die innovative sogenannte U-Point-Technologie. Diese ermöglicht Ihnen, mit Kontrollpunkten nur bestimmte Teile des Bildes zu verändern. So sparen Sie sich ein aufwendiges Erstellen von Auswahlbereichen, wie Sie es beispielsweise von Photoshop kennen.

Die einzelnen Programmmodule

Die Nik Collection besteht aus sieben Plug-ins, die jeweils einen eigenen Arbeitsbereich anbieten. Dabei handelt es sich um die folgenden Module:

Analoge Filme

Zu analogen Zeiten hatte jeder verwendete Filmtyp seinen eigenen Farbcharakter. So entstanden beispielsweise mit Fuji-Filmen farbkräftige Ergebnisse, während sich bei Kodak-Filmen etwas dezentere Farben ergaben.

- *Analog Efex Pro* dient der Simulation analoger Filmtypen. Bei diesem Plug-in können Sie wahlweise auf eine der zahlreichen Vorgaben zurückgreifen oder den Bildlook mit den vielen Optionen selbst anpassen. Um die Anmutung eines »alten Fotos« zu verstärken, können Sie beispielsweise sogar Staub und Kratzer einfügen. Auch Vignettierungen lassen sich ergänzen. Zu analogen Zeiten entstanden diese abgedunkelten Ecken häufiger als bei heutigen digitalen Bildern.
- Setzen Sie das Plug-in *Color Efex Pro* ein, wenn Sie die Tonwerte des Bildes optimieren wollen. Dafür stehen sehr viele Effekte zur Auswahl bereit, sodass ein nuanciertes Verbessern des Fotos möglich ist. Außerdem können Sie das Bild verfremden und ihm damit einen ganz anderen Farbcharakter verpassen. Dafür können Sie auch auf diverse Vorgaben zurückgreifen.
- Das Plug-in *Dfine* benötigen Sie, um lästiges Bildrauschen aus dem Ausgangsbild zu entfernen. Bildrauschen entsteht beispielsweise, wenn Sie mit höheren ISO-Empfindlichkeiten fotografieren. Je höher Sie den ISO-Wert einstellen, umso stärker fällt das Bildrauschen auf. Hier kann das Plug-in helfen, um ein deutlich verbessertes Ergebnis zu erzielen.

- Das Plug-in *HDR Efex* besteht aus zwei Modulen. Es lässt sich einsetzen, um ein HDR-Bild mit großem Dynamikumfang zu simulieren. Sie können dabei entweder mehrere unterschiedlich belichtete Ausgangsbilder mit dem Modul *HDR Efex* bearbeiten oder ein Einzelbild mit dem Modul *HDR Efex Tone mapping* behandeln. Die vielen Voreinstellungen, die bereitgestellt werden, sind thematisch sortiert. Auch bei diesem Plug-in haben Sie unterschiedliche Optionen zur Verfügung, um das Bild anzupassen.

HDR-Bilder

HDR steht übrigens für **H**igh **D**ynamic **R**ange. Dabei versucht man, möglichst viele Helligkeitsnuancen in einem Foto unterzubringen, um große Kontrastumfänge wiederzugeben. Hier hilft Ihnen die größere Farbtiefe der RAW-Bilder, oder Sie nehmen im JPEG-Format mehrere Bilder auf – jeweils mit einer anderen Belichtung.

- Für das Plug-in *Sharpener* gibt es zwei Varianten. So können Sie die Option *Presharpener* einsetzen, um ein Bild gleich beim Import zu schärfen. Die Option *Sharpener Output* dient der Schärfung für die Ausgabe. Hier können Sie das Ergebnis gezielt auf die Ausgabegröße abstimmen. So ist beispielsweise bei Bildern, die Sie im Internet publizieren wollen, eine andere Schärfung notwendig als bei der Ausgabe für die Weiterverarbeitung in Druckerzeugnissen. Sie können dabei auf automatische Einstellungen zurückgreifen oder die Parameter selbst variieren.
- Das Plug-in mit der Bezeichnung *Silver Efex Pro* ist hilfreich, wenn Sie Ihre Farbfotos gern in eine schwarz-weiße Variante umwandeln wollen. Auch dafür werden unzählige Presets angeboten, um schnell zu einem beeindruckenden Ergebnis zu kommen. Darüber hinaus haben Sie aber die Möglichkeit, die Bildwirkung mit diversen Optionen selbst anzupassen.
- Mit dem Plug-in *Viveza* können Sie die Tonwerte des Bilds sehr präzise mithilfe vielfältiger Optionen anpassen. Praktisch ist dabei, dass Sie nicht nur Kontrollpunkte einsetzen können, um bestimmte Bildteile zu optimieren, Sie können zusätzlich – wie in den anderen Plug-ins – auch mit einem Pinsel arbeiten. Wird die *Pinsel*-Option genutzt, wird zum Ausgangsprogramm gewechselt und dort gemalt. Der Nik-Collection-Arbeitsbereich wird dabei also verlassen.

14.2 Installation der Plug-ins

Die Nik Collection 8 können Sie für rund 160 Euro erwerben. Zum Beginn des Verkaufs einer neuen Version wird sie häufig mit einem Rabatt angeboten. Laden Sie sich die Nik Collection von der DxO-Webseite *https://nikcollection.dxo.com/de/* herunter.

Das ist die Installationsdatei der Nik Collection.

1. Öffnen Sie die Installationsdatei mit einem Doppelklick. Während des Installationsvorgangs unterstützt Sie ein Assistent. Rufen Sie die *Weiter*-Schaltfläche 2 auf, um zu den weiteren Arbeitsschritten des Assistenten zu gelangen.

Beim Installieren der neuen Version werden Vorgängerversionen ersetzt 1, was Sie bestätigen müssen.

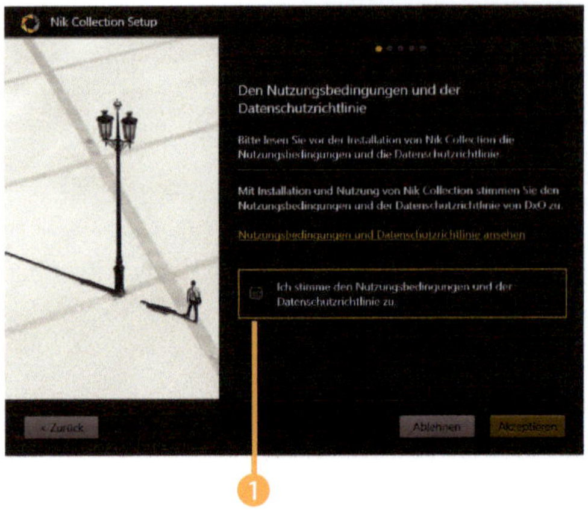

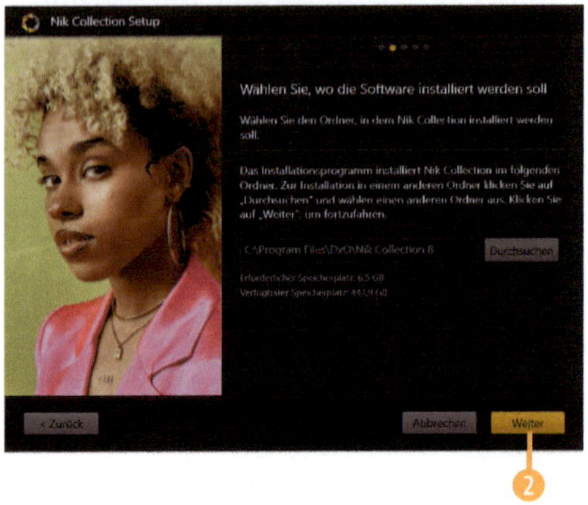

2. Das Installationsprogramm untersucht, welche Programme auf dem Rechner installiert sind, die 3 die Nik-Collection-Plug-ins unterstützen. Der Installationsvorgang 4 dauert einen Moment. Währenddessen sehen Sie einen Fortschrittsbalken 5.

Das Installationsprogramm sucht nach Anwendungen, die die Nik-Collection-Plug-ins unterstützen.

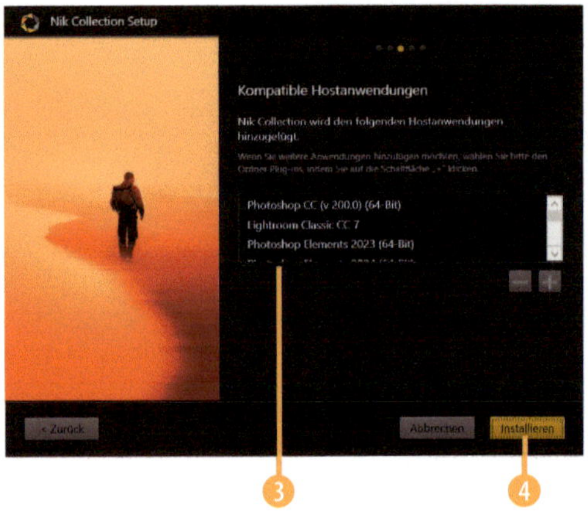

14.3 Ein Plug-in auswählen

Wenn Sie nach der Programminstallation Photoshop CC öffnen, sehen Sie die auf der folgenden Seite gezeigten neu gestalteten Bereiche mit einer Übersicht der verschiedenen Module in der Palette *Plug-ins* 1. Mit dem Pfeil 4 hinter dem Eintrag können Sie die Optionen ein- oder ausblenden. Wenn Sie das *DxO FilmPack* installiert haben, sehen Sie dafür einen gesonderten Eintrag 3. Klicken Sie darauf, um das nachfolgend in der Mitte gezeigte Untermenü zu öffnen. Mit der *Open*-Schaltfläche 5 öffnen Sie die Arbeitsoberfläche des FilmPacks.

Wenn Sie eine dieser 6 Schaltflächen aktivieren, können Sie nur farbige oder nur schwarz-weiße Presets der jeweiligen Themen anzeigen. Tippen Sie in dieses 7 Feld einen Suchbegriff ein.

In den beiden ersten Rubriken 8 werden Ihre Favoriten und Presets aufgelistet. Darunter finden Sie verschiedene Themenbereiche. Die Zahl am Ende des Eintrags zeigt die Zahl der verfügbaren Presets 9 an.

Wählen Sie ein Thema 10 aus. Damit blenden Sie eine Miniaturbildliste ein. Klicken Sie auf ein Miniaturbild, um das Preset anzuwenden. Sie sehen dann zwei Symbole 11. Mit dem ☒-Symbol verwerfen Sie die Anwendung, und mit dem Haken bestätigen Sie sie.

Wählen Sie ein Preset aus.

Um einige Voreinstellungen anzupassen, rufen Sie die *Einstellungen*-Palette 2 auf. Außerdem können Sie mit einem Klick auf das entsprechende Symbol das betreffende Modul 13 starten. Mit dem Kontrollkästchen *Titelbild anzeigen* 14 legen Sie fest, ob im oberen Bereich die Grafik 12 angezeigt werden soll.

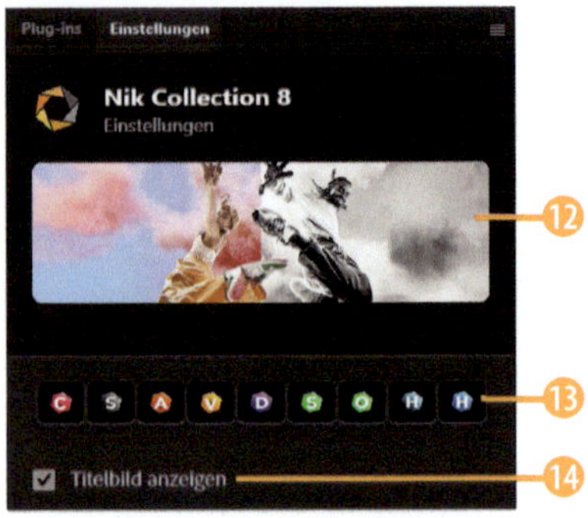

Hier sehen Sie die »Einstellungen«-Palette.

Wenn Sie Bilder bearbeiten wollen, bei denen Ebenen vorhanden sind, ist die zweite Option nützlich. Damit können Sie festlegen, ob die Ebenen auf den Hintergrund reduziert werden sollen – was die Standardvorgabe ist (15) – oder ob die aktuell ausgewählte Ebene bearbeitet werden soll.

Wenn Sie die Möglichkeit nutzen, Favoriten, Zusammenstellungen oder die letzte Bearbeitung aus dem Fenster aufzurufen, können Sie wählen, ob das Plug-in geöffnet (16) oder der Effekt direkt in Photoshop angewendet werden soll.

Die letzte Option benötigen Sie, wenn Sie mit Masken arbeiten. So können Sie einstellen, ob ausgewählte Masken (17) oder alle Masken genutzt werden sollen. Außerdem können Sie wählen, dass die Masken nicht übergeben werden sollen.

Passen Sie die Einstellungen an.

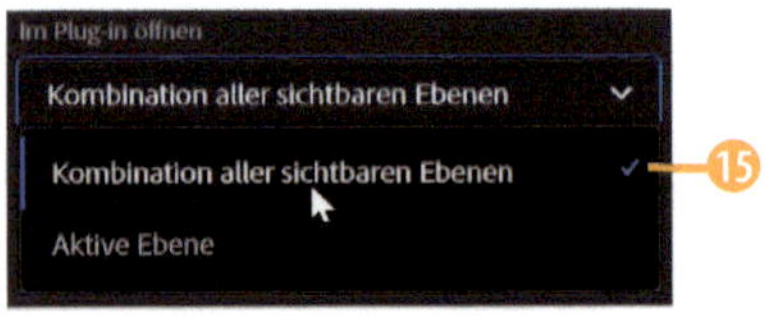

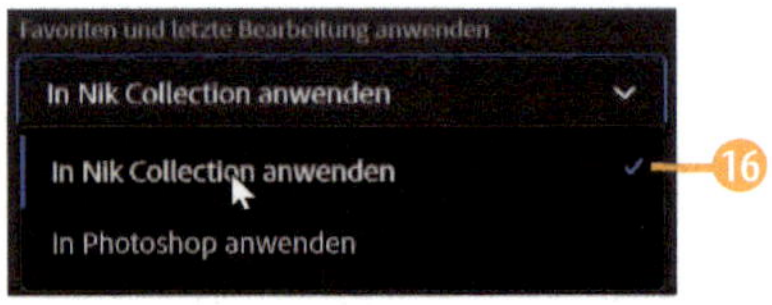

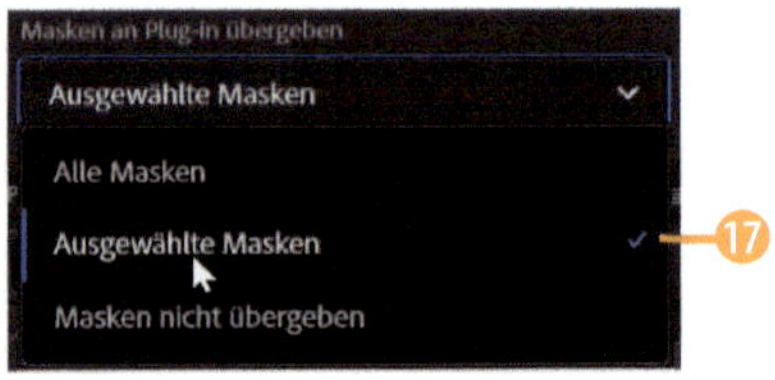

14.4 Kennenlernen der Plug-ins

Im Folgenden lernen Sie die verschiedenen Plug-in-Module kurz kennen. Sie werden in der Reihenfolge beschrieben, in der Sie sie in der *Plug-ins*-Palette vorfinden.

Sie erreichen die Plug-ins auch über das »Filter«-Menü des jeweiligen Bildbearbeitungsprogramms.

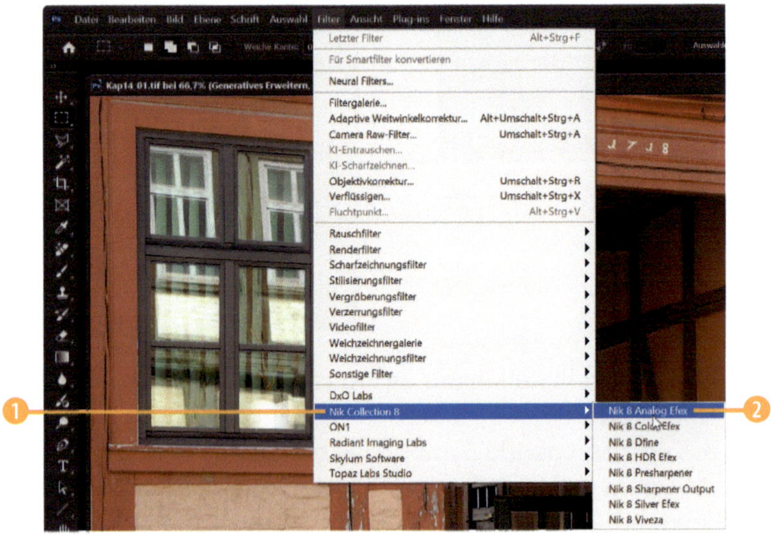

Sie können das betreffende Modul alternativ per *Filter*-Menü des Bildbearbeitungsprogramms aufrufen. So sehen Sie in der Abbildung auf der gegenüberliegenden Seite das Untermenü *Nik Collection 8* ① am Ende der Liste in Photoshop CC. Dort sind die Plug-ins ② – allerdings ohne Zusatzoptionen – alphabetisch sortiert aufgelistet.

Analog Efex Pro im Einsatz

Das erste Plug-in – *Analog Efex Pro* – lässt sich einsetzen, um ein Foto so wirken zu lassen, als wäre es mit einer alten, analogen Kamera aufgenommen worden. Nach dem Aufruf sehen Sie den nachfolgend gezeigten Arbeitsbereich.

Im Bereich *Kategorien* ① finden Sie diverse Themenbereiche für die Bearbeitung des Fotos. Wählen Sie aus der *Presets*-Miniaturbildliste ② eine Vorlage aus, die Sie mit den Optionen am rechten Rand des Arbeitsbereichs anpassen können. Wollen Sie übrigens Werkzeuge entfernen, können Sie dieses Symbol ⑥ nutzen, das Sie in jeder Rubrik finden. Im *Filter*-Bereich ③ gibt es – je nach ausgewählter Kategorie – viele verschiedene Werkzeuge. Wollen Sie auf eine frühere Bearbeitung zurückgreifen, nutzen Sie diese ④ Rubrik. In der *Protokoll*-Liste ⑤ werden die bisherigen Arbeitsschritte aufgelistet und können dort auch zurückgenommen werden.

Kap14_01.jpg

Dies ist der Arbeitsbereich des Plug-ins »Analog Efex«.

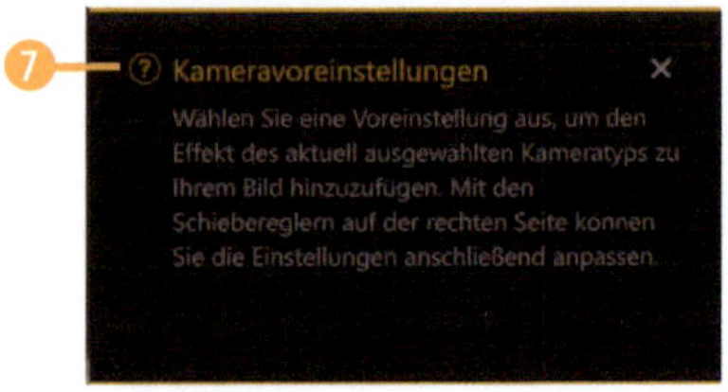

In diesem Bereich erhalten Sie Hilfestellungen.

> **Hintergrundfarbe**
>
> Die Farbe um das Bild herum ist von Bedeutung bei der Beurteilung des Bildes. So kann ein Bild meist besser beurteilt werden, wenn das Umfeld dunkel ist.

In der *Soforthilfe*-Rubrik 7 finden Sie Hilfetexte, wenn Sie den Mauszeiger über eine Funktion halten.

Über die Menüfunktion *Datei*/*Einstellungen* erreichen Sie in den Plug-ins unterschiedliche Voreinstellungen. So können Sie beispielsweise festlegen, ob die gleiche Darstellungsgröße 9 wie beim letzten Anwenden des Plug-ins genutzt werden soll, was die Standardvorgabe ist. Mit der Option *Hintergrundfarbe* 8 können Sie festlegen, ob der Bereich um das Foto herum weiß, grau oder schwarz sein soll. Grau ist die Standardvorgabe.

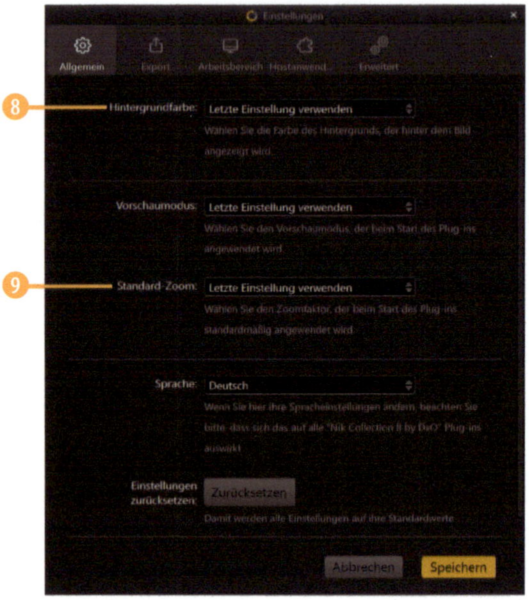

Passen Sie die Voreinstellungen an.

Wichtige Optionen

Das Plug-in bietet diverse Optionen an. Die vielen Vorgaben wurden in unterschiedliche Themenbereiche 1 aufgeteilt. So werden bei den Kombinationen verschiedene Effekte zusammengestellt, um beispielsweise spezielle Kameratypen zu simulieren. Im Beispiel auf der gegenüberliegenden Seite wurde aus der *Vintage*-Rubrik das Preset *Vintage Kamera 5* 2 angewendet und damit eine sehr alte Kamera simuliert.

Wollen Sie eigene Kombinationen zusammenstellen, klappen Sie den Bereich *Nur Nik* 3 auf. Nach dem Aufklappen sehen Sie alle verfügbaren Effekte. Um einen Effekt in die Zusammenstellung aufzunehmen, klicken Sie am rechten Rand der Bezeichnung auf das Plussymbol 5.

Hier wurde ein Preset angewendet, das eine sehr alte Kamera simuliert.

Fügen Sie so Schritt für Schritt alle benötigten Effekte Ihrer gewünschten Kombination hinzu. Sämtliche aufgenommenen Effekte werden dann im linken Bereich orangefarben markiert 4. Der aktive Effekt wird im rechten Bereich mittelgrau angezeigt 6. Sie können dort die gewünschten Anpassungen vornehmen. Je nach Werkzeug gibt es unterschiedlich viele Optionen.

Sie können diverse weitere Werkzeuge hinzufügen.

Die neue Zusammenstellung können Sie speichern, sofern Sie sie auf weitere Bilder übertragen wollen. Klicken Sie dazu auf diese Schaltfläche (7) im *Presets*-Bereich.

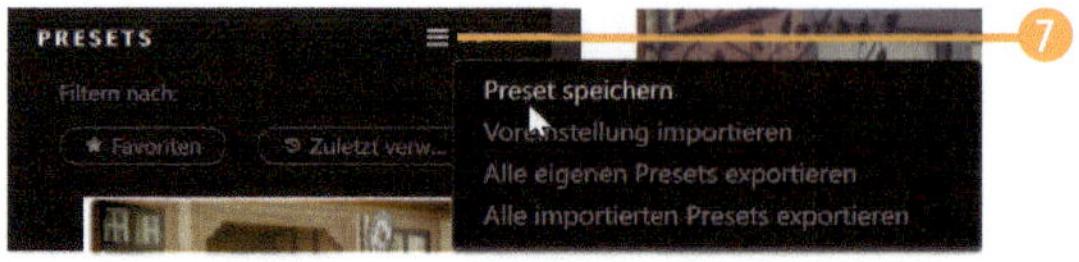

Passen Sie die Voreinstellungen an.

Geben Sie im Dialogfeld einen Namen (8) für das neue Preset ein. Nach dem Bestätigen finden Sie die Vorgabe (9) in der *Presets*-Rubrik wieder.

Speichern Sie die neue Zusammenstellung.

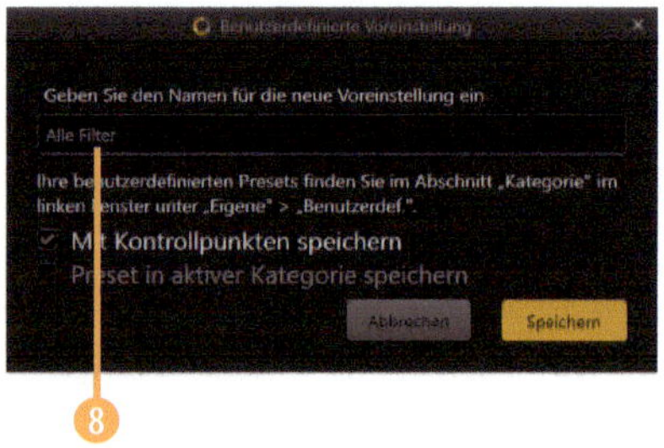

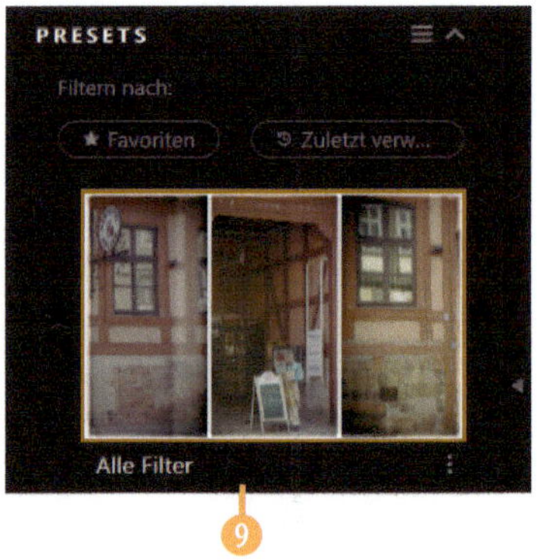

Probieren Sie verschiedene Voreinstellungen aus, um die Möglichkeiten kennenzulernen. So wurde im folgenden Beispiel das Preset *Plastiklinse 3* (10) angewendet. Bei dieser Vorlage kamen fünf Effekte (11) zum Einsatz.

Hier wurde die Vorlage mit der Bezeichnung »Plastiklinse 3« angewendet.

Color Efex Pro im Einsatz

Das Plug-in mit der Bezeichnung *Color Efex Pro* bietet sehr viele Optionen und Vorlagen zum Optimieren oder Verfremden des Fotos an. Für den Workshop wird das folgende Ausgangsbild 1 verwendet.

Dieses Ausgangsbild soll bearbeitet werden.

Kap14_02.jpg

Öffnen Sie die *Presets*-Rubrik 3. Klicken Sie dann das Miniaturbild einer Zusammenstellung an 2, um den betreffenden Effekt zuzuweisen.

Wählen Sie eine Voreinstellung aus.

Miniaturbildliste

Nutzen Sie den Scrollbalken rechts 4, um in der langen Liste der Voreinstellungen zu blättern.

Wenn Sie beispielsweise den Bereich *Nur Nik* eingeblendet haben, können Sie verschiedene Presets ausprobieren. So wurde im Beispiel auf der folgenden Seite die Zusammenstellung mit der Bezeichnung *Schwarzes Gold* 5 ausgewählt, wodurch gravierende Veränderungen entstehen. Auch bei diesem Plug-in werden die Optionen der Effekte im rechten Bereich 6 angezeigt.

Hier wurde die Zusammenstellung »Schwarzes Gold« angewendet.

Nachfolgend wurde der *Filter*-Bereich geöffnet 7. Im folgenden Beispiel wurde für das Ausgangsbild die Option *Weiß-Neutralisierung* 8 angewandt. Dieser Filter sorgt dafür, dass Farbstiche aus dem Bild entfernt werden 9.

Hier sehen Sie die Optionen des »Filter«-Bereichs.

Im Beispiel auf der folgenden Seite wurden die *Architektur*-Filter 10 geöffnet. Die aufgeführten Filter sind besonders auf

Gebäudeaufnahmen abgestimmt. Hier wurde die Option *Detail-Extraktor* (11) eingesetzt, der die Details des Fotos herausarbeitet (12).

Dabei entsteht ein Ergebnis, das etwas an ein HDR-Bild erinnert, da die hellen Bereiche abgedunkelt und die dunklen aufgehellt werden.

Hier kam der Filter »Detail-Extraktor« zum Einsatz.

Wenn Sie auf den Stern vor dem Eintrag (13) eines Filters klicken, wird dieser den *Favoriten* hinzugefügt. Klicken Sie auf diese (14) Schaltfläche, damit nur noch die Favoriten in der Liste angezeigt werden.

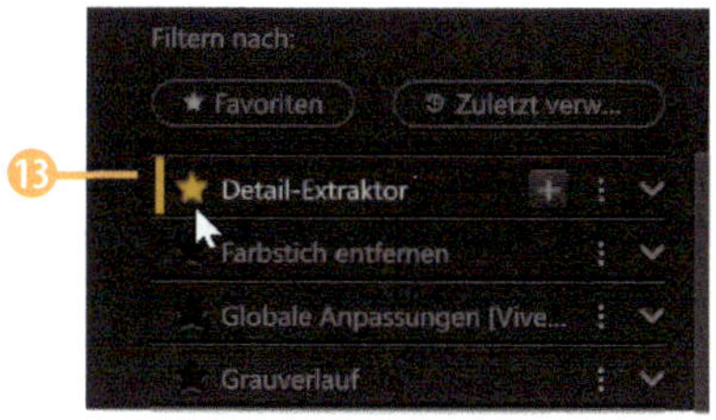

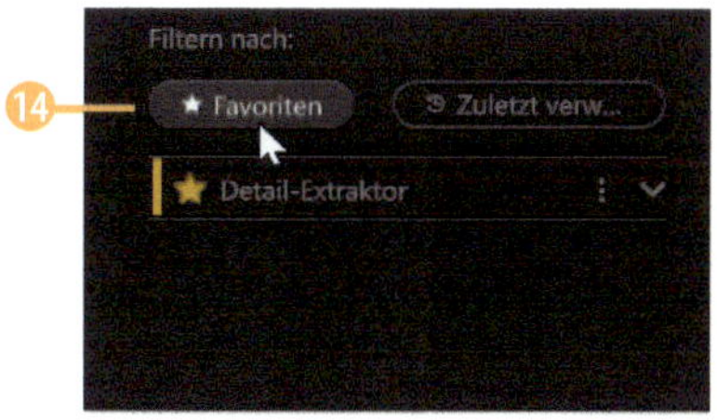

Speichern Sie Filter in den »Favoriten«.

Zu jedem Filter gibt es Varianten, bei denen unterschiedliche Einstellungen verwendet werden. Sie erreichen die Varianten (16), wenn Sie auf den Pfeil (15) klicken (Bild auf der folgenden Seite). Klicken Sie erneut auf den Pfeil, um den Bereich wieder zu schließen.

Sie können Varianten einblenden.

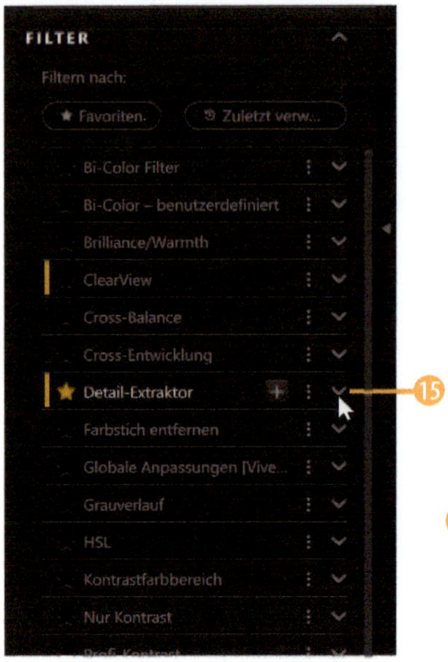

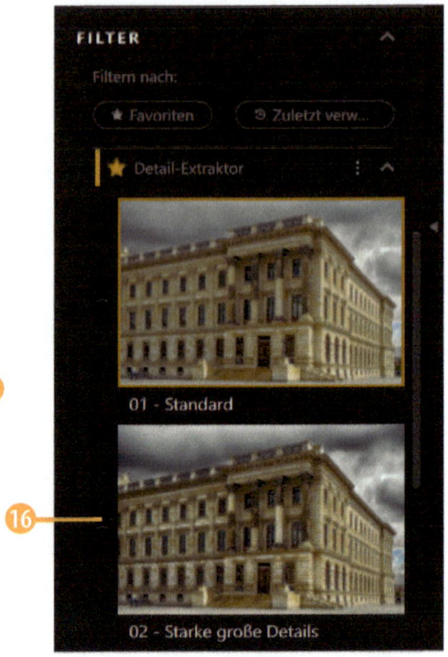

Kombination

Sie können mehrere Filter auf das Bild anwenden. Klicken Sie dazu einfach einen anderen Filter an. Mit der Funktion *Preset speichern* können Sie dann die zusammengestellten Filter als neue individuelle Zusammenstellung speichern.

Mit dieser Schaltfläche 17 fügen Sie den Filter ein weiteres Mal hinzu. Das kann nützlich sein, wenn Sie einen Effekt verstärken wollen.

Nutzen Sie diese Schaltfläche für ein erneutes Anwenden.

Dfine im Einsatz

Das Plug-in *Dfine* ist nützlich, wenn Sie unschönes Bildrauschen entfernen wollen. Sofern Sie beispielsweise RAW-Bilder bearbeiten, ist es durchaus eine Empfehlung wert, im ersten Arbeitsschritt das Bild zu entrauschen, wenn Sie Fotos mit einer höheren ISO-Empfindlichkeit aufgenommen haben.

Nach dem Aufruf von *Dfine* sehen Sie den auf der folgenden Seite gezeigten Arbeitsbereich. Im Bild fallen drei gekennzeichnete Bereiche auf. *Dfine* untersucht das Bild automatisch und platziert jeweils einen Messpunkt in einem dunklen Bereich 3, einem Bereich mit mittleren Tonwerten 2 und einem hellen Bereich 1. Standardmäßig wird das Bild automatisch optimiert. Sie erkennen das an dieser Anzeige 6.

Um die Auswirkungen gut beurteilen zu können, wird oben rechts ein Lupenbereich eingeblendet. Er zeigt eine 100-%-Darstellungsgröße an, bei der die Wirkung der Rauschminderung besonders gut sichtbar wird. Links von der Trennlinie 4 wird das unbearbeitete Ausgangsbild angezeigt, rechts die optimierte Variante.

Standardmäßig wird im *Lupe*-Fenster der Bereich angezeigt, in dem sich der Mauszeiger befindet. Sie können den anzuzeigenden Bereich aber auch verankern, indem Sie auf diese Schaltfläche 5 klicken.

Kap14_03.jpg

Hier sehen Sie den Arbeitsbereich des Plug-ins »Dfine«.

Um die Bildoptimierung zu übernehmen, nutzen Sie die *Anwenden*-Schaltfläche 7. Das Fenster des Arbeitsbereichs wird automatisch geschlossen. Die Bearbeitung dauert einen Moment.

Ist die Anwendung des Filters abgeschlossen, sehen Sie in Photoshop im *Ebenen*-Palettenfenster die neue Ebene. Als Name 9 wird das angewendete Plug-in verwendet.

Wenn Sie wissen wollen, welche Arbeitsschritte vom Plug-in ausgeführt wurden, können Sie das *Protokoll*-Palettenfenster in Photoshop CC öffnen. Dort wird eine Vielzahl von Arbeitsschritten 10 aufgelistet. Sie können die einzelnen Einträge anklicken, wenn Sie zu einem vorherigen Bearbeitungsstadium zurückkehren wollen.

Sie können im »Protokoll«-Palettenfenster nachvollziehen, welche Arbeitsschritte erledigt wurden.

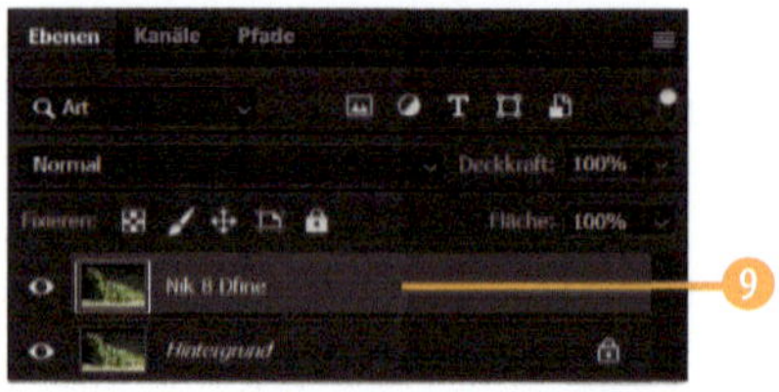

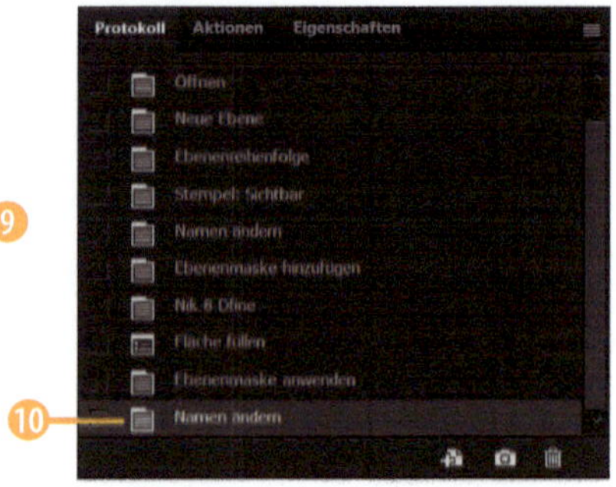

Speichern Sie abschließend das Ergebnis im Bildbearbeitungsprogramm. Dies wird nämlich nicht automatisch vom Plug-in erledigt.

Zwei Varianten

Das Plug-in ***HDR Efex*** können Sie einsetzen, wenn Sie mehrere unterschiedlich belichtete Bilder zu einem HDR-Bild kombinieren wollen. Das Modul ***HDR Efex Tone mapping*** wird dagegen für Einzelbilder genutzt.

HDR Efex im Einsatz

Die beiden nächsten Plug-ins dienen dem Erzeugen eines HDR-Bildes. Sie bieten sehr viele Vorlagen an. Sie können in dieser Liste ein Thema (1) auswählen oder alle Vorlagen aufrufen. In der Miniaturbildliste (2) werden die Vorlagen angezeigt.

Auf der rechten Seite des Arbeitsbereichs finden Sie diverse Möglichkeiten (5), um das Aussehen zu variieren. Bei Bedarf können Sie mit dieser Option (4) einen Bereich öffnen, in dem Sie entweder eine Lupe oder ein Histogramm einblenden.

Dies ist der Arbeitsbereich des Plug-ins »HDR Efex Pro«.

Mit der *Protokoll*-Option 3 haben Sie die Möglichkeit, einzelne Arbeitsschritte zurückzunehmen. Um eine andere Vorlage auszuwählen, klicken Sie das entsprechende Miniaturbild 6 an.

Wenden Sie eine neue Vorlage an.

Nach dem Zuweisen einer Vorlage können Sie das Ergebnis verfeinern. Klappen Sie dazu eines der Werkzeuge am rechten Rand des Arbeitsbereichs mit einem Klick auf den Eintrag 7 auf.

Im folgenden Beispiel wurde die Belichtung auf den Wert −10 % 8 reduziert, um ein etwas dunkleres Ergebnis zu erhalten. Außerdem wurde der Kontrast um −10 % 9 vermindert. So entsteht das folgende Ergebnis.

Hier wurden die Einstellungen angepasst.

Klappen Sie am linken Rand des Arbeitsbereichs die *Protokoll*-Liste 10 auf. Dort sehen Sie die vorgenommenen Arbeitsschritte 11.

Wollen Sie zu einem früheren Bearbeitungsstadium zurückkehren, klicken Sie auf den entsprechenden Eintrag in der Liste ⑫.

In der »Protokoll«-Liste werden die einzelnen Arbeitsschritte angezeigt.

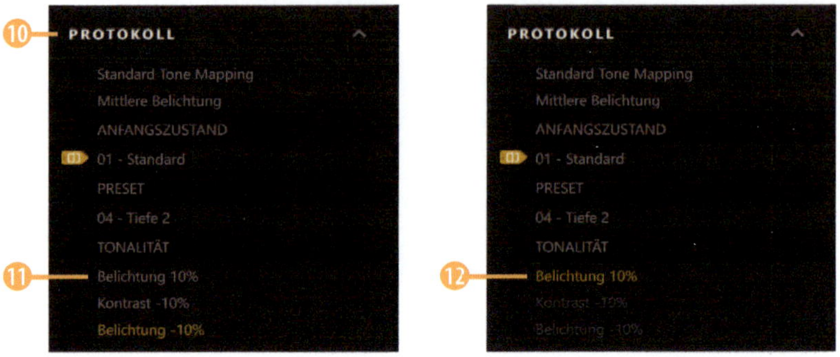

Auch bei diesem Plug-in ist es empfehlenswert, einmal unterschiedliche Presets auszuprobieren. So wurde im folgenden Bild das Preset *38 - Warme Tiefen* ⑭ aus dem *Surreal*-Themenbereich ausgewählt ⑬. In den Presets finden Sie sogar schwarzweiße Varianten.

Hier wurde das Preset »38 - Warme Tiefen« angewendet.

Sharpener im Einsatz

Sharpener gibt es in einer Variante für ein vorheriges Schärfen sowie in einer zweiten für das Ausgabeschärfen ①.

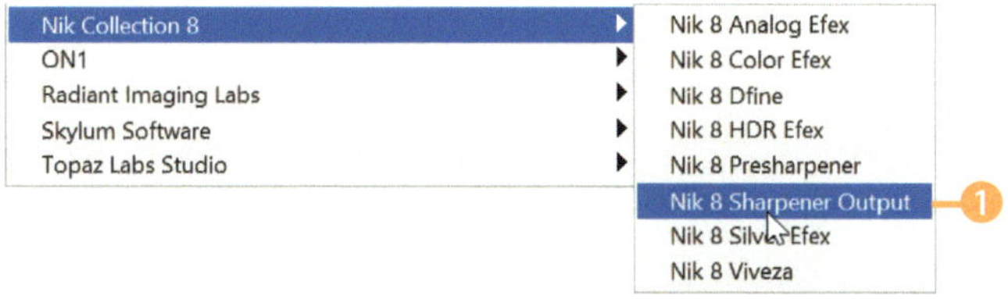

Das Plug-in »Sharpener« gibt es in zwei Varianten.

Nach dem Aufruf des Plug-ins sehen Sie den folgenden Arbeitsbereich. Ist die *Vorschau*-Option ❷ aktiviert, werden die Auswirkungen im Bild angezeigt. Außerdem gibt es oben rechts den *Lupe*-Bereich ❸ zur präzisen Begutachtung der Bildschärfe.

Kap14_04.jpg

Dies ist der Arbeitsbereich des Plug-ins »Sharpener«.

Legen Sie im Bereich *Ausgabeschärfe* ❹ das Ausgabemedium fest. Wollen Sie etwa das Ergebnis in einem Druckerzeugnis veröffentlichen, ist die *Belichter*-Option ❺ die richtige Wahl.

Passen Sie die Ausgabeoptionen an.

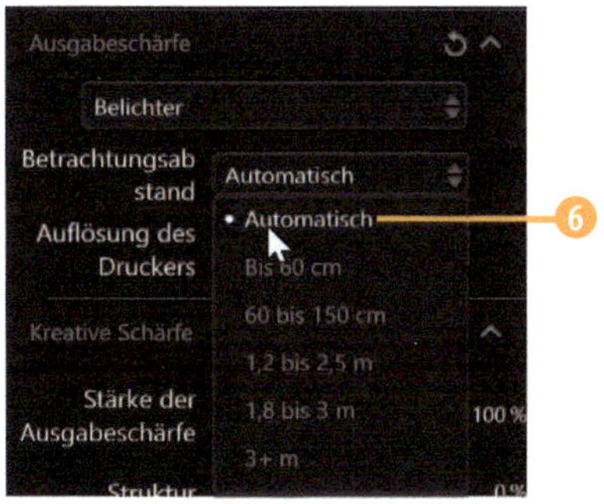

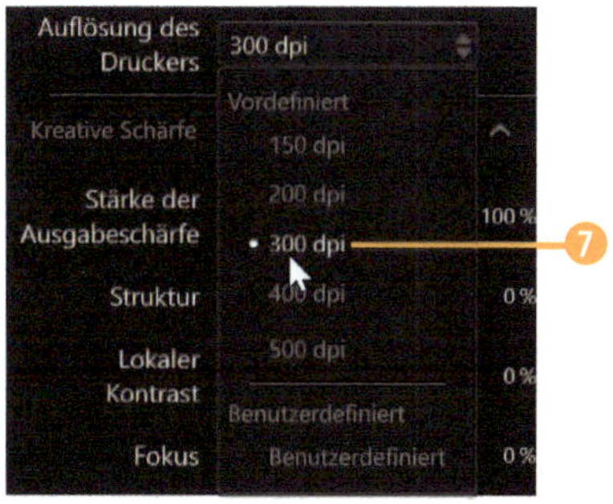

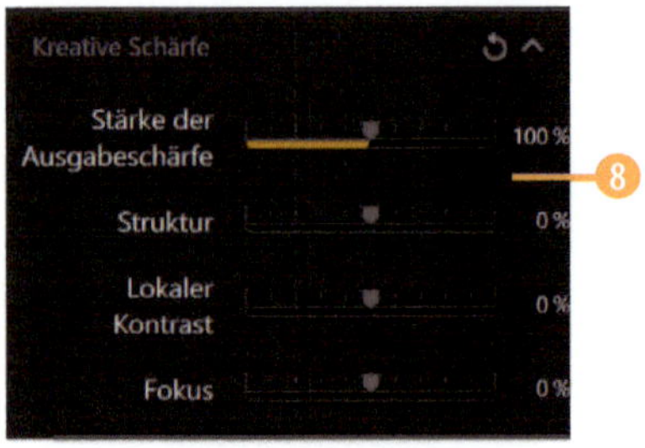

Hier sehen Sie weitere Optionen für eine detaillierte Schärfung.

Legen Sie mit der Option *Betrachtungsabstand* fest, wie weit sich der Betrachter vom Bild entfernt befindet. Da Sie den Abstand meist nicht kennen werden, können Sie die Standardvorgabe *Automatisch* 6 beibehalten.

Legen Sie in der Liste *Auflösung des Druckers* die Auflösung fest. 300 dpi 7 ist ein gängiger Wert für Druckerzeugnisse. Im Bereich *Kreative Schärfe* finden Sie Optionen 8, um die Schärfung ganz detailliert festzulegen.

Aktivieren Sie den Ansichtsmodus *Schärfe Druckvorschau* 9, um eine Druckvorschau des Bildes anzuzeigen. Sie sehen das Bild dabei genau so, wie es später im Druck mit den aktuellen Einstellungen aussehen würde. So ersparen Sie sich diverse Testdrucke. In der Skala erkennen Sie eine Maßeinheit 10. Hier ist das Beispielbild etwa 15 Zentimeter breit.

Hier wurde der Ansichtsmodus »Schärfe Druckvorschau« aktiviert.

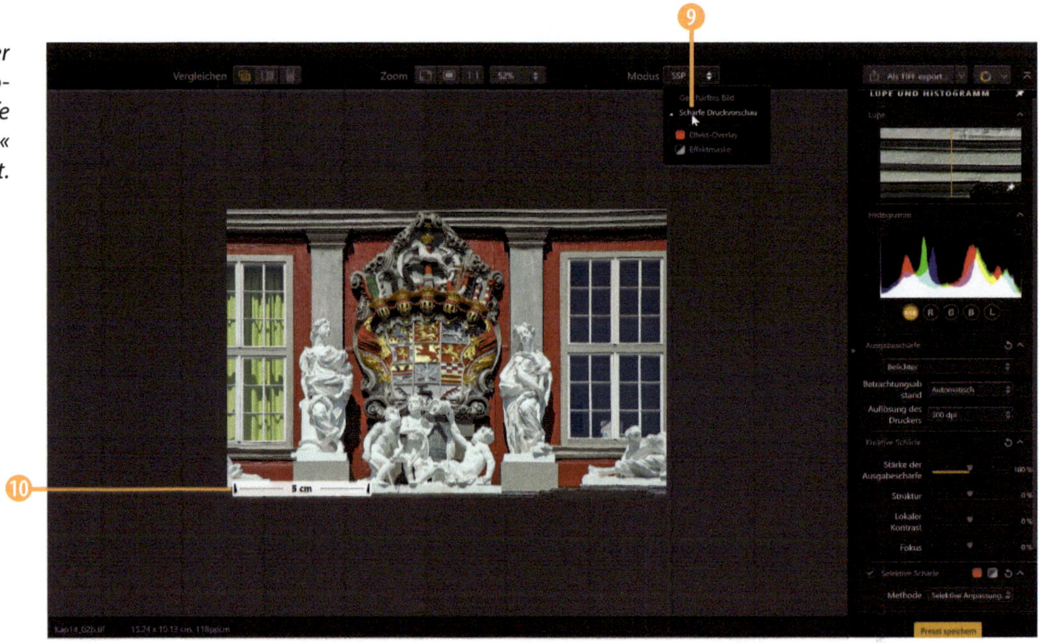

Auflösung

Drucken Sie Ihre Fotos aus, müssen Sie beachten, dass genügend Pixel auf einer bestimmten Strecke vorhanden sind. Ansonsten wirkt das Bild pixelig – die Auflösung ist dann zu gering. Ein gängiger Standardwert sind 300 dpi. Das bedeutet, dass 300 **d**ots (Pixel) **p**er **i**nch (2,54 Zentimeter) abgebildet werden. Dieses Maß bestimmt die Auflösung.

Silver Efex Pro im Einsatz

Das Plug-in *Silver Efex Pro* können Sie nutzen, wenn Sie schwarzweiße Varianten erstellen wollen. Auch bei diesem Plug-in gibt es verschiedene Themenbereiche 1 für die vielen Voreinstellungen. Der erste Aufruf des Plug-ins erfolgt mit der *Neutral*-Option 2, die ein »einfaches« Schwarz-Weiß-Bild erstellt. Auf der rechten Seite des Arbeitsbereichs sehen Sie die verfügbaren Optionen 3.

Hier wurde die »Neutral«-Option angewendet.

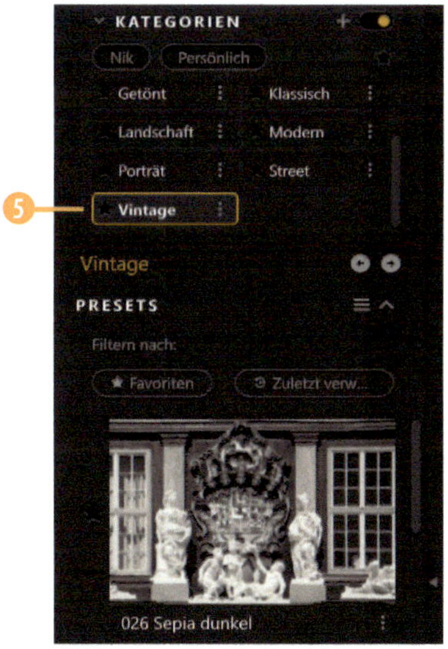

Die Voreinstellungen erzeugen sehr unterschiedliche Ergebnisse.

Mit den Voreinstellungen der einzelnen Rubriken entstehen sehr unterschiedliche Ergebnisse. So sehen Sie hier 4/5 die Wirkung zweier verschiedener Optionen.

Nachfolgend sind zwei Voreinstellungen aus der *Vintage*-Rubrik abgebildet, oben die Vorgabe *029 Kühle Töne 2* 6 und unten *036 Alte Fotoplatte II* 7. Die Beispiele zeigen, wie deutlich sich die Ergebnisse voneinander unterscheiden.

Hier sehen Sie zwei sehr unterschiedliche Ergebnisse.

Im Themenbereich *Klassisch* 8 gibt es mehrere Optionen, um High-Key- 9 oder Low-Key-Bilder 10 zu simulieren.

Oben sehen Sie die High-Key- und unten die Low-Key-Variante.

In der Liste des *Filmtypen*-Bereichs 11 finden Sie zahlreiche Optionen, um analoge Schwarz-Weiß-Filmtypen 13 zu simulieren. Die Filmtypen sind nach den verschiedenen ISO-Empfindlichkeiten sortiert.

Im unteren Bereich gibt es unter anderem die *Einfärben*-Liste ⑫. Die Optionen ⑭ können Sie einsetzen, um das Bild in unterschiedlichen Farbtönen einzufärben.

In der »Filmtypen«- und der »Einfärben«-Rubrik sind zahlreiche Optionen untergebracht.

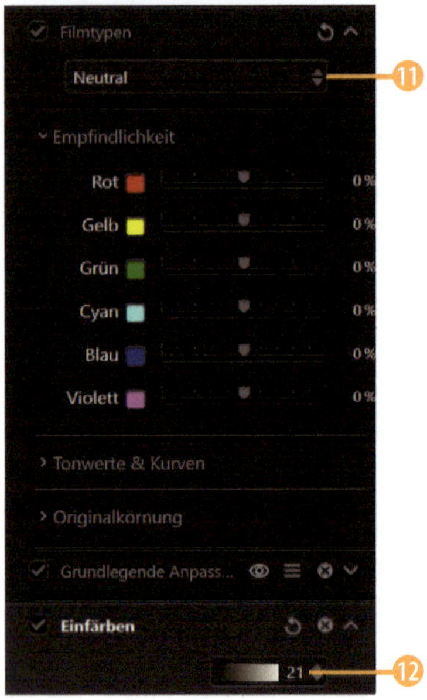

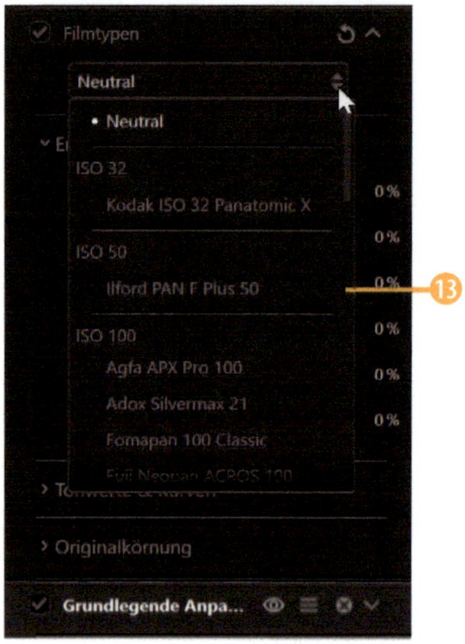

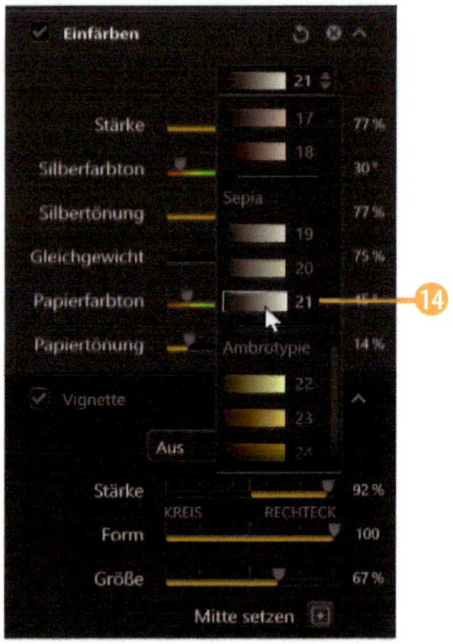

Viveza im Einsatz

Das Plug-in *Viveza* ist nützlich, wenn Sie die Tonwerte des Bildes optimieren wollen ①. So können Sie beispielsweise zu helle oder zu dunkle Bilder korrigieren sowie den Kontrast und die Farbsättigung optimieren.

Eine genaue Einstellung der einzelnen Tonwerte ist mit der sogenannten Gradationskurve in der Rubrik *Tonwerte & Kurven* möglich. »Gradation« kommt übrigens aus dem Lateinischen und bedeutet Abstufung. Gemeint ist die Abstufung der einzelnen Tonwerte im Bild.

Im Diagramm wird angezeigt, wie sich die Veränderungen auf das Bild auswirken. Am Verlauf der Linie ④ können Sie die Unterschiede zwischen Eingangs- und Ausgangswerten ablesen. Das darunterliegende Gitter ② dient der Orientierung.

Auf der waagerechten Achse sind die Helligkeitswerte des Eingangsbildes zu sehen. Die senkrechte Achse zeigt die Werte des Ausgangsbildes, wobei unten die Schatten und oben die Lichter sind.

Nik 8 Viveza
Datei
Bearbeiten
Hilfe
Vergleichen
Zoom
LUPE UND HISTOGRAMM
Helligkeit
Kontrast
Sättigung
Struktur
Schatten
Wärme
Rot
Grün
Blau
Farbton
Spitzlichter
Mitteltöne
Schatten
Schwarz
Radius
Temperatur
Preset speichern
1

Nik 8 Viveza
Datei
Bearbeiten
Hilfe
Vergleichen
Zoom
LUPE UND HISTOGRAMM
Radius
Temperatur
Preset speichern
2
3
4

Beim Beispielbild sollen die mittleren Tonwerte aufgehellt werden. Klicken Sie dazu auf die Linie ③ und ziehen Sie die Kurve nach oben.

Zwei Bilder

Wenn Sie das Vorher- und das Nachher-Bild anzeigen lassen, erscheint zwischen den Bildern ein Symbol unter dem Steg, mit dem Sie festlegen können, ob die Bilder neben- oder untereinander angezeigt werden sollen.

Beurteilung der Ergebnis

Bei allen Plug-ins haben Sie die Möglichkeit, eine Vorher-nachher-Variante zu begutachten. Klicken Sie auf dieses Symbol ②, um das Bild vertikal zu teilen. Im linken Bereich sehen Sie dann das Ausgangsbild und rechts die bearbeitete Variante. Ziehen Sie am Steg ③, um den Bereich zu reduzieren oder erweitern.

Wollen Sie die beiden Varianten anhand eines kompletten Bildes vergleichen, klicken Sie auf diese Schaltfläche ①.

Sie können eine Vorher-nachher-Ansicht aktivieren.

Kap14_05.jpg

Verschiedene Presets ausprobieren

Auch bei diesem Plug-in lohnt es sich, mit den verfügbaren Presets zu experimentieren, die auf zwei verschiedene Themenbereiche verteilt sind.

In der *Farbbalance*-Rubrik ① gibt es fünf Presets, die für unterschiedliche Farbstimmungen sorgen. Zudem gibt es die Option *003 Farbstich entfernen* ②, um Farbstiche zu eliminieren ③. Im *Luminanz*-Bereich ④ gibt es vier Optionen. Unten sehen Sie *009 Hoher Kontrast* ⑤ mit diesen verwendeten Werten ⑥.

Im oberen Bild wurde der Weißabgleich korrigiert und im unteren der Kontrast erhöht.

Stichwortverzeichnis

H

I

J

K

L

M

N

O

P

Q

R

S

T

U

V

W

Z